Miriam und Peter Wohlleben

Meine
KLEINE FARM

Anleitung für Selbstversorger

Inhalt

Wie viel darf's denn sein?   10

Selbstversorgung – eine Fata Morgana?   12

Raum und Zeit   12
Los geht's!   13
Schaffen wir das?   14

Evolution   16

Die eigene Scholle   19

Bodenpflege   20
Fruchtfolge   20
Düngung   20
Lästige tierische Mitesser   26
Lästige pflanzliche Mitesser   32

Flächenplanung   34

Werkzeuge und Maschinen   36

Von Kopf bis Fuß   40

Grünzeug – so viel wie möglich 44

Saat- und Setzgut 47

Grundnahrungsmittel 50
Kartoffeln 50
Pastinaken 55
Dicke Bohnen 58
Getreide 61
Kürbisse 69

Zucchini und Gurken 71

Sonstiges Gemüse 74
Salat 74
Weißkohl, Rotkohl, Wirsing und Kohlrabi 74
Mangold 76
Rote Bete 77
Gartenbohnen 78
Gemüsezwiebeln und Knoblauch 80
Winterrettich 80

Obststräucher 82
Johannisbeeren 82
Jostabeeren 84
Erdbeeren 85
Himbeeren 88

Obstbäume 90
Äpfel 94
Birnen 95
Pflaumen 96
Kirschen – mal süß, mal sauer 97
Walnüsse 98

Würze – ohne Kräuter geht nichts 100

Der essbare Garten 102
Rosen und andere essbare Schönheiten 102

Exotisches Obst 105

Tierisch ernst ... 108

Hühner ... und sonntags manchmal zwei 110
Die Rassen   110
Der Stall   112
Der Auslauf   114
Das Futter   118

Dumme Pute?   120

Kaninchen   122

Ziege – die Kuh des kleinen Mannes   131
Von Ausreißern und Schmusetieren   131
Augen auf beim Ziegenkauf   133
Kein Bock auf Bock?   134
Das Hörnerhotel   135
Futter für Ziegen – hier ein Blättchen ...   138
Flaschenlämmer   139
Pflege und Krankheiten   142
Köstlichkeiten aus dem Euter   146

Schafe   150
Schafrassen   151
Keine Manieren   152
Bürokratie   152
Frischluftfreunde   154
Die Wolle   155

Summ, summ, summ ... Bienen   158
Der Start   158
Das Bienenvolk   161
Los geht's   163
Vermehrung   167
Die Honiggewinnung   172
Einfüttern   178
Räuberei   179
Krankheiten   179
Wohin mit der ganzen Pracht?   181

Kein Schwein gehabt   183

Home, sweet Home   185

Hiergeblieben!   190

Saft und Kraft   196

Futterbeschaffung   200
Heu   200
Kraftfutter   202
Salz   202
Lagerung   203

Scheiden tut weh!   205

Vorratshaltung 217

Der Lagerkeller 218

Milchsäuregärung 221

Einkochen 224

Entsaften 227

Trocknen 229

Ohne Kühlung und Konservierung 231

Einfrieren 234

Fleischkonservierung 235

Alkohol – Obstwein
selbst herstellen 241

Dies und das 247

Eigenes Wasser 248

Regenwasser – einfach, preiswert, gut 249

Der eigene Brunnen 251

Energie aus dem Garten 253

Die Sache mit dem Kunststoff 256

Naturschutz 259

Service 265

Wichtige Adressen und Institutionen 266
Empfehlenswerte Literatur 267
Bildquellen 267
Schnell nachgeschlagen 268
Impressum 272

Vorwort

Vor 25 Jahren zogen wir mit unserer kleinen Familie in das Forsthaus in Hümmel. Ich hatte als Förster die Stelle des Revierleiters übernommen, und dazu wünschte die Gemeinde den Bezug des alten Forstdienstgehöfts. Es bestand aus dem typischen Eifelhaus der 30er Jahre, einem Nebengebäude mit Hühner- und Schweinestall sowie einem 5.000 m² großen Garten.

Traditionell versorgten sich die Förster früher zumindest teilweise selbst mit Lebensmitteln. Doch bei unserem Einzug war davon nicht mehr viel zu spüren. Das Nebengebäude war zur Garage ausgebaut, der Garten mit Weihnachtsbäumen zugepflastert. Mein Vorgänger hatte das Anwesen auf „pflegeleicht" umgestellt, und das große Grundstück sollte über den Weihnachtsbaumverkauf die Miete tragen. Schnell stand für uns fest, dass wir dem alten Gehöft wieder zur traditionellen Nutzung verhelfen wollten. Dazu wurden die Weihnachtsbäume nach und nach entfernt, die Ställe entrümpelt und schließlich mit unseren ersten Hühnern bevölkert. Dazwischen jagte eine Lebensmittelkrise die nächste: Ob BSE oder Pestizide im Gemüse, ob multiresistente Bakterien oder qualvolle Massentierhaltung, uns verging mit jeder Nachricht immer mehr der Appetit auf industriell erzeugte Nahrung.

In diesem Rhythmus wuchs dann auch unser Gemüsegarten. Waren es zuerst nur 8 m², so wurden daraus im Laufe der Jahre 300 m². Den ersten zwei Apfelbäumen folgten weitere, ergänzt durch Kirschen, Pflaumen und Beerensträucher – insgesamt rund 40 Stück. Den Hühnern folgten Kaninchen und Schafe. Mit den Milchziegen hielten Molkereiprodukte Einzug, und zwischendurch machten wir auch einen Ausflug in die Putenhaltung. Wo das Ende der Entwicklung ist, wissen wir nicht: Vor vier Jahren kauften wir zwei Bienenvölker, um die Bestäubung unserer Obstbäume zu sichern. Dabei sind wir übrigens keine Vereinsmeier. Unnötige Vorschriften, kleinstakribische Buchhaltung, das liegt uns nicht. Was zählt, das ist das Wohl der uns anvertrauten Lebewesen, gepaart mit einem vernünftigen Maß an Aufwand. Ziel ist eine möglichst breit gefächerte Teilversorgung mit Lebensmitteln aus allen Bereichen. Dabei halten wir uns immer das Paretoprinzip vor Augen: Es besagt, dass 80 % der Arbeit in 20 % der Zeit erledigt werden können, wogegen für die restlichen 20 % der Arbeit 80 % der Zeit eingesetzt werden müssen. Natürlich ist das nur eine grobe Merkregel, die letztendlich bedeutet, dass man sich bei zu akkuratem Vorgehen völlig verzettelt. Das Prinzip zieht sich wie ein roter Faden durch das Buch. Häufig werden Sie bemerken, dass wir nicht das letzte Quäntchen aus unserer Produktion herauskitzeln, weil es einfach zu mühsam wäre. Statt dessen gilt unser Blick dem Gesamtergebnis, und das bedeutet auch manchmal, ein paar Beeren, Kleinstkartoffeln oder Gartenecken der Natur zu überlassen.

Mittlerweile ist die teilweise Selbstversorgung Alltag geworden, und doch ist jede Mahlzeit aus dem eigenen Garten immer noch ein besonderer Genuss. Wir wissen, dass da kein Gramm Gift eingesetzt wurde, dass der Dünger von den eigenen Tieren stammt, dass die Früchte und Knollen frisch geerntet auf dem Tisch landen. Und die Arbeit in den Beeten bietet nebenbei eine ganz besondere Entspannung – beim Unkrautzupfen oder Hacken können wir die Gedanken fliegen lassen und tun noch etwas für unsere Figur. Doch die Bandscheiben wollen langsam nicht mehr so recht mitmachen, und daher haben wir kurz diskutiert,

ob wir unser Projekt nicht verkleinern sollten. Die Diskussion war wirklich nur kurz – dann stand für uns fest, dass das nicht in Frage kommt. Stattdessen haben wir einen Einachser gekauft, mit dessen Hilfe wir die Beete jetzt im Nu durchhacken können. Ein eigener Brunnen in Beetnähe erleichtert das Gießen, durchdachte Ställe das Ausmisten. Und die Auswahl der Kulturen ist auf Pflegeleichtigkeit optimiert, so dass die Selbstversorgung mit Lebensmitteln auch jenseits der 50 gelingen sollte. Denn auf die kulinarischen Höhepunkte aus eigener Erzeugung möchten wir nie mehr verzichten. Geht es Ihnen auch so? Oder stehen Sie noch am Anfang der Überlegungen? Dann kommen Sie mit uns in den Garten und lassen sich überraschen, was und wie viel Sie mit ein wenig Übung als Hobbylandwirt erreichen können.

Miriam Wohlleben *(Unterschrift)*
Peter Wohlleben *(Unterschrift)*

Miriam Wohlleben, Hümmel (Rheinland-Pfalz), arbeitete früher als Industriekauffrau und leitet nach einer Kinderpause seit 10 Jahren den Bürobetrieb des Ruheforst Hümmel (Bestattungswald). Nachdem sie als echtes Stadtgewächs zunächst wenig mit dem Landleben liebäugelte, entbrannte ihre Liebe zum alten Forsthaus und den nach und nach hinzukommenen Tieren umso heftiger. Nach 25 Jahren kann sie sich ein Leben ohne Ziegen, Kaninchen und Gemüsegarten nicht mehr vorstellen.

Peter Wohlleben, Hümmel (Rheinland-Pfalz), studierte an der Fachhochschule Rottenburg Forstwirtschaft und kündigte nach 23 Jahren seine Beamtenstelle bei der Landesforstverwaltung Rheinland-Pfalz, um seine Vorstellungen von einer ökologischen Waldbewirtschaftung in der Gemeinde Hümmel in der Eifel umzusetzen. Seither lebt er dort mit seiner Familie in einem alten Forsthaus und versorgt sich weitgehend selbst mit natürlich produzierten Lebensmitteln.

denn sein?

Vor dem Start ins Landleben brauchen Sie neben Spaß und Zeit vor allem eins: genügend Fläche. Doch was ist genug? Das hängt von vielen Faktoren ab, die gegeneinander abgewogen werden sollten. Und wenn mehr Fläche erwünscht ist, aber nicht zur Verfügung steht? Dann planen Sie besonders sorgfältig, um möglichst viele Wünsche zu erfüllen.

Selbstversorgung – eine Fata Morgana?

Was bedeutet überhaupt Selbstversorgung? Ist es die komplette Erzeugung der eigenen Nahrungsmittel? Ist darin auch Wasser, Dünger, die Bereitstellung von Pferden zum Pflügen, der eigene Wald für Bau- und Brennholz gemeint?

Wäre es so, dann würden wir wie vor zweihundert Jahren leben: Es wäre ein harter Alltag, geprägt von der Feld- und Waldarbeit, die keinen Raum für Urlaub oder gar einen bezahlten Job ließe. Woher das Geld für die Anschaffung notwendiger Geräte oder gar eines Landkaufs käme, stünde in den Sternen. Missernten, die immer wieder vorkommen, würden womöglich zum Hungertod führen. Bei uns in der Familie war eine vollständige Selbstversorgung nie das Ziel. Es wäre einfach unrealistisch. Wir mögen es aber, wenn ein Teil der Lebensmittel aus dem eigenen Garten kommt, wenn wir die Abläufe des Anbaus verstehen und in verschiedene Handwerkszweige hineinschnuppern können. Und zu erleben, was es bedeutet, selbst Gemüse, Obst oder sogar Fleisch zu erzeugen. Vielfalt statt Masse – so könnte man es zusammenfassen. Und die Dinge, die besonders interessant sind, gut schmecken oder viel bringen, kann man dann nach Lust und Laune weiterführen und ausbauen.

Raum und Zeit

Bevor es losgeht, sollten Sie den Platz ermitteln, den Sie für die Nahrungserzeugung maximal zur Verfügung stellen können und möchten. Möchten insofern, weil vielleicht nicht jeder Quadratmeter zu Beet oder Stall werden soll, sondern auch noch Platz für Blumen, Rasen oder Grillecke übrig bleiben darf. Falls der Hausgarten nicht für alle Bedürfnisse reicht, gibt es ja auch noch die Möglichkeit, Teilbereiche auf Pachtflächen auszulagern. So gibt es im Umfeld vieler Städte die Möglichkeit, von Bauern Teilstücke eines Ackers zu pachten, auf denen Sie dann selbst wirtschaften können. Gleiches gilt für die Tierhaltung, die zumindest bei den größeren Arten gleich hektarweise Weideland erfordert. Schön ist es, wenn Sie die Möglichkeit haben, eigenes Land zu kaufen. Denn erst die jahrelange Bewirtschaftung nach ökologischen Standards verbessert die Qualität der Gräser und Kräuter. Noch nach Jahren finden Sie zum Beispiel die Spuren der Ausbringung von Gülle durch den Vorbesitzer im Futter wieder. Und auch das Wiederherstellen einer guten Bodenqualität dauert, wenn der Vorbesitzer z. B. jahrelang Mais auf „Ihrem" Feld angebaut hat.

Eine saftige Weide – mittlerweile schwierig zu bekommen.

Landkauf ist allerdings gar nicht so einfach, denn Bauern haben grundsätzlich ein Vorkaufsrecht bei größeren Parzellen (je nach Bundesland liegt die Untergrenze zwischen 0,25 und 2 Hektar). Auch bei uns platzte ein Kaufvertrag, der schon notariell beurkundet war. Zwar hatten wir mit dem örtlichen Bauern gesprochen, der uns sein Nicht-Interesse versicherte. Als der Betrieb dann von der Genehmigungsbehörde informiert wurde, schlug jedoch sein Sohn zu und wir mussten die bereits eingezäunte Weide wieder abgeben. Gibt es nichts zu kaufen, so hilft möglicherweise eine langfristige Pacht. Dort hat dann außer Ihnen und dem Verpächter niemand mitzureden. Gerade kleinere Flächen unter zwei Hektar sind Großbetrieben im der Regel zu klein, für die Selbstversorgung jedoch ideal.

Los geht's!

Die zur Verfügung stehende Fläche ist ermittelt, und nun stellt sich die Frage, wie Sie diese am besten nutzen. Tiere verbrauchen ein Vielfaches an Fläche, da sie pflanzliche Kalorien in tierische umwandeln und dabei mindestens 80 Prozent für sich selbst verbrauchen. Wer Fleisch, Eier und Milcherzeugnisse mag, findet eine reine Obst- und Gemüseproduktion natürlich zu einseitig.

Der Anbau von Tierfutter braucht allerdings viel Platz. Ein Kompromiss für kleinere Parzellen wäre, dass Sie das Tierfutter zukaufen. Das spart enorm viel Platz und lässt Raum für Beete. Falls Sie das komplette Futter selbst erzeugen wollen (Weidegras, Heu und Kraftfutter in Form von Getreide), müssen Sie nicht nur Flächen gemäß nachfolgender Tabelle pro zu versorgender Person einplanen, sondern auch entsprechend mehr Zeit.

Schaffen wir das?

Ein ganz anderer Aspekt ist die zur Verfügung stehende Zeit. Sie ist das eigentliche Nadelöhr der Selbstversorgung. Das Idealziel wäre eine hundertprozentige Unabhängigkeit von Einkäufen im Supermarkt – eine Utopie, wie wir gleich sehen werden. Denn das würde bedeuten, täglich rund 10 Stunden Arbeitszeit für jede zu versorgende Person zu investieren. Materiell würde Sie das auf den Stand von vor 200 Jahren zurückkatapultieren, weil dann auch keine Zeit mehr für eine bezahlte Arbeit bliebe. Jede Stunde weniger bedeutet 10 % weniger selbst erzeugte Lebensmittel. Unser persönlicher Kompromiss liegt bei 3 Stunden pro Tag, allerdings schließt dies die Heizung mit selbst aufbereitetem Brennholz mit ein. Für die Selbstversorgung bleiben knapp 2 Stunden, so dass wir

Erntezeit: Jetzt muss gepflückt werden.

auf maximal 20 % Eigenanteil an der Nahrung kommen. Das klingt wenig? Immerhin bedeutet dies, dass täglich rund ums Jahr eigene Produkte auf den Tisch kommen. Und mit diesen Köstlichkeiten landet auch immer Freude auf dem Teller, zusammen mit den Erinnerungen an den Sommer.

Erntezeit ist Zeit der Freude – wenn Sie zuhause sind und nicht fern der Heimat im Urlaub. Zwar kann ein freundlicher Helfer auf Ihren Garten achten, doch die Einlagerung und Konservierung übernimmt wohl keiner. Daher macht es Sinn zu überlegen, in welchem Zeitraum Sie unbedingt selbst Hand anlegen möchten. Bis zu einem gewissen Grad ist das über die Auswahl der Arten steuerbar, etwa wenn Sie im Juni/Juli verreisen. Kartoffeln werden je nach Sorte ab Ende Juli geerntet, Kohl ab September, Äpfel oft erst im Oktober.

Lebensmittel	Nötige Fläche in m² pro Person
Getreide	300
Kartoffeln	40
Eier	150
Milch und Käse	5.000
Gemüse	90

Im Winter heißt es zuhause bleiben.

Ein bunter Garten, der von April bis Oktober durchgehend Erntemöglichkeiten bietet, ist da schon problematischer. Wer möchte schon seine gesamte Erdbeerernte, die innerhalb von vier Wochen anfällt, aus der Hand geben? Oder die Johannisbeeren, die innerhalb weniger Tage schlagartig reifen, den Vögeln überlassen (diese picken die Sträucher oft über Nacht leer)? Immer wieder tauchen im Sommer Ernteschwerpunkte auf, in denen gepflückt, gewaschen und eingekocht werden muss. Das kann den Tagesdurchschnitt der Gartenarbeit deutlich nach oben treiben und pro Person schnell einmal die 5-Stunden-Marke überschreiten. Ein gemütlicher Feierabend auf der Fernsehcouch fällt dann aus, aber uns ist es das wert, vor allem, weil das im Winterhalbjahr in Form gesunden Essens dreifach wieder zurückgezahlt wird.

Kleine Geschenke ... Möchten Sie Tiere halten, dann kommt noch ein anderer Aspekt hinzu. Hühner, Ziegen, Kaninchen und Co. müssen je nach Jahreszeit und Witterung ein- bis dreimal täglich versorgt werden. Damit stellt Ihr Privatzoo ein ernstes Hindernis für Freizeitaktivitäten dar. Einfach mal woanders übernachten, gar für zwei Wochen in Urlaub fahren? Da müssen Sie schon Hilfe organisieren, die Ihre Lieblinge zuverlässig und gut hütet. Im Sommerhalbjahr geht das noch mit etwas älteren Nachbarskindern, die sich ein Taschengeld hinzuverdienen möchten. Da reicht ein Kontrollgang morgens und abends, das Nachsehen der Zäune und Gehege sowie das Auffüllen der Futter- und Trinknäpfe.

Im Winter dagegen, wenn auch die größeren Tiere in den Ställen sind, muss gemistet und in viel

Nachbarrecht Tierhaltung

Wie laut Tiere sein dürfen oder wie viel Geruch toleriert werden muss, ist von Bundesland zu Bundesland verschieden und wird auch von jedem Gericht anders gesehen. Festzuhalten bleibt lediglich, dass die Nachtruhe (19:00 Uhr bis 8:00 Uhr) unantastbar ist. Hier muss das Krähen von Hähnen und Ähnliches vom Besitzer unterbunden werden (z. B. durch eine Stallhaltung). Manche Gerichte setzen sogar noch eine Mittagspause fest, was eine Haltung fast unmöglich macht. Ansonsten stellt sich die Frage nach der Ortsüblichkeit: Gehören die Tiere auf dem Dorf dazu, sind Gerichte großzügiger als bei ähnlichen Fällen in der Stadt. Und bis zu 20 Hühner sind praktisch überall möglich, während größere Herden und auch größere Tiere bei Geräusch- und Geruchsbelästigungen der Nachbarn in reinen Wohngebieten vor Gericht scheitern können.

größerem Umfang gefüttert und getränkt werden (etwa warmes Wasser bei Minustemperaturen).

Zwischen Januar und März kommen dann noch der Nachwuchs und die eine oder andere Problemgeburt hinzu, wo Sie entweder selbst helfen oder den Tierarzt rufen müssen. In so einer Zeit kann man nicht ruhigen Gewissens verreisen, es sei denn, jemand absolut Zuverlässiges (meist aus der Verwandtschaft) steht zur Verfügung. Ob dieser Jemand aber auch melken kann?

Und wenn sich keiner findet, gibt es vielleicht jemand, der stattdessen meckert. Damit sind die Nachbarn gemeint, die sich vielleicht über krähende Hähne, liebestoll schreiende Ziegen (das geht in der Paarungszeit tagelang bis zur Heiserkeit) oder lautstarke Gänse beschweren. Im Zweifelsfall sprechen Sie vorher miteinander und bringen hinterher ab und zu ein paar Eier, etwas Käse oder ein Glas Honig vorbei, und schon fühlt sich Ihr Umfeld in die Produktion eingebunden.

Mit diesen Überlegungen möchte ich Sie nicht abschrecken, denn wir selbst haben trotz dieser Hindernisse Tiere. Vielleicht fangen Sie einfach klein an, mit Tieren, die man auch einmal für ein, zwei Tage allein lassen kann (wie etwa Hühner).

Evolution

Vielleicht ist vor Ihrem geistigen Auge schon der ideale Selbstversorgungsplan entstanden. Sie wissen, ob und welche Tiere Sie halten möchten, welche Grundnahrungsmittel, welches Gemüse und welches Obst auf Ihrem Tisch landen sollen. Und dann kommt vielleicht alles ganz anders. Denn in der Realität treffen Wünsche auf Fähigkeiten, Zeitzwänge und die lokale Natur. Wir bemühen uns schon seit vielen Jahren, Tomaten zu ziehen. Jedes Mal starten wir von Neuem, um dann im Herbst orange-gelbe Früchte zu ernten, die in der Küche mehlig nachreifen. Das liegt am besonderen Klima in der Hocheifel und kann bei Ihnen ganz anders ausgehen. Lediglich Cocktailtomaten werden am Strauch reif und schmecken. Also sind Tomaten bei uns ausgelistet.

Und mit dem Weißkohl wird es doch etwas!

Geht doch! Lange Zeit erging es uns ähnlich mit Kohl. Er wurde von Schnecken und Raupen völlig dezimiert, Ernten gab es praktisch keine. Weißkohl, Rotkohl und Wirsing mussten anderen Gemüsen weichen. Nach einigen Jahren kamen wir dann auf den Trichter und verwendeten Neemöl gegen die Raupen, so dass uns nun beste Ergebnisse gelingen.

Puten versprechen bestes Fleisch. Der Aufwand hält sich in Grenzen, das Ergebnis in der Gefriertruhe macht Freude. Weniger Freude macht allerdings der bestialische Gestank im Stall, und daher haben wir lieber unseren (geruchsarmen) Kaninchenbestand aufgestockt, damit auch im Alltag Freude aufkommt – schließlich sind wir jeden Tag mindestens einmal im Stall.

Auch die große Schafsherde musste wenigen Milchziegen weichen. Sie lassen sich etwas einfacher halten, sind vielseitiger und zahmer.

All dies muss auf Ihr Projekt nicht zutreffen, und dennoch wird vieles ähnlich verlaufen. Manches wächst auf Ihrem Boden und bei Ihrem Lokalklima bestens, anderes will einfach nichts werden. Einige Tiere sind Ihnen sympathisch, andere trotz besserer Wirtschaftlichkeit nicht. Hinzu kommen die individuellen Talente der Gärtnerin und des Gärtners, die sich bei jeder Art anders auswirken. Wenn Sie die Fingerzeige des Gartens und seiner Bewohner ernst nehmen, dann wird sich im Laufe der Jahre eine Artenzusammensetzung ergeben, die für Ihre Verhältnisse bestens geeignet ist. Und selbst wenn diese Zusammensetzung nicht Ihrer ursprünglichen Wunschvorstellung entspricht, so ist sie doch pflegeleichter und ertragreicher.

Binsen oder Hahnenfuß sind Zeigerpflanzen für Staunässe.

Die eigene Scholle

Wie viel Fläche Sie für Ihre Lebensmittelproduktion brauchen, können Sie unter „Raum und Zeit" nachlesen. Die entscheidende Frage ist: Haben Sie diese Fläche? Oder muss sie erst noch erworben oder gepachtet werden?

Falls Sie genug Platz im eigenen Garten haben, ist alles bestens. Hier sind die täglichen Wege kurz und Sie haben die Beete stets im Auge. Ob gießen, ernten oder füttern, alles ist flott getan. Vor allem lohnen sich auch kleine Zeitfenster ab einer halben Stunde, in denen die eine oder andere Arbeit erledigt werden kann. Und damit sind wir schon beim Hauptkriterium: Die Nutzfläche sollte so nah wie möglich an Ihrem Haus sein.

Das zweite Kriterium ist die Eignung für den jeweiligen Zweck. Grundsätzlich sollte die Fläche nicht zu nass sein. Dazu begehen Sie sie am besten nach heftigen Regenfällen, die solche Schwachstellen schnell offenlegen. Nässe bedeutet kein Segen, denn sie weist auf stauende Bodenschichten hin. Im Sommer trocknen solche Böden überraschend schnell aus, im Winter säuft alles ab und die Wurzeln der Pflanzen faulen wegen Sauerstoffmangels. Zudem ist eine Befahrung mit Traktor oder Geländewagen nicht möglich, ohne schwere Spuren zu hinterlassen. Und Tiere stehen ständig mit den Füßen im Matsch und holen sich eine Entzündung nach der anderen. Nasse Böden zeigen ihre Eigenschaft oft auch durch den Bewuchs, wie etwa Binsen oder massenhaft Hahnenfuß.

Als Nächstes wäre die Neigung interessant. Ist es ein Hang, womöglich durchsetzt mit Bäumen und Sträuchern? Dann wären Beete oder kleine Äcker schwierig zu bewirtschaften; für Ziegen und Schafe ist so ein Gelände dagegen gut geeignet – es sind ja ursprünglich Tiere des Gebirges.

Steiles Gelände ist für Gemüse und andere Nutzpflanzen selten gut geeignet – wohl aber für Ziegen.

Außerhalb des Gartens ist ein Umbrechen von Wiese zu Acker mittlerweile schwierig bis verboten; daher sollten Sie das Grundstück so kaufen, dass es schon in dem Zustand ist, wie Sie es verwenden möchten. Apropos Kaufen: Das ist außerhalb der Baugrundstücke gar nicht so einfach, denn Landwirte haben das bereits erwähnte Vorkaufsrecht. Dieses üben sie angesichts steigender Einnahmen aus Mais und anderer Grünmasse für Biogasanlagen zunehmend aus. Kommen Sie nicht zum Zuge, so wäre eine Pacht die Alternative. Hierbei sind Landwirte nicht privilegiert, und meist sind die Pachtzinsen so niedrig, dass sich ein Kauf kaum lohnt.

Fruchtfolge

Wenn man jedes Jahr die Beete mit den gleichen Arten am selben Platz bewirtschaften würde, ginge schon nach kurzer Zeit der Ertrag erheblich zurück. Das liegt zum einen am Nährstoffentzug, zum anderen an der sprunghaften Zunahme von Krankheiten und Parasiten. Wenn Sie erst dann die Fruchtart wechseln würden, wäre es schon zu spät: Denn dann ist der Boden völlig durchseucht und manchmal auf Jahre unbrauchbar. Leider befallen Krankheiten nicht nur eine einzelne Pflanzenart sondern ganze Pflanzenfamilien. So befällt z. B. die Kohlhernie, eine Pilzerkrankung, nicht nur Kohl, sondern auch andere Kreuzblüter und mindert den Ertrag erheblich. Die Sporen können bis zu 20 Jahre lang im Boden überleben.

Ähnliches gibt es für fast jede Pflanzenfamilie zu vermelden. Kartoffeln und Tomaten werden von der Krautfäule befallen, Kartoffeln auch noch von Drahtwürmern. Bei Gurken, Zucchini und Kürbis sind es Bakterien (Pseudomonas lachrymans), welche die Blätter bräunen, bei Mangold und Roter Beete wieder Pilze.

Abhilfe schafft eine Fruchtfolge, bei der das gesamte Beet in Felder eingeteilt wird – je mehr Felder, desto besser. Wir haben unsere 300 m² in vier Teilstücke gegliedert, auf denen jeweils eine Gruppe von Gemüsen angebaut wird. Diese Gruppen wandern jedes Jahr ein Feld weiter, so dass sie frühestens nach vier Jahren auf die selbe Stelle zurückkommen. Da man auch innerhalb der Gruppen rotieren kann (wenn verschiedene Pflanzenfamilien zusammen ein Feld besetzen), lässt sich dieser Zeitraum sogar verdoppeln.

Die Kartoffeln kommen immer auf das frisch mit verrottetem Mist aufgefüllte Feld. Danach wandern die anderen Gruppen darüber und den Abschluss bildet das Getreide. Es lohnt sich, die Gruppen beizubehalten, weil Sie dann nicht jedes Jahr neu nachschauen müssen, was zusammenpasst. Ausgerechnet in diesem Jahr ist uns das nicht ganz gelungen, weil das Beet für die Pastinaken zum Aussaatzeitpunkt noch nicht fertig war und diese daher bei den Bohnen und dem Kohl gelandet sind. Grundsätzlich ist das nicht schlimm, doch im kommenden Jahr müssen wir darauf achten, dass wir diese Rüben (sollten wir sie wieder in die alte Gemeinschaft eingliedern, die dann auf dieses Beet kommt) ein paar Meter weiter rücken lassen.

Düngung

Flächen, auf denen geerntet wird, unterliegen einem ständigen Nährstoffentzug. Die Kalorien der Früchte und Knollen werden zwar durch Fotosynthese gebildet, bestehen also aus Wasser, CO_2

Die Gemüsesorten rotieren in Gruppen über die Beete.

{ **Wir machen es so:** }

• **Feld 1** *ist für Kürbis, Zucchini, Gurken (= eine Familie), Möhren und Pastinaken (= 2. Familie) sowie verschiedene Salate (= 3. Familie) reserviert.*

• **Feld 2** *beherbergt dicke Bohnen, Buschbohnen (= eine Familie), Mangold, Rote Beete (= 2. Familie), Rotkohl, Weißkohl, Wirsing und Kohlrabi (= 3. Familie).*

• **Feld 3** *besteht aus Kartoffeln*

• **Feld 4** *aus Getreide und Zwiebeln. Dazwischen sitzt noch „außer Konkurrenz" ein Erdbeerfeld, welches an der Rotation nicht teilnimmt (bzw. nur sehr langsam, dazu mehr unter „Erdbeeren").*

und Sonnenenergie – diese Dinge stehen praktisch unbegrenzt zur Verfügung. Dennoch enthalten sie zusätzlich Stickstoff, Mineralstoffe und Spurenelemente, die der Erde bei der Ernte verloren gehen. Um die Bodenfruchtbarkeit zu erhalten, müssen sie laufend ergänzt werden. Doch wie viel sollten Sie „nachfüllen"?

Die sicherste Methode wäre eine Bodenanalyse. Dazu füllen Sie Erdproben aus bis zu 30 cm Tiefe (so tief wurzeln viele Gemüsearten mindestens) und von 10–15 verschiedenen Stellen in einen Eimer oder eine Wanne. Durchmischen Sie das Ganze gründlich und füllen anschließend 250–500 g in einen Beutel. Ist das Beet sehr groß und uneinheitlich, so müssen mehrere solcher Proben gezogen werden. Die Beutel können Sie anschließend bei Raiffeisen-Handelsgesellschaften oder landwirtschaftlichen Untersuchungsgesellschaften abgeben, die Analyse mit Düngeempfehlung kostet pro Beutel um 20 €.

Mineralische Dünger – wozu? Wir haben das bisher noch nicht gemacht, weil wir den Boden nicht mit mineralischen Düngern füttern möchten (nur damit wäre eine exakt bedarfsgerechte Düngung möglich). Allenfalls geben wir etwas Kalk bei zu saurem Boden. Stattdessen setzen wir auf natürliche Komponenten, also Mist und Kompost. Denn Abfälle für den Komposthaufen fallen ohnehin in Ihrem Garten an, und falls Sie Futter in Form von Heu oder Getreide für die Tierhaltung zukaufen ergibt sich das umgekehrte Problem wie bei der Ernte im Beet: Ihrem Grundstück wird mehr und mehr pflanzliches Material zugeführt. Dessen Rückstände müssten bei einer Kreislaufwirtschaft auf das Feld des Bauern zurück, stattdessen landen sie aber bei Ihnen auf dem Misthaufen. Und damit können Sie nun bestens die Nährstoffverluste auf den Beeten durch die Ernte ausgleichen.

{ **Weg mit dem Mist!** }

Wenn Tiere mit Medikamenten behandelt werden müssen, scheiden sie den größten Teil davon wieder aus. Und dieser Teil landet dann im Mist. Daher ist es sinnvoll, diesen nach einer Behandlung im Müll zu entsorgen, weil Sie ihn andernfalls in Ihre Gemüsebeete bekommen. Da kann sich im Laufe der Jahre eine Menge davon anreichern und was noch viel schlimmer ist, das Bodenleben zum Erliegen bringen. So sind beispielsweise Entwurmungsmittel nichts anderes als Insektizide, die teilweise mehr als 10 Jahre zum Abbau benötigen. In der Zwischenzeit töten sie leider auch jede Menge Kleinstlebewesen ab, die organische Abfälle zu Humus umwandeln. Wenn möglich sollten solche Stoffe also erst gar nicht in Ihrem Kompost landen.

Um die Menge klein zu halten, die mit dem Müll entsorgt werden muss, können Sie vor der Medikamentengabe noch einmal gründlich ausmisten. Und falls es nur ein Tier ist, so kann es für kurze zeit in eine separate Box gesperrt werden, damit Sie nur diesen Mist aussortieren müssen.

Eigener Kompost oder Mist ist der beste Dünger.

Misthaufen und Komposthaufen sind bei der Selbstversorgerwirtschaft auf ökologischer Grundlage grundsätzlich sehr ähnlich. Bei der Massentierhaltung ist der Kot- und Urinanteil sehr hoch, weil dort kaum mit Einstreu gearbeitet wird. In der Hobbyhaltung unter artgerechten Bedingungen besteht dagegen der größte Anteil

Hier fühlen sich Regenwürmer wohl!

aus Heu oder Stroh, die entweder als Einstreu oder heruntergefallene Futterreste auf den Boden gelangen. Hinzu kommen die ganzen Abfälle aus den Gemüsebeeten, wodurch der Kotanteil aus den Ställen nochmals erheblich sinkt. Daher handelt es sich eher um Kompost, der sehr mild ist und auch keine grundwasserschädlichen Sickerwässer erzeugt.

Bei wenigen Hühnern, zwei Milchziegen und ein paar Kaninchen ist der Mistanteil im Verhältnis zu den Gartenabfällen gering. Zusammen ergibt das einen Komposthaufen, der in Bezug auf gesetzliche Vorschriften unproblematisch ist. Denn hier geht es vor allem um den Grundwasserschutz.

Wenn Sie also viele große Tiere halten und damit auch viel Mist anfällt, wird es aufwändiger. Zum Schutz vor Sickerwässern muss in diesem Fall eine betonierte Bodenplatte mit 50 cm hohen Seitenwänden gegossen werden, die zudem auch noch überdacht ist, damit kein Regenwasser durch den Haufen läuft. Alternativ zum Dach können Sie eine umlaufende Rinne einbauen, die in eine Sickergrube mündet, welche regelmäßig geleert werden muss. Für Selbstversorger ist das ein (zu) hoher Aufwand. Wenn Sie nur Tiere für den Eigenbedarf halten, zudem die größeren wie Schafe und Ziegen einen Großteil des Jahres auf der Weide stehen, dann entfällt die Notwendigkeit für solche Bauten.

Kalk bringt die Würmer auf Touren. Geben Sie ab und zu eine Handvoll Kalk über den Kompost, bevor die nächste Schicht aufgetragen wird, damit Regenwürmer, Pilze und Bakterien auf Hochtouren kommen. Große Haufen erzeugen im Inneren Temperaturen von 60 °C und mehr. Dadurch werden Samen, die durch das Unkrautjäten mit hineingelangt sind, abgetötet. Durch die Hitze verdampft viel Wasser, welches an kalten Tagen wie eine Atemwolke über dem Haufen schwebt. Dieses Wasser entsteht aus Abbauprodukten und wird so gewissermaßen immer wieder nachgeliefert. Manchmal wird der Kompost jedoch zu trocken, und dann kommen die Rotteprozesse ins Stocken.

Abhilfe schafft das Wässern – der Winterregen allein reicht nicht immer, denn er perlt von der Oberfläche wie von einem Reetdach ab. Ohne Wässerung entpuppt sich der Haufen im Frühjahr oft als nur angerottet und durchsetzt von weißen Pilzsporen, die beim Bearbeiten kräftig stauben und gesundheitsschädlich beim Einatmen sind. Im Zweifelsfall sollten Sie den Haufen also entweder gießen oder flach und breit halten, so dass die Winterniederschläge eindringen können. Besonders flach wird er, wenn er relativ rasch wieder ins Beet kommt. Daher wird ein Komposthaufen bei uns kein Jahr alt. Schon im Herbst fahren wir die nur halb verrotteten Gartenabfälle auf die abgeernteten Beete zurück.

Nicht schön, aber praktisch. Zuerst kommt das ehemalige Getreidefeld dran: Es steht in der Fruchtfolge an letzter Stelle und braucht nun neue Nährstoffe. Ist das Feld komplett mit dem halbgaren Kompost abgedeckt, kommen die Obstbäume und -sträucher an die Reihe. Ihnen gönnen wir die untere Lage des Haufens, die durch den Bodenkontakt meist schon durch ist. Dieses krümelige Substrat lässt sich besser um die Baumscheiben verteilen. Nicht zu dick auftragen, damit sich dort keine Mäuse einnisten. Alles, was dann noch übrig ist, kommt auf die restlichen Beete. Und so bleibt das Ganze den Winter über liegen. Gewiss, die Optik ist nicht perfekt und entspricht vielleicht nicht der hohen Kunst des Kompostierens.

Doch so entfällt das lästige Umschichten. Denn jeder Handgriff, den man sich ersparen kann, kommt der Nahrungsmittelerzeugung zugute. Schön werden die Beete wieder im März. Nun kommt der Einachser aus seinem Winterschlaf

und fräst den Boden samt der Auflage durch, die inzwischen mürbe ist. Diese Mischung ergibt für das Frühjahr eine unglaublich gute Grundlage für die Gemüsepflanzen. Seit wir dies so praktizieren, explodieren die Pflanzungen förmlich.

Selbst kaum verrotteter Kompost ist im Frühjahr bester Humus,

Was darf auf den Kompost? Was darf alles auf den Komposthaufen? Zunächst natürlich die genannten Gartenabfälle. Alles, was aus den Beeten herausgejätet wird, soll sogar darauf landen, denn an den Wurzeln von Quecken und Co. haftet oft noch einiges an Erde. Die soll irgendwann wieder auf die Beete zurückkommen, denn sonst haben Sie einen schleichenden Austrag, eine Art Erosion.

Das klingt übertrieben? Bei einer Schubkarre voll Unkraut kommt schnell 1–2 kg Boden zusammen, der entfernt wird. Über die Jahre summiert sich das auf viele Zentner fruchtbarer Krume, die nur dann kein Verlust sind, wenn sie mit den verrotteten Abfällen wieder zurück auf die Beete gelangen.

Die zweite Komponente sind die tierischen Hinterlassenschaften mit Ausnahme derjenigen, die von mit Medikamenten behandeltem Kleinvieh stammen. Ansonsten bleiben noch die Küchenabfälle, solange es sich um pflanzliche Stoffe wie die äußeren Salatblätter, Kartoffelschalen oder auch Kaffeesatz handelt. Alles andere würden wir in der Mülltonne entsorgen. Obstschalen etwa stammen, so nicht aus dem eigenen Garten, oft von gespritzten Früchten. Zeitungs- und anderes Papier hat nichts auf dem Komposthaufen zu suchen (entgegen dem, was man so ab und an liest). Es ist behandelt und mit synthetischen Farbstoffen bedruckt. Auch angeblich verrottbaren Kunststoff entsorgen wir lieber im Hausmüll. Aus eigener Erfahrung mit solchen Materialien wissen wir, dass so manches Werbeversprechen leider nicht stimmt, und dann ist Ihr kostbarer Dünger mit Plastik durchsetzt.

Selbst Holzasche aus dem Ofen sollte in die Restmülltonne gegeben werden. Neuere Untersuchungen zeigen, dass sie giftige Kohlenwasserstoffe und Chromverbindungen enthält, mit denen Sie auf Dauer Ihren Boden verseuchen können. Nun könnte man einwenden, dass Asche doch etwas Natürliches sei und etwa nach Buschbränden den Boden düngt. Doch die Mengen, die in einem Holzofen anfallen, sind auf den Quadratmeter gerechnet um ein Vielfaches höher.

Lästige tierische Mitesser

Die ganzen leckeren Dinge, die Sie im Garten anbauen, schmecken nicht nur Ihnen. Unter den vielen hundert Tierarten, die gerne ungebeten an Ihrem Tisch Platz nehmen, wollen wir uns die unangenehmsten einmal genauer ansehen.

Schrecken Nummer 1: Schnecken. Die Frühjahrsplagen beginnen mit den Schnecken. Kaum sind die ersten zarten Keimlinge von Kohl, Salat oder Zucchini im Beet, machen sich diese „Bauchfüßer" auf den Weg, um sie aufzufressen. Schnecken haben einen guten Geruchssinn, und der spricht auf viele unserer Kulturpflanzen an – auf über 20 m Entfernung! Diese Strecke legen die Tiere in einer Nacht zurück, um an das Objekt ihrer Begierde zu gelangen.

Es gibt in Mitteleuropa rund 200 Schneckenarten, die unterschiedlich gefährlich für Ihre Pflänzchen sind. Besonders schlimm wütet die Spanische Wegschnecke (die in Wahrheit aus Südfrankreich stammt). Sie wurde eingeschleppt und breitet sich unaufhaltsam über ganz Europa aus. Schlimm ist sie deswegen, weil sie heimische Arten wie die Rote Wegschnecke verdrängt. Das Hautsekret ist bitter und schmeckt Igel und Co nicht, so dass diese lieber auf bewährte heimische Arten zurückgreifen und diese dezimieren, dadurch

Die Rote Wegschnecke – eine gefährdete Art.

Morgendliche Schneckenernte – ein Festmahl für die Hühner.

kann sich die Spanische Wegschnecke rascher ausbreiten – ein Teufelskreis. Und weil der Neuzugang gefräßiger ist als die ursprünglichen Arten, werden die Gärten auch stärker attackiert.

Was tun? Was können Sie dagegen unternehmen? Zunächst gibt es rein mechanische Abwehrmaßnahmen, wie etwa den glatten Schneckenzaun. Diese Kunststoffbarrieren können Schnecken nicht überwinden solange er neu (und glatt) ist, nicht überwachsen und von Maul- und Wühlmaushaufen freigehalten wird. Auch ein 1 Meter breiter Schutzstreifen aus trockenem Material (wie z. B. Sand) um das Beet herum soll helfen – doch wenn es regnet, wird er für Schnecken passierbar.

Die berühmten Bierfallen stellen einen Übergang zu chemischen Mitteln dar, wenngleich sie eher harmlos sind. Allerdings müssen sie täglich kontrolliert werden, zudem sollte das Bier nach wenigen Tagen ausgewechselt werden. Durch die Lockwirkung werden auch Schnecken herbeigerufen, die sonst Ihr Beet links liegen gelassen hätten. Und einen weiteren Nachteil haben diese Fallen: Sie fangen jede Schnecke, auch vom Aussterben bedrohte Arten. Ja, das gibt es auch!

Doch die nächste Variante ist noch ungünstiger: Schneckenkorn. Je nach Hersteller enthält es Eisen- und Phosphorverbindungen, ältere Präparate womöglich Nervengifte, die sogar für Säugetiere gefährlich sind. Falls Sie Ihren Garten nicht in eine Todeszone verwandeln möchten, würde ich von solchem Granulat abraten. Schließlich geht es bei der Selbstversorgung um eine naturverträgliche Landwirtschaft.

Es bleibt als verträglichste Methode das Absammeln. Morgens, wenn noch alles taufeucht von der letzten Nacht ist, sitzen die Schnecken noch oberirdisch im Beet. Jetzt können Sie dieses zügig durchforsten und alle ungebetenen Gäste absammeln.

Und dann? Harte Zeitgenossen schneiden die Tiere durch (aua!) oder überstreuen sie mit Salz. In beiden Fällen kommen die Schnecken qualvoll um. Da ist kochendes Wasser ein schnelleres Ende, ebenso die Verwendung von kleineren Exemplaren als Hühnerfutter (so werden nebenbei noch Eier daraus, daher ist das unsere Lieblingsmethode). Für die Schnecken ist es natürlich noch besser, wenn Sie sie in einer Wiese oder einem Feldgebüsch aussetzen. Das sollte allerdings über 50 m von Ihrem Garten entfernt sein, denn sonst sehen Sie die Tiere irgendwann wieder.

Da Schnecken Feuchtigkeit lieben, können Sie auch alte Leinensäcke oder Holztafeln auf die Beete legen. Zu Tagesbeginn verkriechen sie sich darunter, um sich vor der Sonne zu schützen. Hier können Sie die Plagen bequem einsammeln. Apropos einsammeln: Es lohnt sich, ganz genau hinzuschauen, denn wie so oft im Leben sind die Kleinsten auch die Schlimmsten. Gerade besonders hungrige Arten wie die genetzte Ackerschnecke, die im Jugendstadium oft nur 1 cm groß ist (ausgewachsen 3–5 cm), werden mit ihrer hellbraunen Farbe leicht übersehen.

Schrecken Nummer 2: Feld- und Wühlmäuse. Auf Platz 1 stehen bei uns aber Feld- und Wühlmäuse. Vielleicht liegt es daran, dass unser Grundstück von Wald und Wiesen umgeben ist, jedenfalls finden wir fast täglich neue Gänge, die sich zwischen Salat oder Kartoffeln hinziehen. Links und rechts davon welkt dann eine Pflanze nach der anderen, weil ihnen die Wurzeln abgeknabbert werden. Besonders ärgerlich ist es, wenn in Mäusejahren gerade die dicksten Kartoffeln,

{ **Schleimig?** }

Und wie wird man den Schleim an den Fingern wieder los? Putzen Sie Ihre Hände einfach mit einem trockenen Küchenpapier ab, danach wird mit Wasser und Seife gewaschen – fertig. Ansonsten tun es natürlich auch Handschuhe, in denen man allerdings wenig Feingefühl hat. Dieses ist aber gerade bei kleinen Pflänzchen und noch kleineren Schnecken wichtig. Noch gröber als Handschuhe sind Schneckenzangen, die nur bei größeren Tieren eine Alternative sind.

Welkender Salat weist auf unterirdische Gäste hin.

Pastinaken, Rote Beete oder Möhren an- oder ganz aufgefressen werden, eine vermeintlich üppige Ernte sich als Flop entpuppt.

Trotzdem sind die kleinen Nager irgendwie putzig, und man möchte sie am liebsten nur vertreiben. Dazu sollen Pflanzen wie Knoblauch oder Kaiserkrone geeignet sein, die zwischen die Kulturen gesetzt werden. Bei uns hat das noch nie funktioniert. Auch leere Flaschen, in den Beeten so vergraben, dass der Wind klagende Geräusche mit ihnen produziert, sind leider nutzlos.

Technisch aufwändiger kommen Ultraschallgeräte daher, welche die Mäuse mit für Menschen nicht hörbarem Gepfeife vertreiben sollen. Abgesehen davon, dass dieser Ultraschallkrach auch viele andere Tierarten stört (denken Sie etwa an Fledermäuse, die mit Ultraschall jagen), gewöhnen sich Mäuse rasch daran, und wenn Sie noch nicht jenseits der 50 sind, hören Sie den unangenehmen Pfeifton sogar selbst.

Einmal haben wir von Silvester eine Packung Chinaböller zurückbehalten. Einen dicken davon angezündet in ein Mauseloch geschoben, wieder Erde darauf gefüllt – das klang erfolgversprechend. Der ganze Rums ging unterirdisch in die Gänge, zudem gab es auch eine ordentliche Rauchentwicklung. In begrenztem Umfang wirkte das tatsächlich, aber weil wir nicht wussten, welche Füllstoffe (rote Erde?) in den Böllern waren und ob wir damit den Boden verseuchen, haben wir die Methode wieder ad acta gelegt.

Weitere Methoden wären Vergiften oder Vergasen. Beides ist nicht sofort tödlich, Ersteres möglicherweise auch noch gefährlich für Beutegreifer wie Fuchs oder Katzen, weshalb wir das nicht ausprobieren wollten. So blieben letztendlich nur die Fallen übrig. Es gibt welche, die lebend fangen. Das ist sehr mäusefreundlich, Sie müssten allerdings nach jedem Fang einen kleinen Spaziergang unternehmen, um die Tiere weit genug entfernt wieder freizulassen. Zudem ist mehrmals täglich eine Kontrolle erforderlich, weil die hochaktiven Tiere sonst verhungern.

Welche Falle passt?

Wir entschieden uns daher für Totschlagfallen. Das billigste Modell besteht aus Holz, das finden wir sehr sympathisch. Allerdings verrosten die kupferfarbenen Metallteile schon nach dem ersten Regenschauer, so dass sie nicht mehr leicht auslösen. Es gibt die Fallen zwar auch aus Plastik, die dauerhafteste Lösung ist allerdings eine Falle aus Edelstahl (Modell Topcat). Das Schweizer Fabrikat kann ein Gärtnerleben lang halten, kostet dafür auch um die 60 €.

Um sie aufzustellen, wird in den Mäusegang ein passendes Loch gegraben. Dazu gibt es einen Spezialstecher von der gleichen Firma, ein Schäufelchen tut es allerdings genau so gut. Bestückt wird die Falle mit einem Apfelstück, anschließend wird sie so in den Gang gestellt, dass beide offenen Seiten jeweils zum Gang hin zeigen (damit die Maus glaubt, sie könne hindurchlaufen). Der Erfolg stellt sich nach ein paar Stunden, manchmal sogar nach Minuten ein. Stellen Sie die Falle so lange wieder in den Gang, bis keine Maus mehr gefangen wird. Feld- und Wühlmäuse leben in Familienverbänden, und in einem einzigen Gang können etliche Mäuse hintereinander gefangen werden.

Starke Gerüche schrecken die kleinen Nager ab, so dass die Falle, falls erforderlich, nur mit geruchslosem Melkfett o. ä. geschmiert werden sollte.

Die Wurzeln dieses kümmernden Kirschbaums wurden von Wühlmäusen befressen.

Ob ein Mauseloch überhaupt noch bewohnt wird, können Sie wie folgt feststellen: Bei den kleineren Feldmäusen muss es offen sein. Bedecken Sie es mit etwas Erde und schauen Sie am nächsten Tag, ob es wieder aufgemacht wurde. Bei den größeren Wühlmäusen ist es genau umgekehrt: Sie verschließen einen offenen Eingang in kurzer Zeit wieder. Ist ein Gang „leergefangen", so können Sie ihn mit einem Stöckchen markieren, um die Übersicht zu behalten und die Falle nur an erfolgversprechenden Löchern aufzustellen.

Schrecken Nummer 3: Blattläuse. Schrecken Nummer drei nach den Mäusen und Schnecken sind Blattläuse. Sie vermehren sich unglaublich schnell und saugen derart an den Pflanzen, dass sich Triebe und Blätter krümmen und verkümmern. Nebenbei übertragen sie auch noch Krankheiten. Bei den dicken Bohnen ist es die Schwarze Bohnenlaus, die den oberen Trieb dicht an dicht besetzt. Nicht nur die Tiere sind schwarz, auch auf den klebrigen Zuckerausscheidungen siedeln sich Rußtaupilze an.

{ **Übrigens:** }

Der Fang empfiehlt sich auch im Winter, um die Population nicht zu stark ansteigen zu lassen.

Eine Topcat-Falle wird am Stammfuß in ein Mauseloch gesetzt ...

... und fängt den Übeltäter.

Was hilft? Haben Sie Zeit für mehrere Versuche, so können Sie es mit einem scharfen Wasserstrahl probieren, z. B. mit einem Brausekopf für Gartenschläuche. Damit werden die Lästlinge einfach abgespült. Meistens erwischt man jedoch nicht alle, und aufgrund der enormen Vermehrungsrate sitzt ein paar Tage später wieder alles voll. Ähnlich erfolgreich ist das Abstreifen per Hand, am besten ohne Handschuh, damit empfindliche Blätter nicht zerdrückt werden. Der Vorteil dieser Methode ist, dass Sie das auch im Vorübergehen schnell mit erledigen können. Seifenlauge mit Kernseife ist die dritte Variante, bei der die Seife den kleinen Insekten ans Leben geht. Dritte und erfolgreichste Variante ist eine wässrige Lösung mit Neemöl, welche auf die befallenen Pflanzen gesprüht wird. Wie die Seife ist das Öl biologisch abbaubar, tötet bis dahin allerdings auch andere Kleintiere.

Schrecken Nummer 4: Vögel? Es fällt mir schwer, Vögel als Schädlinge zu sehen, und davon abgesehen ist es ohnehin verboten, sie zu bekämpfen. Es gibt aber ein paar Möglichkeiten, ihnen den Zutritt zu unseren Früchten zu verwehren. Die Schönste von allen ist, einfach von allem ein bisschen mehr zu pflanzen, so dass es für alle reicht. So haben wir mittlerweile 25 Johannis- und Jostabeerensträucher, die wir gemeinsam mit Amseln und Drosseln beernten.

Manchmal nützt das aber nichts, denn die gefräßigen Tiere stibitzen die Beeren immer dann, wenn sie kurz vor der Reife sind. Zudem scheint es sich herumzusprechen, dass es bei Wohllebens gerade frische Ware gibt – dann ist quasi über Nacht alles weg. In diesem Fall kommen Netze zum Einsatz, die wir über einige Sträucher spannen.

Lästige pflanzliche Mitesser

Darf man „Unkraut" sagen? Für umweltfreundlich wirtschaftende Menschen war dies einige Zeit ein Unwort, denn alles und jedes hat in der Natur seine Berechtigung. Begleitbewuchs oder Wildkräuter schien da die angemessenere Bezeichnung. Wir sind da nicht so umweltpolitisch korrekt in unserer Wortwahl – dass wir Rücksicht auf die Natur nehmen, brauchen wir niemandem zu beweisen, und wenn fremde Gewächse im Beet den Wuchs unserer Kulturpflanzen behindern, dann ist „Unkraut" immer noch ein passender Begriff.

Gemüse ist züchterisch bearbeitet. Ihm sind Bitterstoffe und holzige Fasern abhandengekommen, dafür enthält es mehr Stärke, Zucker oder Aromastoffe. Da genetisch gewünschte Eigenschaften meist mit anderen, oft unbekannten verknüpft sind, schwächen solche Zuchten die Pflanze, obwohl sie optisch vor Kraft nur so zu strotzen scheint. Daher ist es meist das besagte Unkraut, welches ohne unsere Eingriffe die Oberhand in den Beeten übernimmt. Es raubt unseren angebauten Sorten das Sonnenlicht und lässt sie kümmern. Oft kann die Sonne den Boden nicht trocknen, und in dem feuchten Kleinklima gedeihen auch noch Pilzkrankheiten.

Sagen wir es ehrlich: Unkraut ist lästig!

Ein weiterer wichtiger Aspekt ist die Fruchtfolge. Was nützt es, wenn Sie akribisch jedes Jahr die Beete wechseln und jeweils andere Pflanzengruppen anbauen, wenn Wildkräuter aus denselben Pflanzenfamilien kreuz und quer die Flächen besetzen? So breiten sich Parasiten rasch aus und Sie wundern sich, warum Ihre Ernten so mickrig ausfallen. Das Unkraut gibt es natürlich nicht; es geht hier um eine Vielzahl von Wildpflanzen unterschiedlichster Eigenschaften. Manche sind extrem hartnäckig und schlecht zu entfernen, wie etwa Quecken oder Hahnenfußgewächse. Sie treiben aus kleinsten Wurzelresten wieder aus und ärgern uns schnell von neuem. Harmloser, je nach Geschmack sogar nützlich sind dagegen Arten wie die Vogelmiere. Sie überzieht schnell den ganzen Boden, wird nicht viel höher als 20 cm, wurzelt nur lose und ist zudem noch ein gesundes Gemüse.

{ **Nützliches Unkraut** }

Unkraut kann auch nützlich sein, so etwa die weit verbreitete Vogelmiere: Sie enthält sehr viel Vitamin C und schmeckt gut als Salatbestandteil. Mögen Sie sie nicht selber essen, so freuen sich die Hühner über das leckere Grünzeug.

Wir freuen uns über diesen Gast, der manchmal die abgeernteten Beete überzieht und sie davor schützt, vom Regen ausgewaschen zu werden.

In Bezug auf die Akribie scheiden sich bei uns die Geister. Ganz männertypisch hacke ich zwischen den Reihen grob durch und lasse das zerstörte Grünzeug als Dünger einfach liegen. Dadurch sind schnell größere Flächen bearbeitet, allerdings treibt das Unkraut nach wenigen Tagen schon wieder munter nach. Meine Frau zupft dagegen jeden fremden Spross aus der Erde, so dass unsere Nutzpflanzen hinterher wie aus dem Ei gepellt dastehen und nichts als nackte Erde außen herum ist. Das dauert (für meine Begriffe) entsetzlich lange, hat aber den Vorteil, dass nun für einige Wochen Ruhe ist.

Grundsätzlich

Unkraut wird nur bei trockener Witterung entfernt. Sobald keine Erde mehr an den Gummistiefeln haften bleibt, kann gejätet werden. Denn zumindest bei unseren leichten Böden bleibt dann beim Ausziehen der Kräuter nur wenig kostbare Erde haften und wird aus dem Beet entfernt. Bei schweren Böden mag das anders sein, doch deren ohnehin kleineres Porenvolumen wird in abgetrocknetem Zustand durch das Belaufen nicht noch weiter zerdrückt.

Kein Wetter zum Jäten!

Flächenplanung

Aus Gründen der Fruchtfolge (siehe Kapitel „Bodenpflege") sollten Sie Ihre Fläche in mindestens vier Beete unterteilen, die jeweils eine Pflanzengruppe beherbergen. Damit ist gleichzeitig sichergestellt, dass der Anbau vielseitig wird und nicht zu Lasten einer Art, die gerade besonders begeistert, aus den Fugen gerät.

Bei unseren 300 m² bedeutet dies, dass die Beetgröße (abzüglich einer Fläche für Erdbeeren von 40 m²) 65 m² beträgt. Mehr steht dann jeweils für Getreide, Kartoffeln oder Kohl nicht zur Verfügung.

Ein typischer Anfängerreflex, welcher sich bei uns lange gehalten hat, ist es, den Reihenabstand einer Kultur zu verkleinern – man will ja keinen Platz verschenken! Sind etwa 60 cm bei Kartoffeln sinnvoll, dann könnten es doch auch 50 cm oder nur 40 cm sein – mehr Reihen = mehr Ernte.

Hier haben wir es mit dem Kürbisanbau übertrieben ...

{ **Lang oder breit?** }

Falls Sie mit Maschinen wie einem Einachser arbeiten möchten, um etwa den Boden zu lockern oder Unkraut zu hacken, dann sind langgestreckte Parzellen ideal. Dadurch können Sie lange Bahnen abarbeiten und müssen die schweren Maschinen nicht so oft wenden. Eine gewisse Mindestbreite (4 m) sollte nicht unterschritten werden, weil sonst der Fruchtwechsel keine Wirkung mehr zeigt: Gefräßige Organismen „wandern" einfach in die Nachbarfläche, die nur wenige Zentimeter entfernt ist.

Dies stimmt allerdings nur bedingt, denn dann werden die Pflanzen etwas kleiner. Zudem haben Sie kaum noch Platz, sich im Beet zu bewegen, und das macht erstens keinen Spaß und zweitens können Sie kaum noch Unkraut jäten. Wollen Sie beispielsweise mehr Kartoffeln, so bleibt nur die Erweiterung der gesamten Anbaufläche. Damit vergrößert sich zwangsweise auch die Anbaufläche für Salat, Kohl oder Getreide, und nebenbei wird damit für eine ausgewogene Ernährung gesorgt. Allerdings kann es dann schnell passieren, dass Sie von bestimmten Gemüsen viel mehr produzie-

ren, als Sie selbst verbrauchen können. Nun ist es schön, hier und da Überschüsse aus dem Garten an Freunde zu verschenken und in der Familie zu verteilen. Überschreitet das aber das „ab und zu" und wird zur Regelmäßigkeit, sollten Sie über weitere Gemüsearten nachdenken, die Sie selbst komplett nutzen können.

Bleiben wir beim Kartoffelbeispiel. Ihre Gesamtfläche ist begrenzt, und wenn Sie möglichst viele Mahlzeiten aus dem eigenen Garten gewinnen möchten, dann geht es ans Kalorienzählen.

Energiereiche Gemüse erhöhen den Selbstversorgungsanteil, energiearme senken ihn. Es gilt also, so viel wie möglich an Grundnahrungsmitteln anzubauen (siehe Kapitel „Grünzeug").

Eine gute Alternative zu Kartoffeln sind Pastinaken, denn sie liefern ebenfalls sehr hohe Flächenerträge. Zuckermais ist eine weitere Alternative, die energiereich ist und einen Fruchtwechsel ermöglicht. Schauen Sie einfach, was unter Ihren Klimabedingungen besonders gut wächst und vor allem, was Ihnen gut schmeckt.

Werkzeuge und Maschinen

Geiz ist geil – das gilt leider auch für Werkzeug. Billiges und gutes Werkzeug gibt es leider nicht, da muss man sich schon für das eine oder andere entscheiden.

Natürlich sind auch wir schon mehrfach günstigen Angeboten erlegen. Ein Spaten aus Edelstahl für 20 €? Her damit! Wie lange er gehalten hat, können wir nicht mehr sagen, doch er hat uns schon lange verlassen. Einmal ganz abgesehen davon, dass Edelstahl zu weich ist und ein bisschen Rost auf Hacken und Schaufeln gar nichts ausmacht, lassen sich solche Billigteile auch nicht reparieren. Die Metallteile sind nicht gesteckt und geschraubt, sondern durch den Stiel festgenietet. Bricht dieser, können Sie den Spaten nur noch wegwerfen.

Qualitätswerkzeug zahlt sich aus, und es braucht auch nicht allzu viel Pflege. Wichtig ist nur, dass es nach dem Arbeiten trocken stehen kann.

Dazu können Sie mit einem Holzstück oder zur Not mit dem Stiefelabsatz anhaftende Erde abschaben, weil diese ansonsten wie ein Schwamm wirkt, der den Stahl noch lange feucht hält und zu Roststellen führt. Auch der Stiel verträgt keine dauerhafte Feuchtigkeit, denn Pilze lieben diese und machen das Holz mürbe.

Optimaler Faserverlauf in einem Holzstiel.

Mit diesem Muster wird Bruchgefahr signalisiert.

Eine Bügelzughacke – unser Lieblingswerkzeug zum Jäten.

Und was brauchen Sie tatsächlich? Das wichtigste Werkzeug ist die Hacke. Mit ihr wird der Boden gelockert und Unkraut beseitigt.

Zweiter Kandidat ist ein Spaten zum Setzen von Bäumen und Sträuchern (nicht zum Umgraben – dazu gleich mehr). Dritter im Bunde ist eine Kralle mit kurzem Stiel, die beim Jäten gute Dienste leistet.

Ganz bequem werden Sie Ihr Unkraut los, wenn Sie den Boden zwischen den Nutzpflanzen mit einer Bügelzughacke durchziehen. Sie hat eine scharfe Klinge, die den ungeliebten Begleitbewuchs einfach abrasiert.

Ganz zum Schluss kommt noch ein Pflanzholz (heutzutage meist aus Metall), welches zum Versetzen vorgezogener Salate und Zucchini oder aber zum Ausstechen von tiefwurzelndem Unkraut genutzt wird. Das war's.

{ **Apropos Stiel** }

Egal ob Hacke oder Spaten, er sollte aus Eschenholz sein. Es ist zäh und federt gut, ohne gleich zu brechen. Dazu muss der Faserverlauf des Holzes, erkennbar an den dunklen Linien der Jahrringe, parallel zum Stielverlauf sein. Ist er stellenweise eher schräg, dann besteht an dieser Stelle eine erhöhte Bruchgefahr.

Der Kartoffelpflug gilt als unnötig, ist aber praktisch.

Der Einachser ist eine große Hilfe bei weitläufigen Beeten.

Im März ist der komplette Gemüsegarten in einer halben Stunde fertig gefräst.

Natürlich nicht ganz, denn es gibt eine Vielzahl weiterer Werkzeuge. So etwa den Kartoffelpflug zum Anhäufeln, eine Vielzahl weiterer Hacken, Grubber, Rechen und Stecher. Was diese Geräte versprechen, können Sie auch mit den zuerst genannten erledigen, aber vielleicht nicht immer ganz so elegant. Andererseits füllt die Heerschar von Spezialkonstruktionen schnell das Gartenhaus, und wenn das Budget begrenzt ist, dann würden wir lieber wenige, dafür aber gute Werkzeuge kaufen.

Luxus, aber gebraucht! Eines Tages war uns der Gemüsegarten über den Kopf gewachsen. Man konnte es daran sehen, dass sich das Unkraut irgendwie nicht mehr in den Griff bekommen ließ. Frust kam auf und die Frage, ob wir die Fläche nicht verkleinern sollten. Doch weniger Lebensmittel selbst erzeugen, gar auf ein „Sortiment" wie Kartoffeln komplett verzichten? Das hätten wir schade gefunden. Und obwohl wir Fans von Handarbeit sind, am liebsten alles mechanisch in Form von Hacken, Schaufeln und Rechen machen, war es nun Zeit für eine Neuanschaffung: Ein Einachser musste her.

Dabei handelt es sich im Prinzip um einen kleinen Traktor, der nur eine Achse besitzt. Der Fahrer, besser „Schieber", geht hinterher und steuert die Maschine über einen Lenker. Hinten lassen sich verschiedene Geräte anbauen, mit denen sich das Gartenleben erheblich erleichtern lässt.

Wir erwarben unseren Einachser gebraucht – das Ding hatte schon 60 Jahre auf dem Buckel, war aber gut gepflegt und kam mit 3 Paar Rädern und verschiedenen Gerätschaften daher. Gerade bei wenigen 100 m²-großen Flächen reichen solche Gebrauchtgeräte vollkommen aus, denn die Oldtimer sind unverwüstlich und halten bei mäßiger Beanspruchung sicher noch einmal ein Gärtnerleben lang.

In unserem Fall ist das wichtigste Anbauteil eine Fräse. Das ist ein Kasten mit integrierten Hackmessern. Damit wird das Beet im Frühjahr und im Herbst jeweils zweimal im Abstand weniger Wochen durchgefräst. Danach präsentiert sich die Erde feinkrümelig und unkrautfrei. Früher haben wir das alles mit einer Handhacke erledigt (mit mäßigem Erfolg beim Unkraut), heute dauert ein Durchgang für 300 m² eine halbe Stunde. Nur durch diese Änderung konnten wir die Beetgröße halten.

Den mitgelieferten Pflug benutzen wir allerdings nicht, weil wir die Bodenschichtung nicht zerstören wollen. Dabei kommt nämlich das Unterste zuoberst. Kleinstlebewesen, die bisher in 30 cm Tiefe lebten, erblicken plötzlich das Sonnenlicht. Das ist auch das Letzte, was sie registrieren, weil sie dann ihr Leben aushauchen. Ähnlich ergeht es den Oberflächenbewohnern. Sie werden lebendig begraben und können, weil teilweise unter 1 mm groß, nicht mehr nach oben zurückkommen. Wenn man so etwas jedes Jahr veranstaltet, lässt die Bodenfruchtbarkeit schnell nach, denn die nach tausenden zählenden Arten, welche die Kreisläufe in Gang halten, schrumpfen kräftig. Fräst man hingegen, so bleibt die Schichtung erhalten, denn die Messer dringen nur 10–15 cm in den Boden ein und lockern ihn dabei gleichmäßig auf. Und da bei uns die obere Schicht ohnehin aus Kompost besteht, wird das eigentliche Erdreich nur etwa 5 cm tief bearbeitet.

Ja, auch hierbei werden Organismen geschädigt. Es ist ein Kompromiss, um die bearbeitbare Fläche größer zu halten. Es ginge auch ganz ohne, aber dann müsste jeder Saatplatz mühsam mit einem kleinen Häckchen bearbeitet werden, was mehr Zeitaufwand oder weniger Beetfläche bedeuten würde.

Von Kopf bis Fuß

Damit die Arbeit bei Wind und Wetter Spaß macht, brauchen Sie passende Kleidung. Die muss nicht unbedingt teuer sein. Hosen, Hemden, T-Shirts oder Pullover stellen bei uns das letzte Glied der Verwertungskette dar: Was nicht mehr straßentauglich ist, landet auf dem Stapel für den Garten. Bei alten Sachen ist es nicht schlimm, wenn Flecken nicht mehr herausgehen oder ein Loch hineinkommt.

Wichtig ist nur, dass sie bequem und eher weit geschnitten sind. Wenn Sie sich zwischen den Beeten bücken oder hocken, dann soll es ja nicht zu unangenehmen Abschnürungen kommen.

Die Kollektion für die Dame. Bei Jacken fahren wir verschiedene Strategien. Die Kollektion für die Dame umfasst vor allem gefütterte Regenjacken, die im Winter durch darunter gezogene Fleece-Pullis aufgepeppt werden.

Für den Herrn kommt das Oberteil aus dem Segment Hobbysäger. Es ist mit signalorangefarbenen Schulterpartien versehen, hat ein ausknöpfbares Futter, trocknet schnell und hat eine glatte Oberfläche, so dass Schmutz gut abzuklopfen ist. Neben dem unschlagbaren Preis (deutlich unter 50 €) und der extremen Haltbarkeit ist es die gute Sichtbarkeit, mit der die Jacke punktet.

Modell Hobbysäger – gut zu sehen, schnell zu reinigen.

Schließlich müssen wir auch im Winter früh morgens unsere Pferde versorgen und dabei eine unbeleuchtete Straße überqueren.

Gar nicht so schlecht – Cowboyhüte. Als Kopfbedeckung haben sich neben den üblichen Kappen und Strohhüten gute Cowboyhüte bewährt. Sie sind aus Filz gemacht und halten selbst starken Regengüssen sehr lange stand. Mit ihnen gehen Sie wie unter einem aufgesetzten Regenschirm, so dass sogar die Schulterpartien weitgehend trocken bleiben.

Handschuhe – einer reicht nicht! An Handschuhen würden wir mehrere verschiedene Modelle empfehlen. Da wären zunächst die latexbeschichteten Stoffhandschuhe. Sie eignen sich hervorragend zum Ausreißen von wehrhaftem Unkraut wie etwa Brennnesseln. Da sie zudem wasserdicht sind, bleibt die Haut auch vor aggressiven Pflanzensäften geschützt. Für längere Arbeiten mit der Hacke taugen sie allerdings nicht, da Sie mit ihnen rasch Blasen an den Händen

{ **Latexhandschuhe** }

Für die absolute Feinarbeit nutzen wir Latexhandschuhe aus dem Haushaltsbereich. Im Winter werden diese einfach eine Nummer größer gekauft, damit noch Fleece-Handschuhe darunter passen.

bekommen (ohne Handschuhe allerdings noch schneller). Hier kommen Lederhandschuhe zum Einsatz. An diesen würden wir heute nicht mehr sparen. Früher hatten wir Billigmodelle, die schon vor dem Anziehen nach Chemie stanken. Nach dem Ausziehen waren es unsere Hände, die so rochen, und wir möchten gar nicht wissen, was da alles in unsere Haut gezogen ist. Am schlimmsten sind die Fabrikate aus Schweineleder (manchmal zur Kaschierung auch Porc-Leder genannt). Sie reißen recht schnell und sind auch nicht besonders geschmeidig. Gute Rindslederhandschuhe können mehr als eine Saison halten und kosten um 10 €.

Latex – wenn Feingefühl gefragt ist.

Der gute alte – Gummistiefel. Bleiben noch die Schuhe. Hier dürfen es ebenfalls etliche Modelle gleichzeitig sein. Für den schnellen Gang vor die Tür, der mehrmals täglich vorkommt, sind Gartenclogs praktisch. In sie kann man schnell hineinschlüpfen und auch wieder heraus – praktisch, wenn Sie die Hände voller Gemüse oder Eier haben. Ansonsten sind es natürlich Gummistiefel, die hauptsächlich zum Einsatz kommen. Hier sollten Sie ebenfalls nicht sparen und auf ein gutes Fußbett achten. Sitzen die Stiefel zu locker und wird viel darin gelaufen, so kann dies zu einem schmerzhaften Fersensporn führen.

Als Material empfehlen wir Naturkautschuk. Er ist sehr flexibel und behält im Gegensatz zu billigen PVC-Stiefeln auch im Winter seine Geschmeidigkeit. Wer sich einmal mit brettharten Plastiksohlen, die rutschig wie Schlittschuhe werden, der Länge nach hingelegt hat, wird sich so etwas nie mehr antun. Mit etwas Pflege halten hochwertige Stiefel, die um 100 € kosten, viele Jahre.

Falls Sie im Winter schnell kalte Füße bekommen: Solche Stiefel gibt es auch mit Pelz- oder Neoprenfutter.

Für Mäharbeiten, etwa entlang der Tierzäune, setzen wir Lederstiefel ein. Die Kautschukstiefel verspröden mit der Kombination Pflanzensäfte / Sonnenlicht und sind dann schon nach einer Saison eingerissen.

Kein Schuhtick, sondern eine Notwendigkeit für jedes Wetter.

so viel wie möglich

Pflanzen machen pro erzeugter Kalorie weniger Arbeit als Tiere, verbrauchen weniger Platz und vor allem weniger Zeit. Zudem müssen sie nicht täglich versorgt werden und lassen sich einfacher durch eine Urlaubsvertretung betreuen. Wenn Sie also nicht genügend Fläche für alle Selbstversorgerwünsche haben, dann bevorzugen Sie Grünzeug!

Die Frage, wie viel Fläche für Pflanzen und damit nicht für Tierhaltung vorgesehen werden sollte, ist grundsätzlich einfach zu beantworten: so viel wie möglich. Im Durchschnitt verbraucht die Erzeugung einer tierischen Kalorie 10 Kalorien aus pflanzlichem Futter, welches Sie in vielen Fällen selber essen könnten. Bei einer beschränkten Flächengröße steigt der Selbstversorgungsgrad also mit dem Anteil der pflanzlichen Produktion. Möchten Sie dennoch Hühner, Kaninchen oder Ziegen halten, so kann dies auf Parzellen geschehen, die für Ackerbau nicht geeignet sind (also etwa Grünland, welches nicht umbrochen werden darf). Oder aber Sie sehen das Ganze nicht zu dogmatisch und lieben Tiere im eigenen Garten – dann ist es eben Selbstversorgung light.

Wie auch immer, eine große Beetfläche gehört für die Selbstversorgung unabdingbar hinzu. Und damit darauf etwas wächst, brauchen Sie Saatgut.

Kaninchen können ganz schön viel futtern …

Saat- und Setzgut

Der Wandel der Agrarindustrie spiegelt sich auch in den kleinen Samentüten wider, die in jedem Gartenmarkt zu finden sind. Die Vielfalt der Anbieter verschleiert, dass der größte Teil des Angebots mittlerweile von Großkonzernen stammt. Und die haben ganz andere Interessen als Sie. Das Wichtigste für diese Firmen ist, dass Sie jedes Jahr neues Saatgut kaufen. Klingt das schon selbstverständlich? Muss es aber nicht. Noch vor wenigen Jahrzehnten war es üblich, sich die benötigten Samen selbst zu ziehen und kräftig mit befreundeten Gärtnern zu tauschen, so dass jeder alles Nötige zur Verfügung hatte. Dadurch war auch die Sortenvielfalt sehr viel größer als heute.

Samenfestigkeit

Eine wesentliche und ebenfalls völlig selbstverständliche Eigenschaft muss gegeben sein: die Samenfestigkeit. Sie besagt, dass aus jedem Samen sortenreine Nachkommen der Mutterpflanze wachsen. Solches Saatgut kann über Generationen wieder und wieder ausgesät und vermehrt werden, und stets ist der Erfolg im Garten der Gleiche.

Eines fällt dadurch jedoch weg: die Profitmöglichkeit professioneller Anbieter. Daher züchten diese Gemüse, die diese Eigenschaft verlieren. Auf den Päckchen steht dann meist „F1-Hybride". Gewinnen Sie aus solchen Zucchini, Bohnen und Co. Samen, dann entsprießt diesen im folgenden Jahr alles Mögliche, bloß nicht die Sorte mit den gewünschten Eigenschaften. Daher sind Käufer solchen Saatguts geradezu gezwungen, jährlich nachzukaufen. Es darf allerdings nicht verschwiegen werden, dass modernes Saatgut besonders hohe Erträge bringen kann. Aber eben nur einmal.

Bio kann sich lohnen! Wir beziehen unser Saatgut aus Biobetrieben, die allein schon wegen der Zertifizierung nur samenfestes Saatgut anbieten dürfen. Von solchen Pflanzen können wir dann selbst Saatgut gewinnen; allerdings eignen sich nicht alle Arten gleich gut. Zum einen gibt es welche, die erst im zweiten Jahr blühen, wie etwa Pastinaken oder Schwarzwurzeln. Diese müsste man bis zur kommenden Saison im Beet belassen, aber dann kann diese Kultur nicht mehr im Rahmen der Fruchtfolge weiterwandern. Oder Sie überwintern die Wurzeln im Keller und setzen sie dann im Frühjahr wieder nach draußen. Das ist uns zu aufwändig, und deshalb kaufen wir die Samen für solche Arten jährlich nach – allerdings auch samenfest, denn so behalten wir alle Optionen.

Dieser Mangold will schon im ersten Jahr blühen – kein Kandidat für Saatgut!

Biosaatgut – teuer, aber samenfest.

Saat- und Setzgut

Was zu viel ist, wird einfach abgeschnitten.

Immer schön langsam!

Unverhofften Geschenken nicht trauen!
Manchmal blühen einzelne Exemplare zweijähriger Arten doch schon im ersten Jahr. Lassen Sie sich lieber nicht dazu verleiten und ziehen von diesem unverhofften „Geschenk" schon Samen nach. So würden Sie allmählich Ihre eigene Haussorte züchten, die grundsätzlich schon im ersten Jahr blüht. Leider geht die Kraft dann nur nach oben und nicht in Knollen und Blätter – die Ernten würden dadurch immer kleiner ausfallen. Ähnlich ist es mit Salat. Ziehen Sie von denjenigen Pflanzen nach, die als Letztes schießen. Würden Sie die ersten blühenden Salate nehmen, dann würden Sie schnellschießende Eigenzüchtungen hervorbringen.

Manches besser doch nachkaufen! Wir ziehen Bohnen, Salat, Getreide und andere einjährige Pflanzen selbst nach, ebenso Kartoffeln. Wichtig ist dabei, dass Sie nur eine Sorte pflanzen, die sich nicht mit anderen kreuzen kann. Das wäre z. B. bei Kürbissen und Zucchini der Fall, die bei uns in einem Beet stehen. Diese beiden Arten kaufen wir daher ebenfalls nach. Verschiedene Salatsorten in einem Beet bekommen Sie in den Griff, indem Sie nur jeweils eine davon schießen und blühen lassen.

Bei Kartoffeln ist es ganz einfach: Da die Knollen über vegetative Vermehrung entstehen, bleiben diese immer sortenrein, selbst wenn Sie kunterbunt alle möglichen Spezialitäten durcheinander anbauen.

Bei der Aussaat Zeit lassen! Auch wenn es schneller geht – lassen Sie sich beim Aussäen Zeit und versuchen Sie, die Körnchen gleich auf den gewünschten Endabstand der Pflanzen zu legen. Dadurch sparen Sie später das lästige Vereinzeln und stören die Keimlinge nicht in ihrer Wurzelentwicklung. Ist es doch passiert, dann ist das Abschneiden der überflüssigen Exemplare besser als das Ausrupfen. Bei letzerem werden auch die Wurzeln der verbleibenden Pflanzen beschädigt, da diese oft mit denen der Nachbarn kunterbunt verwachsen sind.

Grundnahrungsmittel

Trotz begrenzter Zeit und Beetfläche können Sie den Grad der Selbstversorgung noch weiter erhöhen. Denn wie viel Ihrer Mahlzeiten Sie aus dem eigenen Garten gewinnen, hängt maßgeblich von den produzierten Kalorien je Quadratmeter Beetfläche ab.

Ob Sie Kartoffeln oder Salat anbauen und später auf dem Teller haben, macht in Bezug auf die Sättigung nun mal einen erheblichen Unterschied. Daher sollten die sogenannten Grundnahrungsmittel, die den Hauptbestandteil der Ernährung bilden, auch den größten Teil der Anbaufläche einnehmen. Bei uns sind dies zwei Drittel der Beete, die wir mit vier verschiedenen Arten belegen.

Risikostreuung. Warum nicht einfach alles mit Kartoffeln oder Getreide bewirtschaften? Abgesehen von der Abwechslung bei den Mahlzeiten und der notwendigen Fruchtfolge für den Boden dient dies der Risikostreuung. Es gibt Jahre, da werden viele Kartoffeln von Mäusen gefressen oder gehen an Krautfäule ein.

Oder die Spatzen haben sich so vermehrt, dass sie das Getreide vor der Reife plündern. Drahtwürmer fressen sich im Boden durch die Rüben der Pastinaken, und man kann diese nicht mehr einlagern. Was passiert, wenn man sich nur auf eine Pflanze stützt, zeigen die Hungersnöte im Irland des 19. Jahrhunderts, bei der infolge mehrerer Missernten bei Kartoffeln Millionen von Menschen starben. Das wird Ihnen in unserer heutigen Gesellschaft natürlich nicht passieren, aber es wäre doch schade, wenn ein Jahr lang kaum etwas aus dem Garten zu ernten wäre.

Kartoffeln

Kartoffeln sind das Grundnahrungsmittel von Selbstversorgern. Pro m^2 lassen sich 2 kg Ertrag erzielen, zudem ist die Verarbeitung sehr einfach. Durch den hohen Stärkeanteil ist der Nährwert der Knollen so hoch, dass 600 m^2 pro Person für eine (allerdings recht einseitige) Vollversorgung ausreichen würden.

Auch bei uns ist eins der vier Beete für Kartoffeln reserviert – mit den gut 60 m^2 decken wir den kompletten Bedarf an diesem Gemüse für unseren Zweipersonenhaushalt.

Vor dem Anbau stellt sich die Sortenfrage. Wir lieben alte oder besondere Spezialitäten, die durch die Form, die Farbe der Knollen und der Blüten Abwechslung ins Beet und auf den Teller bringen. Vor allem aber sollen sie robust gegen die häufigsten Krankheiten sein, damit es vor der Ernte wenig Enttäuschungen gibt.

In Mäusejahren wird es nichts mit der großen Kartoffelernte.

Ein mildes Frühjahr im April – wir setzen auf Risiko...

Der Kartoffelanbau eignet sich gut als Erstkultur auf frisch eingerichteten Beeten. Die Pflanzen lockern den Boden auf und verdrängen das Unkraut. Da Kartoffeln Starkzehrer sind, bekommt dieses Beet im Herbst eine flächige Kompostpackung (knapp eine Schubkarre pro m²). Diese wird mit Hacke oder Fräse eingearbeitet.

Im Frühjahr geht es dann los. Da die Triebe sehr frostempfindlich sind, sollte nicht vor Mai gesetzt werden. Speziell in milden Frühjahren halten wir es aber nicht mehr aus und gehen oft schon Mitte April zu Werke. Manchmal erwischen uns dann doch noch die Eisheiligen und werfen die Pflanzen entsprechend zurück. Der passende Spruch dazu heißt: „Setz mich im April, komm ich, wann ich will, setz mich im Mai, komm ich glei".

Zum Setzen ziehen Sie gerade Rillen in das Beet. Dazu eignet sich ein Kartoffelhäufler (eine Art Minipflug), den Sie später im Jahr ohnehin brauchen. Der Abstand zwischen den Reihen sollte 60 cm betragen, in der Reihe reichen 35 cm.

Lernen von den Indios

Vor dem Setzen sollten die Kartoffeln vorgetrieben werden, um rascher zu wachsen. Lagern Sie Ihre Kartoffeln im Keller, so passiert das ganz von alleine. Saatkartoffeln sollten um 5 cm groß sein, und zum Frühjahr hin suchen Sie aus den Resten einfach die passende Auswahl zusammen (oder behalten im Winter einfach die kleineren Kartoffeln zurück). Obwohl wir 6 verschiedene Sorten anbauen, trennen wir diese nicht, sondern würfeln alles bunt durcheinander. Das erspart lästige Arbeit und unnötige Lagerfläche, zudem setzen sich so im Laufe der Jahre die Sorten durch, die zum Lokalklima und Hausgrundstück am besten passen. Das machen die Indios in den Anden übrigens genau so.

Krautfäule – ein Problem in regenreichen Jahren.

Bunt gemischte und im Keller vorgetriebene Kartoffeln, fertig zum Setzen.

Wollen Sie mit einem Einachser arbeiten, so muss der Reihenabstand der Achsbreite plus 40 cm entsprechen.

Sobald die Triebe über 20 cm hoch aus der Erde ragen, können Sie mit dem Häufeln beginnen. Sinn der Übung ist es, zusätzliche Knollenbildung an den Stängeln anzuregen und damit den Ertrag zu steigern. Nebenbei trocknet die Erde nach Regenfällen schneller ab, was den nässeempfindlichen Pflanzen gut tut. Die Arbeit geht mit einem Kartoffelhäufler besonders leicht, den Sie einfach nur zwischen den Reihen hindurchziehen müssen. Nach wenigen Wochen schließen sich die Reihen, und die Kartoffelpflanzen werden zu einem undurchdringlichen Dickicht. Jetzt können und brauchen Sie bis zur Ernte nichts mehr machen. Unkraut kann im Dunkel unter den Pflanzen nicht mehr wachsen, und wollten Sie weiter häufeln, so würden Sie die Stängel zertreten. Einzig eine Mäusebekämpfung an den Rändern des Beets ist nun angesagt: In manchen Jahren haben die kleinen Nager bei uns mehr als die Hälfte der Ernte gefressen. Zudem sind es immer die dicken Knollen, die geschädigt werden, so dass für die Küche nur die unattraktiven kleinen übrig bleiben.

In regenreichen Jahren schlägt oft die Krautfäule zu. Dabei handelt es sich um eine Pilzerkrankung, die sich zunächst als kleine, braune Flecken auf

Mit den Händen in der Erde wühlen macht Spaß!

den Blättern zeigt. Auf der Unterseite zeigen sich helle Pilzrasen, die Sporen ausbilden. Von hier aus wandert die Erkrankung unaufhaltsam an der Pflanze herunter und bringt sie schrittweise zum Abwelken. Geschieht dies früh im Sommer, dann fällt die Ernte sehr klein aus. Zudem kann der Pilz auch die Knollen befallen, die dann ungenießbar werden. Die schlechte Nachricht zuerst: Die Krautfäule ist praktisch überall und wird auch Ihre Beete finden. Zudem überdauern die Sporen viele Jahre im Boden, so dass auch Bekämpfungsmaßnahmen unangebracht sind. Zwar gibt es Spritzmittel gegen die Krankheit, etwa auf Kupferbasis, doch diese belasten den Boden und Ihre Gesundheit.

Kartoffelkrankheiten – meist halb so wild.

Ganz so dramatisch, wie es in vielen Veröffentlichungen zu lesen ist, ist die Krautfäule aber nicht. In trockenen Jahren werden Sie kaum etwas davon sehen. Der Pilz kann zwar in den Saatkartoffeln überwintern, doch er bricht im kommenden Jahr nur bei großer Nässe vorzeitig aus. Wir haben in einem solchen Jahr einmal das abgewelkte Kraut aus den Beeten entfernt, damit es nicht den Boden kontaminiert (was nebenbei trotzdem passiert). Diesen Krauthaufen in einem hinteren Winkel des Gartens wollten wir eigentlich verbrennen, haben es dann aber vergessen. Im kommenden Jahr wuchsen daraus kräftige Kartoffelstauden – von Krautfäule keine Spur.

Um ganz auf Nummer sicher zu gehen, können Sie auch alle drei bis vier Jahre neue Saatkartoffeln kaufen und starten dann wieder bei null oder fast null, denn ganz ohne gibt es sie noch nicht einmal von Fachbetrieben. Ein Neustart von Zeit zu Zeit hilft auch, das zweite Problem im Griff zu behalten: den Kartoffelschorf. Dabei handelt es sich um einen Befall mit Bakterien, der zu einem unappetitlichen Äußeren führt. Beim Schälen in der Küche muss etwas dicker geschnitten werden, ansonsten ergeben sich keine Beeinträchtigungen. Im Gegensatz zum Pilz wird der Schorf durch trocken-heißes Wetter begünstigt. Achten Sie bei der Sortenwahl auf resistente Kartoffeln, die zumindest etwas weniger anfällig sind.

Endlich ernten! Haben Ihre Kartoffeln alle Klippen umschifft, dann geht es an die Ernte. Der richtige Zeitpunkt ist erreicht, wenn das Kraut welkt. Egal ob durch die Krautfäule oder die normale Welke im Herbst, jetzt wird es Zeit zu graben. Große Flächen kann man mit einer Grabegabel oder sogar einem Kartoffelroder (= Anbaugerät für Maschinen) herausholen, für unsere kleinen Selbstversorgerflächen tun es aber die bloßen Hände. Sie sind viel schonender, und wo die Gabel oder der Roder doch etliche Prozente der Knollen verletzen, kommen sie per Hand unversehrt ans Tageslicht. Dicke Gummihandschuhe sind hilfreich, weil sich ansonsten kleine Steinchen schmerzhaft unter die Fingernägel schieben.

Nach der Ernte trocknen die Kartoffeln erst einmal ein paar Stunden ab.

Beim Herausholen werden die Kartoffeln gleich sortiert. Ganz kleine Exemplare unter 4 cm Größe verwenden wir nicht, weil sie einfach zu viel Arbeit machen. Haben Sie Zeit übrig, dann eignen sich diese kleinen Knollen noch als Backofenkartoffeln, die geschrubbt gleich mit Schale verzehrt werden können. Unsere Untergrenze liegt oberhalb 4 cm, und trotzdem gelangen die Kleineren nicht bis in die Küche. Sie werden vielmehr zusammen mit den Größeren gelagert und dann im nächsten Frühjahr als Saatkartoffeln verwendet. Andere Kriterien sind Fraßspuren von Mäusen. Liegt die Fressattacke schon länger zurück und war sie nicht allzu heftig, dann hat sich eine Art zweite Haut gebildet und die Kartoffeln sind wieder lagerfähig.

Die guten ins Körbchen, die schlechten ...

Manche Kartoffeln fangen auch schon an zu faulen und werden bereits bei beginnender Verbräunung weggeworfen. Genau so machen wir es mit Drahtwurmbefall, den Sie an etwa 3 mm großen Löchern erkennen. Diese Würmer sind auch einer der Gründe, warum in den nächsten 3 Jahren keine Kartoffeln mehr auf dasselbe Beet sollen.

Knollen, die teilweise grün sind, weil sie aus dem Boden schauten, behalten wir dagegen. Sie kann man immerhin noch als Saatkartoffeln verwenden oder, falls es nur ein kleiner Abschnitt ist, bei Verwendung gesund schneiden.

Schorf sieht nicht schön aus, ist aber nicht so dramatisch. Befallene Exemplare werden bei uns mit eingelagert, im kommenden Jahr aber nicht mehr gesetzt und landen daher alle auf dem Teller.

Sind die Kartoffeln draußen, so sollten sie zunächst einige Stunden trocknen, damit die Schale lagerfähig wird. Danach reiben wir sie noch einmal vorsichtig ab, um anhaftende Erde loszuwerden. Spätestens jetzt werden die letzten schadhaften Knollen sichtbar, weshalb ein letztes Mal durchsortiert wird, bevor sie im Eimer landen. Danach geht es dann ab in den Keller in eine Kartoffelstiege (siehe Kapitel „Vorratshaltung").

Pastinaken

Pastinaken sind faszinierend. Die großen Rüben erinnern vom Geruch her an Möhren, vom Laub dagegen an glatte, überdimensionale Petersilie. Kein Wunder, sind beides doch entfernte Verwandte, die daher nicht nacheinander angebaut werden sollten. Gekocht verwandelt sich das Gemüse geschmacklich in eine Mischung aus Kartoffeln und Möhren und macht sehr satt. Vor der Einführung der Kartoffel waren Pastinaken ein wichtiges Grundnahrungsmittel, welches im letzten Jahrhundert in Vergessenheit geriet. Erst in den letzten Jahren wurde es wieder entdeckt und wird manchmal in Supermärkten angeboten.

Im Garten bereiten Pastinaken viel Freude, und zwar nicht nur durch ihre Schmackhaftigkeit. Die Rüben sind kalorienreich, liefern hohe Erträge und sind zudem sehr robust, was Klima und Schädlinge anbelangt. Gerade für den Selbstversorger, der ein zweites Standbein zur Kartoffel sucht, bietet sich diese Kultur an.

Bewährte Kartoffelsorten

Das hat bei uns funktioniert:

Sorte	Eigenschaft
Agria	sehr ertragreich
Cara	kaum Krautfäule
Colleen	kaum Krautfäule und Schorf
Mayan Twilight	Neuzüchtung, cremig
Raja	kaum Krautfäule
Robinta	kaum Krautfäule, hoher Ertrag
Setanta	kaum Krautfäule, gute Lagerfähigkeit

Pastinaken-Cremesuppe

Zutaten:
- ca. 400 g Pastinaken (frisch oder selbst eingekocht)
- ca. 200 g Kartoffeln
- ca. 100 g Knollensellerie (nur wenn vorhanden, nicht zwingend erforderlich)
- 1 Zwiebel
- 1 Knoblauchzehe
- 200 ml süße Sahne
- 1 Becher saure Sahne oder Schmand
- ca. 600 ml Brühe (nach Geschmack auch etwas mehr)
- Zitronensaft
- Salz
- Pfeffer
- Chilipulver
- Paprikapulver

Pastinaken, Kartoffeln, Sellerie und Zwiebel würfeln. Öl erhitzen, Zwiebel glasig dünsten. Pastinaken, Kartoffeln und Sellerie dazugeben und etwa 5 Minuten anbraten. Mit der Brühe ablöschen. Saure Sahne/Schmand und süße Sahne dazugeben. Etwa 20 Minuten bei kleiner Hitze köcheln lassen. Die Suppe mit dem Zauberstab pürieren und mit Zitronensaft, Salz, Pfeffer, etwas Chili- und Paprikapulver abschmecken.

Ein Pastinakensämling – jetzt heißt es aufpassen.

{ Aufgepasst! }

Noch ein wichtiger Hinweis: Pastinaken enthalten Substanzen, die fototoxische Reaktionen hervorrufen.

Wir wussten das im ersten Anbaujahr nicht und haben uns bei der Entfernung des Laubs von den Rüben unbeabsichtigt Saft auf die Arme geträufelt, was zu schmerzhaften „Verbrennungen" führte.

Unkraut oder Pastinake? Pastinakensamen sind relativ groß, so dass sie sich gut gleich auf den endgültigen Abstand säen lassen. Trotzdem machen sie Probleme, und zwar durch ihre lange Keimdauer. Selbst wenn Sie das Beet pikobello vorbereiten und nur blanke, feinkrümelige Erde vorhanden ist, sind jede Menge Unkräuter aufgewachsen, ehe die kleinen Pastinaken austreiben. Nun können Sie bis dahin alle Unkräuter direkt wieder entfernen – oder könnten.

Denn die Keimblätter, also die allerersten, sehen untypisch aus und kommen so auch bei anderen Pflanzen vor. Beim Jäten hackt man daher auch leicht die Pastinaken mit, sodass Ihnen nichts anderes übrig bleibt als so lange zu warten, bis Sie die Pastinaken einwandfrei erkennen und

Die großen Rüben machen viel Freude beim Ernten.

verschonen können. In unkrautwüchsigen Jahren werden dann aber schon etliche verdrängt und verkümmern. Wie auch immer, es gibt zumindest bei uns aufgrund dieser Langsamkeit einige Ausfälle in den Reihen.

Die Ernte im Herbst ist etwas mühsam, denn die Rüben reichen bis zu 30 cm tief. Wenn Steine oder lehmig-toniger Boden vorhanden ist, hilft nur noch eine Grabegabel. Das Problem: Die Zinken dieser Gabeln sind kürzer als die Rüben, und wenn Sie nun neben den Pflanzen einstechen und hebeln, werden leider etliche Rüben verletzt. Diese eignen sich dann nicht mehr zur Einlagerung und müssen frisch verzehrt werden. Das geht mit Pastinaken ausgezeichnet, denn alles, was Sie nicht brauchen, können Sie zur Lagerung einfach im Beet lassen, denn die Pflanzen sind absolut winterhart. Wir lagern sie trotzdem zu einem Teil im Keller, weil wir aufgrund der Waldrandlage sehr viele Mäuse haben. Diese freuen sich ebenfalls über Kalorienbomben im Winter und fressen unsere Beetvorräte einfach auf. Vielleicht haben Sie ja weniger von diesen kleinen Mitessern, dann können Sie die Rüben einfach im Erdreich lassen und nur nach Bedarf herausholen.

Dicke Bohnen

Wir lieben Dicke Bohnen, auch Puffbohnen genannt, mit Speck und Kartoffeln. Es ist ein urigländliches Gericht, und vielleicht ist es gerade deshalb in Verruf geraten. Für viele war es früher ein Arme-Leute-Essen, welches man am besten Schweinen zum Fraß vorwarf. Daher stammt auch der zweite Name „Saubohnen".

Die Pflanzen werden schon seit rund 2.000 Jahren in Mitteleuropa angebaut, denn sie sind robust und unkompliziert. Schwere, nasse Böden? Kein Problem! Kalte Sommer, lange Winter? Macht nichts! Und weil die Bohnen so hart im Nehmen sind, können Sie die Samen schon Ende Februar ins Beet bringen. Einzige Voraussetzung: Der Boden muss zu diesem Zeitpunkt frostfrei sein. Wollen Sie den Keimvorgang beschleunigen, dann können Sie die Bohnen am Tag zuvor wässern, damit sie vorgequollen schneller starten. Wir machen dies allerdings nicht, denn Zeit ist bei diesem frühen Aussaattermin kein Problem.

Den Keimlingen machen Nachtfröste nicht zu schaffen, und so wachsen sie langsam, aber unaufhörlich in die Höhe.

Die schönen Blüten werden von Hummeln bestäubt.

Dicke Bohnen

Zutaten:
- 500 g Dicke Bohnen
- 1 Zwiebel
- 125 g Speckwürfel
- ca. 600 ml Milch
- ca. 200 ml Bohnenwasser
- 3 EL Mehl
- Salz
- Pfeffer
- Petersilie

Dicke Bohnen im Schnellkochtopf ca. 10–15 Minuten ohne Salz garen.

Zwiebel würfeln und in heißem Fett anbraten, Speckwürfel hinzufügen. Mehl dazugeben und eine Mehlschwitze machen. Mit Milch und Bohnenwasser ablöschen. Mit Salz, Pfeffer und Petersilie würzen.

Dazu: Salzkartoffeln

Dicke Bohnen mit Speck: ein Arme-Leute-Essen für Feinschmecker.

Häufig ist nachzulesen, dass die Stängel ähnlich wie bei Kartoffeln gehäufelt werden sollten. Wir machen dies nicht, denn die Wurzeln der Dicken Bohnen reichen über einen Meter tief ins Erdreich. Da die Schoten weiter oben ansetzen und die Pflanzen ohnehin bis zu 2 m hoch werden, bringt ein kleiner Erdhaufen zu Füßen auch nicht viel mehr Stabilität. Probieren Sie's einfach aus.

Alle mögen „Saubohnen". Ab Mai blühen die Pflanzen, die wie viele Schmetterlingsblütler überwiegend von Hummeln bestäubt werden. Wenig später tauchen weitere, allerdings unangenehme Gäste auf: Schwarze Bohnenläuse. Sie befallen die frischen Triebe zu Tausenden und bewirken, dass dieser Sprossteil zu welken beginnt und verkrüppelt. Abhilfe schafft eine Dusche mit Neemöl oder Seifenwasser.

Unser Ziel sind die großen Kerne, die sich gut herauspulen lassen.

Oft wird empfohlen, den Trieb oberhalb der Blüten zu entfernen, damit die Kraft ganz in die Schoten geht. Das finden wir merkwürdig, denn auch das Laub oberhalb produziert Nährstoffe, die in einem stetigen Strom nach unten befördert werden. Daher verzichten wir auf solche Kappungen.

Auch die Ernte ist Geschmackssache. Man kann durchaus schon die jungen Schoten gekocht verzehren, doch wir lassen sie ausreifen. Schließlich geht es um Selbstversorgung, und die großen Kerne enthalten deutlich mehr Nährstoffe als die unreifen Schötchen.

Der für uns optimale Erntezeitpunkt ist dann erreicht, wenn die ersten Schoten fleckig werden und ihre Farbe von Grün nach Gelb ändern. Dann werden alle Pflanzen abgeerntet, die Kerne aus den Schoten gepult, wahlweise blanchiert und eingefroren oder in die Sonne zum Trocknen gelegt. Das Trocknen könnten Sie auch einfach den Pflanzen überlassen und die Bohnen erst dann ernten, wenn alles verwelkt ist. Das würde jedoch noch einige Wochen länger dauern, und diese Zeit nutzen wir gerne, um auf dem Beet ein zweites Gemüse ins Rennen zu schicken: den Winterrettich.

Getreide

Die Kerne lassen sich in der heißen Sommersonne gut trocknen.

Brot aus eigenem Getreide – das war lange ein Traum für uns. Und das sollte einige Zeit so bleiben, weil der Anbau zwar einfach, aber doch nicht ganz ohne Tücken ist. Wichtig ist uns die Kultur alter Sorten, denn wenn schon Bio, dann richtig. Das Saatgut möchten wir selbst vermehren, so dass wir später keines mehr kaufen müssen. Moderne Getreide der Landwirtschaft sind oft Hybriden, die man im nächsten Jahr nicht mehr verwenden kann.

Biosorten hingegen sind samenfest, lassen sich also über Jahrzehnte immer wieder aussäen. Doch wie an entsprechendes Saatgut kommen? Im Versandhandel sind allenfalls Kleinstmengen für ein, zwei Quadratmeter zu bekommen, wir aber möchten wenigstens 50 Quadratmeter anbauen. Die Kleinstpackungen würden uns da ein Vermögen kosten. Die Lösung sind zunächst Versender von Biolebensmitteln. Dort kann man beispielsweise Weizen (ganze Körner) beziehen, welcher Demeter-zertifiziert ist. Damit ist zugleich die Wiederverwendbarkeit bescheinigt, weil das zu den Qualitätskriterien gehört.

Eine zweite gute Möglichkeit ist der Erwerb von Saatgut in Heimatmuseen. Vor Jahren haben wir im „Halmens Hus" in Bengtsfors/Schweden ein Kilo Langhalm-Roggen erworben.

Die getrockneten Bohnen halten sich jahrelang und eigenen sich auch für die Wiederaussaat im kommenden Frühjahr.

Der Anbau von Dicken Bohnen ist auch für Ihre Beete gut, denn sie verbessern durch ihr tiefreichendes Wurzelwerk den Boden und lockern ihn auf. Zudem reichern sie ihn mit Stickstoff an, denn wie die meisten Hülsenfrüchtler haben sie kleine Knöllchen an den Wurzeln, in denen Bakterien Luftstickstoff in pflanzenverfügbaren Stickstoff umwandeln. Daher wachsen sie auch auf mageren Böden gut.

{ **Der Heterosis-Effekt** }

Hybriden werden aus Inzuchtlinien gezüchtet. Durch Kreuzung zweier solcher Inzuchtlinien (die ziemlich mickrig aussehen können) entstehen wegen des so genannten Heterosis-Effektes besonders ertragreiche Pflanzen. Aber schon der erste Nachbau des daraus gewonnen Saatguts ist wieder degeneriert.

Links schwedischer Langhalmroggen, rechts Weizen.

Dieses Getreide hat zwei Vorteile: Zum einen eignet es sich auch für raue Lagen (wie unseren Forsthaus-Garten), zum anderen erhält man nebenbei wundervolles Stroh. Während moderne Sorten nur sehr kurze Halme haben, um ein Umbiegen zu verhindern, wächst der schwedische Roggen auf bis zu 2 m langen Stängeln. Dieses Stroh eignet sich gut für Bastelarbeiten, als Unterfütterung von Erdbeeren oder sogar zum Dachdecken.

Und damit sind wir schon bei der Frage, welches Getreide Sie anbauen möchten. Die weltweit häufigste angebaute Art ist Mais. Er ist sehr ertragreich, aber auch eine kleine Mimose. Er will es warm und braucht viele Nährstoffe und Wasser. Viele Sonnenstunden und gute, bestens wasserversorgte Böden – wenn Ihr Garten all das bieten kann, dann lohnt sich ein Anbau.

Hohe Lagen ab 400 m sind aber problematisch, Weinbauklima hingegen ist bestens geeignet. Eine Aussaat sollte erst nach den Eisheiligen erfolgen, weshalb Sie, falls es Ihre Fruchtfolge erlaubt, vorher schon etwas anderes wie zum Beispiel Radieschen auf derselben Fläche anbauen können.

Dinkel ist eine weitere Alternative zu den klassischen Getreidearten, denn er ist sehr genügsam und kommt auch fast ohne Dünge- und ganz ohne Spritzmittel aus.

Mais hat noch einen anderen, wichtigen Vorteil: Er kann ausreifen, ohne dass ihn die Vögel plündern. Allerdings stellt sich spätestens mit der Ernte die Frage nach der Verwendung der vielen Kolben. Süßer Mais kann im Ganzen gegrillt oder gekocht verzehrt werden und ist eine echte Delikatesse. Die Körner können natürlich auch eingekocht werden, spätestens beim Maisbrot scheiden sich allerdings die Geister. Zudem können einige elektrische Mühlen die harten Körner schlecht oder gar nicht mahlen.

Roggen und Gerste sind anspruchsloser.

Stehen Backwaren im Vordergrund, dann ist Weizen die erste Wahl. Er ist ebenfalls sehr ertragreich, allerdings auch anspruchsvoll. Nährstoffreiche, gut wasserversorgte Böden und viel Wärme sollten gegeben sein, ansonsten sinkt die Erntemenge.

Ist das örtliche Klima rauer, dann ist Roggen eine gute Wahl. Kein anderes Getreide verträgt so harte Winter wie er. Roggen verzeiht auch feucht-kühle Sommer und liefert gutes Stroh. Geschmacklich ist er etwas herber als Weizen, die Erträge liegen ein wenig niedriger.

Die vierte Alternative ist Gerste. Sie ist ähnlich robust wie der Roggen und kommt gut in kühlerem Klima zurecht. Ihre Verwendung ist allerdings etwas eingeschränkter, da sie sich nicht so gut zum Brotbacken eignet und wenn überhaupt nur zu Weizen beigemischt wird.

Falls Sie selbst Bier brauen, sähe das schon anders aus, denn Gerste ist der Rohstoff für das Malz. Eine weitere häufige Verwendung ist Tierfutter, doch dafür ist uns persönlich die viele Arbeit zu schade.

Wir bevorzugen Weizen und Roggen, bauen mal das eine oder das andere an, um anschließend damit Brot zu backen, und riskieren immer wieder auch Mais, selbst wenn wir dafür aufgrund unserer Höhenlage das Glück eines besonders warmen Sommers brauchen.

Die Aussaat von Weizen, Roggen und Gerste findet im Herbst statt (Wintergetreide). Die Temperaturen sollten schon ordentlich zurückgegangen sein, denn die Körner sollen keimen und anschließend nicht höher als 10 cm wachsen. Dann bilden sich schon Nebentriebe aus, die im kommenden Jahr für ein dicht bewachsenes Feld sorgen. Säen Sie zu früh, dann schießen die jungen Pflanzen noch im Herbst zu hoch, biegen sich im Winter unter dem Schnee um und verwelken.

Das gibt in der nächsten Saison große Fehlstellen im Beet. Säen Sie zu spät, dann wachsen die Keimlinge kaum noch, bilden keine Nebentriebe aus und bilden künftig ebenfalls keinen dichten Bewuchs. Dauerhafte Tageshöchsttemperaturen unter 10 Grad stellen die Grenze dar, ab der das Saatgut in die Erde sollte. Das ist bei uns meist ab Ende Oktober der Fall. Wahrscheinlich müssen Sie an Ihrem Standort erst ein wenig experimentieren, um den optimalen Zeitpunkt zu erwischen. Und selbst dann kann das Wetter noch einmal durchstarten und weicht vom langjährigen Mittel ab, indem es zu warm oder zu kalt wird. Daher empfehlen wir, im ersten Jahr das Beet zu teilen und eine Hälfte vermeintlich etwas zu früh, die andere etwas zu spät einzusäen. Das nächste Frühjahr zeigt Ihnen dann deutlich, welches der bessere Zeitpunkt für Ihren Garten war.

Eine große Liebe – Vögel und Körner!

Bevor Sie nun ans Aussäen gehen, denken Sie an die Vögel. Sollten Sie Hühner im Freilauf haben, so hat sich vielleicht schon eine größere Kolonie Spatzen eingefunden. Im ungünstigsten Fall picken diese die meisten Körner gleich nach der Aussaat wieder auf, so dass es im kommenden Sommer nichts mit dem eigenen Brot wird. Wie Sie diese ungebetenen Gäste im Zaum halten, zeigen wir Ihnen im Kapitel „Hühnerhaltung".

Das herbstliche Getreidebeet ähnelt dem Rasen – perfekt für das kommende Frühjahr!

Ist alles gut gegangen, dann zeigt sich Getreide als besonders pflegeleicht. Es schließt dicht ab und lässt kaum Unkraut hochkommen.

Ein Nachteil der länger werdenden Halme ist ihre Empfindlichkeit in Bezug auf heftige Regengüsse – dann biegen sie sich zu Boden und stehen nicht mehr auf. Aus diesem Grund spritzen Landwirte auch Halmverkürzer und züchten auf kurze Sorten. Für unsere Ernte sind die liegenden Halme

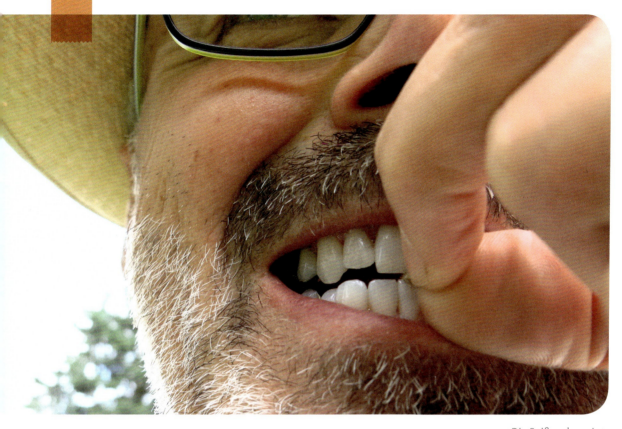

Die Beißprobe zeigt, ob das Korn reif ist.

aber nicht komplett verloren, denn ein Großteil bildet trotzdem Ähren aus. Da sie sich aber auch auf die nebenstehenden Kulturen legen und so die Ernte doppelt schmälern, umzäunen wir das Getreidefeld mit einem Draht. So bleiben Weizen, Roggen und Gerste in ihrem Areal und es fallen nicht so viele Pflanzen um.

Reifezeit. Die Erntezeit naht, wenn die Halme gelb werden. Jetzt gilt es darauf zu achten, wann das Getreide richtig reif ist. Dazu muss es gut durchtrocknen und sich leicht aus den Ähren lösen.

Wenn es so weit ist, muss das Wetter noch einmal passen, sprich, trocken und warm sein. Ein heftiger Regenguss am Vortag tankt auch das Getreide noch einmal mit Wasser auf, so dass es wieder zwei, drei Tage Trocknungszeit in der Sonne braucht.

Die Beißprobe

Entnehmen Sie einzelne Körner und beißen sie mit den Schneidezähnen darauf. Sind sie hart wie trockene Nudeln, dann ist die Lagerreife erreicht und es kann geerntet werden. Sind die Körner etwas weicher (Teigreife), lassen sie sich gar mit dem Daumennagel eindrücken, dann sollten Sie noch einige heiße Sonnentage verstreichen lassen.

Die Ähren werden mit dem Handschuh abgestreift ...

... und in einen Kissenbezug gefüllt. Danach gibt's Dresche!

Jetzt gibt es Prügel! Ist es dann endlich soweit, dann wird es spannend: Wie bekommen Sie das Getreide vom Feld in die Küche? Ich mache es mir einfach und pflücke die Ähren ab und lasse sie in eine Schürzentasche oder einen Eimer fallen.

Die Ähren werden in einen Kopfkissenbezug gefüllt und auf einen trockenen Untergrund gelegt, zum Beispiel Ihre Terrasse. Dann brauchen Sie nur noch einen Stock. Mit dem schlagen Sie 10–20 Minuten wie wild auf den Bezug ein – denken Sie einfach an eine Person, die Sie nicht leiden können. Wenden Sie den Kopfkissenbezug jeweils nach einigen Schlägen und schütteln den Inhalt ab und zu durch, damit alles gleichmäßig bearbeitet wird. Gegen Blasen, die dabei rasch auftreten, helfen Gartenhandschuhe.

Roggen löst sich leichter als Weizen, daher reichen ihm 5 Minuten Prügel. Ist die Zeit um, so sind die Körner alle herausgefallen. Allerdings sind nun Ähren, Spelzen und Körner gemischt. Während die Ähren leicht herausgefischt werden können, wäre das bei den Spelzen kaum möglich.

Die Spreu vom Weizen trennen. Trennen Sie daher die sprichwörtliche Spreu vom Weizen (oder dem Roggen), indem Sie eine uralte Technik verwenden. Die ganze Mischung wird an einem windigen Tag auf einen umgedrehten Deckel einer Regentonne gelegt. Nun versuchen Sie, alles 20–40 cm hoch in die Luft zu werfen. Während die Spelzen weggeweht werden, fallen die Körner auf den Deckel zurück.

Üben Sie erst mit einer kleinen Menge, denn am Anfang geht im Eifer des Gefechts schon mal eine Ladung ins Gras. Zum Schluss bleiben die reinen Körner übrig, die so eigentlich fix und fertig für die Getreidemühle sind. Sortieren Sie aber vorher

Ein bisschen Wind, und schon fliegen die Spelzen davon.

noch (vor allem bei Roggen) die Mutterkörner aus. Das sind schwarze, lange Körner, die von giftigen Pilzen befallen sind. Und bevor Sie nun die gesamte Ernte mahlen, sollten Sie die nötige Portion für die Aussaat im Herbst abfüllen und beiseite stellen.

Nun muss nur noch das Beet aufgeräumt werden. Das verbleibende Stroh kann abgesichelt und zu Garben gebunden werden. So kommt es dann im Garten- oder Gewächshaus frei von Nässe über den Winter und kann als Unterlage für Erdbeeren verwendet werden. Oder Sie nehmen es als Einstreu für Kaninchen und Ziegen.

Stroh ist Dünger! Uns ist das alles zuviel Aufwand, und da das Beet ohnehin gedüngt werden muss, lassen wir das Stroh an Ort und Stelle. Damit es zu Humus verrottet, sollte es aber gehäckselt werden. Das geht beispielsweise

Kinderspaß

Wenn Sie das Hochwerfen des Getreides zusammen mit Ihren Kindern machen möchten, dann stellen Sie sich am besten auf eine saubere Plane. So macht es nichts, wenn eine große Ladung Körner im Eifer des Gefechts daneben geht – sie kommt danach einfach wieder in den umgedrehten Deckel.

Hier ist das Stroh noch zu frisch und verstopft die Fräse.

mit einer Motorsense. Der Fadenkopf sollte gegen ein Metallblatt ausgetauscht werden, da sonst der Plastikfaden am harten Stroh ständig abreißt. Anschließend können Sie das Häckselgut unterhacken – praktisch, wenn Sie jetzt einen Einachser mit Fräse haben. Bei dieser setzt sich jedoch das frische Stroh schnell fest, weshalb Sie es erst ein paar Monate anrotten lassen sollten, damit es mürbe wird. Falls Sie das Beet ohnehin im Herbst mit Kompost bedecken möchten, können Sie das Stroh einfach liegen lassen – es verrottet dann über den Winter unter der Mulchschicht.

Kurbeln wie Räuber Hotzenplotz. Zur Verarbeitung des Getreides brauchen Sie eine Mühle. Wir haben, weil es so nostalgisch ist, zunächst eine Handmühle gekauft. Da kurbelt man wie bei Räuber Hotzenplotz mit der Mühle zwischen den Knien und erzeugt Mehl. Das geht so langsam, dass die Euphorie schnell verfliegt. Vor allem, wenn Sie regelmäßig Getreide mahlen, ist eine leistungsfähige elektrische Mühle die bessere Wahl. Uns war eine robuste Konstruktion und eine gute Ersatzteilversorgung wichtig, denn so ein Teil sollte lebenslang halten.

Wenn das Gerät in Betrieb ist, sollte es niemals ganz leerlaufen, weil dann die Steine ohne Mahlgut aneinander reiben und schnell verschleißen. Je feiner Sie einstellen, desto langsamer ist der Arbeitsfortschritt und desto heißer wird das Mehl (Reibung erzeugt Hitze). Unten in der Schublade wächst nun ein Mehlberg, und selbst wenn genügend Platz da ist, häuft er sich stur in der Mitte an. Schauen Sie in kurzen Abständen nach, und rütteln ihn wieder flach, denn sonst wächst er bis zur Decke und verstopft die Steine.

Weil beim Mahlen immer Mehlreste in der Maschine bleiben, muss diese mehrmals im Jahr auseinandergenommen und gereinigt werden. Ohne Säuberung haben Sie sonst beim nächsten Einsatz altes, möglicherweise schon verdorbenes Mehl im neuen Mahlgut.

Möchten Sie auch Mais mahlen, dann sollten Sie schon beim Kauf der Mühle darauf achten, dass diese stark genug für die besonders harten Maiskörner ist.

Kürbisse

Kürbisse stehen unter Grundnahrungsmittel? Richtig: In seiner ursprünglichen Heimat (Mittel- und Südamerika) galt er bei den Indianern neben Bohnen und Mais als wichtigstes Lebensmittel. Je nach Sorte können Sie den hohen Nährstoffgehalt sogar herausschmecken. Während manche beim Kochen eher wässrig/gemüsig werden, bekommen andere (wie Hokkaido oder Butternut) die Konsistenz von Kartoffeln. Klar, dass wir diese Sorten bevorzugen – wir wollen uns ja zu einem möglichst hohen Grad selbst versorgen, und da spielt der Kaloriengehalt eine wesentliche Rolle.

Lästig, aber notwendig: Die Reinigung der Mahlsteine.

Die Getreidemühlen von Widu sind nicht billig, halten aber ein Leben lang.

Große Sorten wie der Gelbe Zentner sind eher etwas fürs Auge.

Die Anzucht können Sie in kleinen Töpfchen auf der Fensterbank oder im Gewächshaus erledigen. Kürbisse sind sehr frostempfindlich, und auch wenn es in den Fingern juckt, sollten Sie diese wirklich erst nach den Eisheiligen ins Freiland setzen. Dort starten sie wesentlich langsamer als Zucchini (die ja botanisch auch zu den Kürbissen zählen), holen dann aber richtig auf. Die Ranken begraben alles unter sich, was im Weg ist, und um den Frieden im Beet zu erhalten, sollten Sie sie nach draußen ableiten. Dazu legen Sie die Ranken einfach immer wieder in Richtung Beetrand, und sind sie einmal außerhalb, dann können sie sich (zumindest bei uns) auf der angrenzenden Wiese austoben. Dort erscheinen dann im Spätsommer die Früchte, und hier ist im Gegensatz zu Zucchini ein Erntesegen erwünscht, denn die Früchte lassen sich gut lagern.

Bewährte Kürbissorten

Das hat bei uns funktioniert:

Sorte
Butternut
Hokkaido
Muskatkürbis

Früher haben wir Riesenkürbisse angebaut, einfach weil die Früchte so beeindruckend gigantisch sind. Doch was soll man im Herbst mit über 200 kg Kürbissen anfangen? Selbst verschenken lassen sich Exemplare mit 30 kg Gewicht kaum, und daher bleiben wir bei handlichen Sorten.

Zucchini und Gurken

Zucchini und Gurken sind zwar keine Grundnahrungsmittel; da sie aber mit den Kürbissen verwandt sind und somit ins selbe Beet gehören, werden sie an dieser Stelle aufgeführt.

Schüttelgurken

Zutaten:
- 1 kg Gemüse, z. B. Zucchini oder Salatgurke
- 1 gestrichener EL Salz
- Pfeffer
- Dill
- Knoblauch
- evtl. ein Lorbeerblatt

Das Gemüse in Streifen, Würfel oder Scheiben schneiden. Die Gewürze dazugeben. Alles in eine runde Plastikdose füllen, in den Kühlschrank stellen und die Dose 2–3× täglich schütteln. Nach 2–3 Tagen probieren!

Früher haben wir 4–6 Zucchinipflanzen gesetzt – das führte regelmäßig zu einer spätsommerlichen Schwemme. Und da man mit dem Ernten kaum hinterher kommt, werden die Früchte regelmäßig viel zu groß und zu holzig.

Daher beschränken wir uns mittlerweile auf zwei Exemplare, deren Ernte wir jung und zart genießen können. Den freibleibenden Platz nutzen wir lieber für Gurken, die nicht ganz so üppig tragen.

Zucchini-Auflauf

Zutaten:
- 1 große Zucchini (ca. 1,5 kg)
- ca. 200 g Emmentaler

Soße:
- 3 Eier
- 5 EL Mehl
- 200 ml süße Sahne
- 1–2 Knoblauchzehen oder Knoblauchpulver
- Pfeffer
- Muskat
- 1 ½ TL Salz

Zucchini grob raspeln und gut ausdrücken. Emmentaler ebenfalls raspeln oder 1 Päckchen fertig geriebenen Emmentaler nehmen. Mit den Zucchini-Raspeln vermischen.

Für die Soße die Eier und das Mehl mit dem Handrührgerät verquirlen, süße Sahne und Gewürze hinzufügen. Die Soße mit den Zucchini-Raspeln und dem Emmentaler verrühren. Alles in eine flache Auflaufform füllen.

Im vorgeheizten Backofen bei 200 Grad Umluft 60 Minuten backen. Nach Ablauf der Garzeit den Auflauf noch 10 Minuten im ausgeschalteten Backofen ruhen lassen.

Als Beilage zu Fleischgerichten oder pur genießen.

Empfindliche Pflanzen wie Gurken und Zucchini ziehen wir nicht auf der Fensterbank, sondern im Gewächshaus vor – dann sind sie nicht ganz so verwöhnt.

Sonstiges Gemüse

Salat

Frischer Salat aus dem eigenen Garten ist etwas Wunderbares und kann ab dem Frühjahr jeden Tag auf den Tisch. Wir ziehen dazu etappenweise Setzlinge im Gewächshaus heran, die ab April ins Freiland gepflanzt werden. Alle 2–4 Wochen kommt die nächste Fuhre dran, so dass wir laufend ernten können. Allerdings ist die Saison im Hochsommer meist schlagartig vorbei, weil dann alle Köpfe schießen wollen und dabei bitter werden. Zumindest als Kaninchenfutter ist das Grünzeug dann immer noch zu gebrauchen. Wollen Sie länger ernten, dann empfiehlt sich Feldsalat. Wir haben das mehrfach ausprobiert, doch meist gelangt etwas Sand in die bodennahen Blättchen, so dass sich der Genuss trotz gründlichen Waschens mit knirschenden Zähnen in Grenzen hält.

Weißkohl, Rotkohl, Wirsing und Kohlrabi

Mit Kohl haben wir jahrelang Pech gehabt und wollten schon fast aufgeben. Schon die Sämlinge machten Sorgen. Wenn wir sie auf der Fensterbank oder im Gewächshaus vorzogen, wurden sie nach wenigen Wochen von einer Pilzkrankheit befallen und welkten dahin. Erst als wir die Samen direkt ins Beet säten, überlebten die Pflänzchen. Allerdings starten sie dort sehr langsam, so dass sich gerade in den ersten Wochen ein regelmäßiges Unkrautjäten lohnt. Daneben werden Schnecken von allen Kohlsämlingen geradezu magisch an-

Spätsommer – nun schießt der Salat und wird zum Festessen für die Kaninchen.

Kohlweißlinge sind der Schrecken im Kohlbeet.

gezogen, so dass der morgendliche Gang ins Beet zum Absammeln obligatorisch ist. Aus dem Gröbsten heraus sind sie aber auch als größere Pflanzen immer noch nicht. Denn kaum bilden sich die ersten kleinen Köpfe, kommen Kohlweißlinge in großer Zahl angeflattert und legen ihre Eier unter die großen Blätter. Wenig später fressen Hunderte Raupen so heftig am Kohl, dass die durchlöcherten Köpfe kaum noch Ertrag bringen. Erst seit wir Neemöl einsetzen, hält sich die Plage in Grenzen und wir ernten bis zu 5 kg schwere Köpfe.

Bewährte Kohlsorten

Das hat bei uns funktioniert:

Sorte
Weißkohl „Donator"
Rotkohl „Granat"
Wirsing „Smaragd"
Kohlrabi „Superschmelz"

Es hilft nichts: Nun wird Neemöl eingesetzt.

Zuviel Kompost lässt die Köpfe platzen.

Mangold kann man nie zu viel haben.

Zuviel Doping schadet. Kohl ist ein Starkzehrer und braucht eine gut mit Kompost angereicherte Erde. Übertreiben Sie aber nicht, denn bei zu sehr gedopten Pflanzen platzen später die Köpfe auf; zudem leidet der Geschmack. Ausgesät wird ab Anfang Mai, denn die Samen brauchen viel Wärme. In den ersten Wochen lohnt sich ein regelmäßiges Absammeln der Schnecken, denn die Ausfälle, die diese produzieren, lassen sich durch Nachsäen nicht mehr ausgleichen (diese späten Pflanzen reifen nicht mehr richtig aus).

Der endgültige Pflanzabstand sollte bei ungefähr 60 × 60 cm liegen, damit sich ausreichend große Köpfe bilden können.

Mangold

Mangold ist ein leckeres Blattgemüse, welches sich beispielsweise in Eintöpfen gut verwenden lässt. Auch überall dort, wo Spinat zum Einsatz kommt, kann dieser durch Mangold ersetzt werden. Allerdings ist es ähnlich wie bei Zucchini: Man hat immer zu viel. Allein wegen der Fruchtfolge müssen wir verschiedene Pflanzengruppen anbauen, die nicht miteinander verwandt sind. Im Rahmen dieser Planung sind auf einem Beet auch immer zwei Reihen Mangold mit an Bord. Und es ist jedes Jahr wieder eine Freude, diese robusten Pflanzen wachsen zu sehen. Bereits Ende März kann gesät werden, und die erste Ernte ist schon ab Juni möglich. Schädlinge hat es bei uns bisher nicht gegeben, und auch die sonst so gefräßigen Mäuse stürzen sich lieber auf Kartoffeln oder Möhren.

Rote Beete sind lecker und färben sehr gut, auch die Finger! Daher beim Verarbeiten Handschuhe anziehen!

Luxusprobleme? Und damit taucht ein Luxusproblem auf: wohin mit dem ganzen Segen? Fangen Sie früh an zu ernten, wenn die Blätter erst 20 cm hoch sind. Indem Sie immer die Äußeren abschneiden, wachsen von innen Neue heran. Bei zwei Reihen ist das in diesem jungen Zustand schon zu viel; sind die Blätter erst einmal 50 cm hoch, dann kann man das nicht mehr alles essen. Sind Nachbarn und Freunde versorgt, dann bleibt noch die Verwendung des Überschusses als wertvolles Frischfutter für die Kaninchen. Und weil Mangold frostresistent ist, kann er bis weit in den Herbst beerntet werden, wenn der Rest des Beets kaum noch etwas hergibt. Bleibt dann immer noch etwas übrig, so können Sie versuchen, einige Pflanzen für das kommende Jahr stehen zu lassen.

Diese werden im Rahmen der Beetrotation versetzt und kommen dann zum Blühen. So können Sie eigenes Saatgut nachziehen – falls die Fröste im Winter nicht gar zu streng sind.

Rote Bete

Rote Bete sind eng mit dem Mangold verwandt und kommen daher in die unmittelbare Nachbarschaft (so rotieren sie zusammen über die Beete). Sie sind nicht so frosthart, können aber zusammen mit dem Mangold Ende März ausgesät werden. Rote Bete wachsen ebenso stürmisch und lassen sich schon früher ernten. Ihre Blätter sind ebenfalls essbar und sind als optisch-kulinarische Veredelung von Blattsalaten in Mode gekommen.

Eigentliches Ziel der gärtnerischen Bemühungen sind aber die Rüben. Sie sind tiefrot und können ab Ende Juli geerntet werden (dann sind sie faustgroß). Leider sind Rote Bete auch Mäusemagnete. Immer wieder finden wir abwelkende Pflanzen, und wenn man daran zieht, kommt eine abgefressene Rübe zum Vorschein, bei der nur noch das Oberteil wie eine leere Badekappe vorhanden ist. Wir helfen uns damit, dass wir wie in anderen Fällen auch einfach mehr nachziehen, als wir brauchen. Dann ist ein gewisser Tribut an die Tiere schon mit berücksichtigt.

Wenn Sie selbst Samen nachziehen möchten, dann geht das in diesem Fall nur über eingelagerte Rüben, die Sie im Frühjahr wieder in das Beet setzen.

Gartenbohnen

Gartenbohnen könnten eigentlich auch zu den Grundnahrungsmitteln gezählt werden, da ihre Samen sehr viel Eiweiß und Kalorien enthalten. Da sie jedoch meist unreif, also grün und als ganze Schote geerntet und verwertet werden, haben wir sie zu dem sonstigen Gemüse gerechnet.

Gartenbohnen sind bei weitem nicht so robust wie dicke Bohnen. Vor allem die Frostempfindlichkeit teilen sie mit Kartoffeln, Tomaten, Mais und Kürbissen. Das ist kein Wunder, sind sie doch wie die Vorgenannten ebenfalls frühe Importe aus Amerika.

Es gibt zwei Varietäten: Stangenbohnen und Buschbohnen. Viele Jahre lang haben wir die erste Form gewählt, weil sie so wenig Platz in den Beeten einnimmt. Apropos Beete: Stangenbohnen sind ein wenig anspruchsvoller. Obwohl sie zu den Leguminosen zählen und sich mit Hilfe von Knöllchenbakterien quasi selbst düngen können, sollte der Boden gut mit Kompost versorgt und immer schön feucht sein. Wir haben das einmal missachtet und den Pflanzen eine trockene, steinige Randecke zugewiesen mit der Folge, dass sie vor sich hin mickerten und praktisch keinen Ertrag lieferten.

{ **Knöllchenbakterien – das Geheimnis der Leguminosen** }

An den Wurzeln der Leguminosen befinden sich Knöllchenbakterien. Diese sind in der Lage, aus der Bodenluft Stickstoff zu entnehmen und diesen der Pflanze als Nährstoff zur Verfügung zu stellen. Damit sind diese Pflanzen fast unabhängig von der Versorgung mit Dünger.

Stangenbohnen müssen am Beetrand im Norden stehen, denn sie werfen sonst zu viel Schatten auf das andere Gemüse.

Buschbohnen passen sich besser in die Beete ein.

Stangenbohnen brauchen – natürlich – Stangen, an denen sie hochranken können. Um das volle Wachstumspotential auszuschöpfen, sollten diese über 2 m hoch sein, und da sie mindestens 30 cm tief im Boden versenkt werden müssen, sind 2,50 m Gesamthöhe das absolute Minimum. Solche Stangen können entweder gekauft werden, oder Sie schneiden aus einer Haselnusshecke oder einem Vogelbeergebüsch entsprechende Schösslinge. Wenn diese nach der Saison trocken weggestellt werden, können sie auch ohne Imprägnierung 5–10 Jahre halten.

Für die Selbstversorgung reichen 5–10 Stangen. Diese werden im Abstand von 60 cm gesetzt. Dazu bohren Sie mit einem Locheisen ein mindestens 30 cm tiefes Loch und rammen die Stangen fest hinein. Danach wird der Boden ringsum festgetreten, und so trotzt die Konstruktion auch leichten Stürmen. Anschließend setzen Sie an jede Stange kreisförmig bis zu 10 Bohnensamen. Wir haben immer Feuerbohnen gesät, eine Art, die für kühlere Höhenlagen besonders gut geeignet ist und nebenbei hübsch rot blüht. Im Laufe der Jahre hat sich das Saatgut, welches wir immer selber ernten, wahrscheinlich durch Einkreuzungen aus anderen Gärten so geändert, dass die Blütenfarbe weiß-lila geworden ist.

Der Standort der Stangenbohnen sollte immer am nördlichen Ende des betreffenden Beets sein, damit die hohen Pflanzen keinen Schatten auf die anderen Kulturen werfen und so deren Wachstum bremsen.

Mittlerweile haben wir auf Buschbohnen umgesattelt. Sie werfen keinen Schatten auf Nachbarkulturen (und können dadurch überall im Beet stehen), sind sehr ertragreich und lassen sich gut beernten. Probieren Sie einfach aus, was besser zu Ihrem Garten passt.

Bewährte Bohnensorten

Das hat bei uns funktioniert:

Sorte
Stangenbohne „Cobra", „Feuerbohne"
Buschbohne „Marona", „Saxa"

Gemüsezwiebeln und Knoblauch

Wir setzen in jedem Jahr zwei Beutel Steckzwiebeln. Zwar könnte man die Pflanzen auch aus Samen nachziehen, doch dann dauert es bis zur Ernte zwei Jahre. So stecken wir einjährige, kleine Exemplare in die Erde, die über den Sommer dick und rund werden können. Allerdings sollte der Boden nicht zu gut gedüngt sein, denn dann lassen sich die Zwiebeln nicht lange lagern und faulen schnell. Gute Beetnachbarn sind übrigens Erdbeeren oder Möhren, denen so ein Teil der Schädlinge und Infektionen vom Hals gehalten wird. Geerntet wird, sobald das Grün zu welken beginnt. Dann werden die Zwiebeln noch etwas in der Sonne getrocknet und anschließend zu Zöpfen geflochten. Eine andere gute Alternative ist die Aufbewahrung in Netzsäcken, die wir auf den Speicher hängen. Zwei Beutel Steckwiebeln sichern uns im Ertrag den Bedarf für ein ganzes Jahr.

Seit dem letztem Jahr ist auch der Knoblauch in unser Gewächshaus eingezogen. Dazu kaufen wir einfach eine Zwiebel im Supermarkt und zerlegen sie in einzelne Zehen. Diese werden wie Steckzwiebeln gesetzt und entwickeln sich bis zum Herbst zu schönen, wenn auch etwas kleineren Exemplaren.

Winterrettich

Wenn die dicken Bohnen geerntet sind, wird deren Beet abgeräumt und gefräst. Nun liegt es mitten im Juli jungfräulich da und ist bereit für einen zweiten Durchgang. Der besteht bei uns traditionell aus Winterrettich. Ihm reicht der ausgehende Sommer zum Wachstum und zur Reife, und er hat noch andere Vorteile.

Da er zumindest die ersten Nachtfröste gut übersteht, kann er bis in den Dezember geerntet werden. Um diese Zeit sind die meisten Gemüse schon abgeerntet, und so ist jeder frische Genuss willkommen. Für uns bedeutet dieser feste, über Jahre hinweg bestehende Rhythmus, dass wir die Jahreszeiten auch auf dem Teller schmecken. Winterrettich ist das typische Spätherbstgemüse, welches grob geraspelt zu leckeren Salaten verarbeitet wird. Von Mäusen angefressene Wurzeln sowie die Blätter bekommen die Kaninchen, die so ebenfalls noch einmal frisches Grün genießen.

Erst trocknen und dann ... flechten.

Winterrettich-Salat mit Salatgurke

Zutaten:
- 2 Rettiche
- 2 Äpfel
- 1 Salatgurke
- evtl. 1–2 Möhren
- 1 kleine Zwiebel
- 1 Becher Schmand, saure Sahne oder Naturjoghurt
- 2 EL Öl
- Saft einer Zitrone
- Salz, Pfeffer
- Zucker (recht viel)
- Schnittlauchröllchen

Rettiche, Äpfel, Möhren und Salatgurke raspeln, Zwiebel würfeln. Schmand, Öl, Saft einer Zitrone, Salz, Pfeffer, Schnittlauchröllchen und Zucker (nach Geschmack) hinzufügen. Alles verrühren.

Der Winterrettich lässt sich auch in der kalten Jahreszeit ernten und hilft gegen Erkältungen.

Die Rüben sind bei verschiedenen Schädlingen (Erdflöhe, Pilze wie den Mehltau und die schon genannten Mäuse) sehr beliebt, aber da der Anbau in die zweite Jahreshälfte fällt und viele Organismen jetzt schon einen Gang zurückschalten, hält sich der Schaden meist in Grenzen.

Gegenüber anderen Rettichsorten hat der Winterrettich noch einen weiteren Vorteil: Seine Rübe reicht nicht sehr tief, so dass er sich ohne Verluste oder Beschädigungen ernten lässt. Die drei Reihen, die bei uns auf die Dicken Bohnen folgen, sind mehr als reichlich, selbst wenn wir regelmäßig essen. Treiben es die Mäuse zu arg, dann können Sie die Rettiche auch in einem kühlen Keller in einer Sandkiste einlagern.

{ **Rettich hilft!** }

Winterrettich ist nicht nur gesund, sondern hat auch heilende Wirkung. Ist Ihr Rachen entzündet, plagen Sie Halsschmerzen und Husten, so höhlen Sie einfach einen ganzen Rettich aus und durchstechen den Boden mit einer Stricknadel. Nun geben Sie drei Teelöffel Honig hinein und stellen den Rettich auf ein Glas. Der Honig zieht den Rettichsaft heraus und das süße Gemisch tropft in das Glas. Daraus können Sie mehrmals täglich ein Löffelchen einnehmen – es hilft tatsächlich!

Rote Johannisbeeren gefallen uns am besten – den Vögeln aber auch!

Obststräucher

Johannisbeeren

Johannisbeeren sind der Klassiker unter den Obststräuchern. Sie sind pflegeleicht und bringen reiche Ernte. Bevor wir uns die verschiedenen Sorten anschauen, lassen Sie uns einen Blick auf die verschiedenen Formen werfen, die übrigens auch für Josta- und Stachelbeeren gelten. Die althergebrachte Form ist die des Strauchs. Hier entspringen alle Zweige dem Wurzelstock, und wenn im Herbst regelmäßig ausgelichtet wird, dann sind die meisten Triebe jung, kräftig und ertragreich. Durch die vielen Äste verteilt sich die Last der Früchte gleichmäßig, so dass nichts abbricht. Dieses Risiko besteht bei der zweiten Form, dem Hochstämmchen. Hier werden die Johannisbeeren in Baumform gezogen, indem sie auf eine andere Johannisbeerart (Gold-Johannisbeere) gepfropft werden, die als Stamm dient. Die „Krone" des Bäumchens ist dann der eigentliche Strauch. Das sieht hübsch aus und lässt sich bequem im Stehen beernten. Allerdings ist dieses Gebilde nicht besonders vital (es sind ja zwei verschiedene Wesen, die hier künstlich zusammengebracht wurden), und die Erträge sind ebenfalls magerer. Zudem sind Hochstämmchen anfälliger, da sie leicht auseinander- oder ganz abbrechen. Das verringerte Lebensalter ist für uns der entscheidende Grund, warum wir lieber die ursprüngliche Strauchform wählen.

Weiße Sorten sind „vogelsicherer". Nun zu den Sorten: da stellt sich zunächst die Frage, ob es rote, weiße oder schwarze sein sollen. Da wir schon Jostabeeren haben (siehe nächstes Kapitel), bleiben wir bei roten und weißen Sorten. Die weißen sehen

Weiße Johannisbeeren signalisieren den Vögeln, sie seien noch nicht reif.

Jostabeeren lassen sich nicht gut pflücken, schmecken aber köstlich.

nicht ganz so sommerlich aus, haben aber den Vorteil, dass das Vögel genau so sehen. Sie gehen davon aus, dass diese Beeren nicht reif sind und lassen sie meist links liegen. Eine sehr robuste Sorte, die zudem hohe Erträge liefert, ist „Blanka".

Bei den roten wird nach wie vor der Klassiker „Jonkheer van Tets" angeboten, der auch bei uns im Garten noch aus den ersten Selbstversorgertagen vorhanden ist. Die Sträucher tragen sehr gut, sind aber nicht gegen alle Krankheiten wie die Blattfallkrankheit oder das Verrieseln (Herabfallen der Beeren) gefeit. Neuere Züchtungen sind da robuster, und sie beginnen oft (vielleicht, damit man sich das besser merken kann) mit dem Buchstaben „R". Rolan, Rotet, Roodneus, sie alle tragen gut und machen keinen Kummer.

Eine besonders gute schwarze Sorte ist Ometa: Lecker, robust und mit hohem Ertrag.

Bewährte Johannisbeersorten

Das hat bei uns funktioniert:

Sorte
Jonkheer van Tets
Heinemanns Rote Spätlese
Rolan
Rotet
Weiße Versailler

Jostabeeren

Jostabeeren sind eine Kreuzung aus Schwarzen Johannisbeeren und Stachelbeeren. Sie sind robust, wachsen zu großen Sträuchern (bis 2 m Höhe) heran und sind sehr ertragreich. Uns gefallen sie auch deshalb so gut, weil sie nicht so stark von Vögeln geplündert werden.

Ein kleiner Nachteil ist die schlechte Pflückbarkeit: Entweder reißt die Beere beim Abziehen auf oder es bleibt ein kleiner grüner Stiel an ihr hängen. Durch diesen Umstand werden die Beeren auch kaum kommerziell angeboten, aber für den Eigenbedarf ist das kein Hindernis. Speziell beim Entsaften spielen Stielreste keine Rolle, und für Säfte oder Gelees ist dies sowieso die beste Methode.

Jostabeeren brauchen einige Jahre, um voll zu fruchten. Bei uns war das erst mit einer Höhe von 1,50 m der Fall, doch dann ging es schlagartig los. Der Erntezeitpunkt ist gekommen, wenn die Beeren ihre Farbe von dunkelrot zu fast schwarz wechseln. Im Zweifelsfall testen Sie einfach den Geschmack: Reife Beeren sollten mehr süß als sauer schmecken. Nun können Sie täglich durchpflücken, denn kurz nach dieser Verwandlung fallen sie auch schon herunter.

Beerensträucher selbst vermehren.

Beerensträucher kann man nie genug haben, da man (siehe Jostabeeren) immer einen gewissen Schwund durch Tiere mit einkalkulieren muss. Zum Glück lassen sich weitere Pflanzen ganz einfach beschaffen: Immer dann, wenn ohnehin ein Rückschnitt erfolgt, können Stecklinge gewonnen werden. Johannis- und Stachelbeeren kann man gleich nach der Ernte in Form bringen. Allerdings tragen die Zweige dann noch Blätter und ziehen kräftig Wasser aus den Ästen. Daraus gewonnene Stecklinge haben es deutlich schwerer als jene, die im Herbst nach dem Laubfall gewonnen werden. Das ist dann zwar nicht mehr der optimale Zeitpunkt für den Strauch, aber wir handhaben es so, wenn wir vermehren wollen (dann ist uns der Anwuchserfolg wichtiger). Die Steckhölzer werden zu zwei Dritteln in den Boden eingegraben und schlagen dann hoffentlich Wurzeln. Eine andere Methode ist das Vorziehen im wassergefüllten Eimer, doch da es recht lange dauert, bis die ersten weißen Spitzen erscheinen, greifen wir lieber auf das direkte Einstecken zurück.

Sofort im Anschluss werden die künftigen Sträucher mit Kompost umfüttert. Das hält sie schön feucht, erfüllt aber noch einen mindestens ebenso wichtigen Zweck: Es ist deutlich zu sehen, wo die winzigen Zweige im Boden stecken. So wird versehentliches Drauftreten oder Abmähen verhindert (meistens zumindest …).

Lieber ein paar Stecklinge zu viel verwenden – sie bilden später einen gemeinsamen Strauch.

Eineiige Zwillinge. Unsere Jostabeeren stammen alle von einer Urpflanze ab, die wir einmal geschenkt bekommen haben. Mittlerweile stehen mehr als 10 riesige Sträucher in unserem Garten. Streng genommen sind dies alles nur angewachsene Äste derselben Pflanze, und das ist ein wenig problematisch. Jede Pflanze hat ihre Eigenheiten, wird unterschiedlich stark von Schädlingen befallen und weicht auch im Ertrag positiv oder negativ ab. Durch diese genetische Streuung wird auch das Risiko gestreut, so dass selbst dann, wenn eine Pflanze einmal tödlich erkrankt, nicht gleich die ganze Ernte gefährdet ist.

Da bei uns alle Sträucher genetisch gesehen eineiige Zwillinge sind, ist das Ausfallrisiko deutlich höher. Das Gleiche gilt übrigens auch für alle Sträucher, die Sie in einer Gärtnerei oder einem Baumarkt kaufen. Pflanzen derselben Sorte bedeuten nichts anderes, als dass alle von Stecklingen derselben Urpflanze abstammen. Um die genetische Vielfalt zu erhöhen nützt es demnach nichts, mehrere Sträucher davon zu kaufen. Für unsere Roten Johannisbeeren, die wir Jahre später ebenfalls vermehren wollten, haben wir das beherzigt. Die Ursträucher gehören alle der Sorte „Jonkheer van Tets" an. Eine prima Sorte, aber dabei sollte es nicht bleiben. Wir ergänzten daher durch weitere Sorten (Rolan, Rotet, Heinemann) und mischen nun die Stecklinge von allen vieren, wenn wir unsere Beerenhecke erweitern.

Erdbeeren

Erdbeeren gehören zu unserem Lieblingsobst, nicht nur, weil sie uns am besten schmecken. Sie lassen sich vielseitig verarbeiten und läuten ganz nebenbei den Sommer ein. Um unseren Bedarf an frischen Früchten, Milchshakes, Marmelade und Eis zu decken, brauchen wir in der 3 bis 4-wöchigen Erntesaison 24 laufende Meter Erdbeerreihen (bei uns sind das 3 × 8 m). Davon können wir dann täglich 2 kg Früchte pflücken. Erdbeeren sind eigentlich Waldpflanzen, die einen humusreichen, immer leicht feuchten Boden mögen. Das Beet für

In der Erdbeerzeit ernten wir jeden Tag eine Schüssel voll. 3 Reihen á 5 Meter genügen.

diese Pflanzen kann z. B. in der Nähe einer Hecke angelegt werden, wo die Luftfeuchtigkeit höher ist und Windruhe herrscht. In der Reihe sollte 50 cm Abstand eingehalten werden, die Reihen selbst mindestens 80 cm auseinanderliegen.

Nicht am Platz sparen! Anfangs ließen wir die Pflanzen viel zu dicht wachsen, denn gerade bei jungen Pflanzen sieht es so aus, als würde man mit vorgenannten Maßen viel Platz verschenken. Die Folge war, dass die Erdbeeren schlecht geerntet werden konnten. Beim Pflücken traten wir auf halbreife Früchte, und manche reife übersahen wir in dem Blätterdschungel. Mittlerweile setzen wir die Pflanzen so, dass wir uns gut dazwischen bewegen können und auch der Einachser mit der Fräse dazwischen fahren kann – das erleichtert die Bodenbearbeitung enorm.

Zudem bekommen die Früchte viel Sonne, reifen dadurch schneller und schmecken süßer. Aus diesem Grund raten wir auch von einem Anbau im Gewächshaus ab: Das haben wir ein paar Jahre lang probiert, um Vögel vom Naschen abzuhalten. Geschmacklich konnten diese Früchte aber nicht mithalten, sie waren sauer und bitter.

Mit viel Platz zwischen den Reihen lässt es sich entspannt ernten.

Das kann man gar nicht alles essen, also ...

... wird Milchshake daraus gemacht.

Ein Schutz der Pflanzen vor Vogelfraß ist im Freiland auch mit Netztunneln möglich. Diese werden mittels Drahtbügeln über die Reihen gespannt. Wir verzichten allerdings darauf, weil unsere Erdbeerpflanzen für die gängigen Fabrikate viel zu groß sind und regelrecht unter die Netze gequetscht werden müssten. Unter dem meist grünen Gewebe entgeht einem auch so manche Frucht – dann überlassen wir lieber direkt einen kleinen Anteil den Vögeln.

Erdbeeren altern. Erdbeerpflanzen altern, und nach gängiger Meinung sollten sie spätestens nach 3 Jahren ausgetauscht werden. Nach unserer Erfahrung reicht ein Austausch alle 4–5 Jahre vollkommen aus, das kann aber auch am Standort liegen. Sie können allerdings selbst feststellen, wann es so weit ist: Mit dem Alter werden die Erdbeeren kleiner, oft leicht krüppelig und schmecken zunehmend bitter und sauer.

Um den Austausch lückenlos zu machen, lassen wir das Erdbeerbeet durchs Gemüsebeet rotieren. Dazu wird jedes Jahr links eine Reihe mit den ältesten Exemplaren entfernt und rechts eine neue Reihe gepflanzt. Die Ableger können Sie selbst nachziehen, denn jede Pflanze bildet im Sommer an Ranken zahlreichen Nachwuchs. Um ein bisschen züchterisch tätig zu werden, können Sie sich bei der Ernte die Pflanzen mit den besten Früchten markieren. Deren Ableger werden dann im August in die neue Reihe umgesetzt. Später sollte nicht gepflanzt werden, da die Blüten für das kommende Jahr bereits jetzt angelegt werden und eine Schwächung zu Ernteverlusten führt.

Immer schneller als die Vögel sein! In der Erntezeit sollten die Erdbeeren täglich durchgepflückt werden. Zum einen verderben die Früchte sehr rasch, zum anderen ziehen zu viele reife Beeren viele Vögel an (und Sie wollen sicher schneller sein). Früher haben wir die Erdbeeren einfach abgezupft, doch dabei werden immer einige gequetscht, die dann innerhalb von Stunden ungenießbar werden. Zudem reißt man dabei manchmal auch unreife Früchte mit ab. Daher schneiden wir die Erdbeeren mit einer kleinen Schere oder kneifen sie mit dem Daumennagel ab.

Unser Favorit bei der Verwendung sind neben dem sofortigen Verzehr Milchshakes. Dazu werden die Beeren zusammen mit Milch, Vanillinzucker und Haushaltszucker in einen Mixer gegeben und solange verquirlt, bis alles schaumig ist.

Die diesjährigen Ruten werden festgebunden und überwintern für die nächste Saison.

Himbeeren

Himbeeren sind von Natur aus Waldpflanzen. Sie mögen demnach ein windgeschütztes Plätzchen und einen feuchten, humusreichen Boden. Den können Sie einfach herstellen, indem die Pflanzen regelmäßig verrotteten Kompost auf die Füße bekommen.

Wie alle Pflanzen können auch Himbeeren Krankheiten bekommen. Die wichtigsten werden durch Pilze ausgelöst und nennen sich Wurzelkrankheit und Rutenkrankheit. Bei letzterer platzt die Rinde an den Zweigen, die Blätter verdorren teilweise und die Früchte vertrocknen. Sind die Wurzeln erkrankt, dann stirbt die ganze Pflanze ab. Gegen die Pilze können Sie kaum etwas machen, aber es gibt mittlerweile relativ resistente Sorten. Zudem sollten Sie auf Herbsthimbeeren setzen (dazu später mehr). Solche Sorten heißen beispielsweise „Autumn Bliss", „Rubaca", „Polka" oder „Himbo Top".

Wenn Sie eine Hecke pflanzen, dann reichen für den Start zwei Pflanzen pro Meter. Die Zwischenräume füllen sich in den kommenden

Obststräucher

Wir empfehlen Sommerhimbeeren, weil sie süßer sind.

Sommerhimbeeren mit Fleischeinlage. Oft wird in Sommer- und Herbsthimbeeren unterschieden. Dabei handelt es sich nicht nur um verschiedene Sorten, sondern um unterschiedliche Betriebsweisen. Sommerhimbeeren wachsen an den Trieben des letzten Jahres, die stehen gelassen wurden. Dadurch können sie schon im Frühjahr Blüten tragen, und die Hecke wird besonders hoch.

Nach der Ernte werden diese alten Triebe bodennah abgeschnitten und nur die diesjährigen neuen stehen gelassen (die dann allerdings auch schon bis zu 1,5 m hoch sind). Oft blühen die Himbeeren an diesen Stängeln noch einmal, so dass Sie Sommer- und Herbsthimbeeren von denselben Pflanzen ernten können. Allerdings ist dieser zweite Ertrag nur gering. Herbsthimbeeren wachsen dagegen an den diesjährigen Sprossen. Diese brauchen länger, um Blüten zu bilden, weil sich der komplette Trieb erst neu entwickeln muss. Nach der Ernte werden alle Stängel bodennah abgeschnitten, so dass im Winter von der Hecke nichts mehr zu sehen ist.

Süß-wurmig oder sauer-wurmfrei. Welche Himbeeren sind besser? Das ist Geschmackssache, und zwar wörtlich. Sommerhimbeeren bekommen mehr Sonne und sind süßer, allerdings oft auch mit einer Fleischeinlage versehen. Es ist der Himbeerkäfer, der im Juni seine Eier in die Blüten oder an junge Früchte legt. Die Larven fressen im Fruchtfleisch und werden mit den reifen Beeren gepflückt. Chemisch möchten wir nicht dagegen vorgehen. Deshalb suchen wir in der Küche die befallenen Exemplare heraus.

Einfacher geht es bei den Herbsthimbeeren. Durch die spätere Blüte und Reife wachsen sie außerhalb der Käfersaison und sind stets wurmfrei. Allerdings werden sie zumindest bei uns in der Eifel nicht mehr richtig süß, und so haben wir die Wahl zwischen süß-wurmig und sauer-wurmfrei. Herbsthimbeeren haben aber einen weiteren Vorteil: Weil die Triebe stets jung sind, können sich in ihnen kaum Pilze einnisten, so dass die Rutenkrankheit wenig Chancen hat.

Jahren durch Wurzelableger rasch von selbst. Da die Ranken über zwei Meter hoch werden können, brauchen sie ein Spalier, um sich festzuhalten. Dazu können Sie im Abstand von 1,5 m entsprechend große Pfähle einschlagen. Diese werden mit 3 Querdrähten verbunden, die in 60 cm, 120 cm und 180 cm Höhe angebracht werden. Hier können Sie die Triebe anbinden. Dazu empfehlen wir Hanfkordel, denn diese muss im kommenden Jahr nicht mühsam wieder herausgepult werden, sondern kann einfach im Garten verrotten.

Obstbäume

Obstbäume sind eine Kunstform der Bäume, denn in der Form, in der wir sie im Garten finden, kommen sie in der Natur nicht vor. Von den Sorten, die man vermehren möchte, werden Zweige geschnitten und auf eine andere Baumart gepflanzt (oder fachmännisch ausgedrückt „gepropft").

Im Prinzip erhält man dann zwei Bäume. Der untere, auch Unterlage genannt, stellt Wurzeln und Stamm zur Verfügung, der obere Äste, Blätter, Blüten und Früchte. Damit ist der höhere auch der wichtigere, ganz wie im richtigen Leben. Die Hochzeit zwischen beiden Bäumen nennt man veredeln, und fortan wirken sie wie ein einziger Baum. Die Unterlage bestimmt allerdings, wie schnell der Baum zukünftig wachsen kann und wie groß er damit wird. Je nach Auswahl können Baumschulen damit garantiert kleinwüchsige Exemplare oder große ausladende von denselben Sorten anbieten.

Hochstamm oder ... die Qual der Wahl.

Das Pflanzen von Obstbäumen ist etwas Besonderes, weil es eine langfristige Auswirkung auf die Zukunft Ihres Gartens hat. Nach dem Setzen muss oft viele Jahre bis zur ersten richtigen Ernte gewartet werden. Oft stellt man sich die Frage, warum man nicht viel früher gepflanzt hat und dann heute schon ernten könnte. Dazu gibt es einen schönen afrikanischen Spruch: „Der beste Zeitpunkt, einen Baum zu pflanzen, war vor 20 Jahren, der zweitbeste Zeitpunkt ist jetzt." Noch vor der Sortenwahl sollten Sie überlegen, welche Baumgröße Sie wünschen. Mittlerweile gibt es vier verschiedene Möglichkeiten.

Der klassische Typ ist der Hochstamm. Bei ihm beginnt die Krone erst in 2 m Höhe, so dass man bequem darunter laufen kann. Erzielt wird das Ganze durch eine 2 m hohe Unterlage – der Gärtner muss also nur den dienenden Baum entsprechend lang wählen. Hochstämme sind die typischen Elemente einer Streuobstwiese, weil darunter noch Heu gemacht werden kann oder Kühe grasen dürfen. Allerdings erreicht ihre Krone locker 10 m Durchmesser, so dass Sie dafür viel Platz im Garten brauchen. Zudem ist die Ernte mühsamer, da Sie mit Leitern in den Baum steigen müssen – selbst langstielige Apfelpflücker kommen da an ihre Grenzen.

Der Halbstamm hat eine etwas kleinere Unterlage, so dass die Krone schon zwischen 1 m und 1,50 m beginnt. Alles andere ähnelt dem Hochstamm, so dass Sie ähnlich viel Platz einplanen müssen. Und wenn die Äpfel später anstatt 10 m nur 9 m hoch hängen, wird die Ernte kaum erleichtert. Trotzdem finden wir Hoch- und Halbstämme reizvoll, da sie bis zu 100 Jahre alt werden können und wegen ihrer Größe ganz anders wirken.

Buschbäume werden nur 20–30 Jahre alt, fruchten dafür aber früher. Zudem lassen sie sich mühelos vom Boden aus abernten. Obwohl alle drei genannten Formen grundsätzlich gleich große Kronen ausbilden können und damit gleich viel Platz im Garten beanspruchen, werden meist unterschiedlich wüchsige Unterlagen verwendet. Während Hoch- und Halbstämme solche erhalten, auf denen sie ungehindert wachsen können, nimmt man für Buschbäume schwachwüchsige Arten. Sie lassen weniger Wasser und Nährstoffe an die aufgepfropften Obstreiser durch, so dass sich diese eher langsam entwickeln. Dadurch braucht man für Buschbäume nur halb so viel Platz.

Hochstämme sind die ursprünglichste Form von Obstbäumen.

Spalierobst wirkt irgendwie gezwungen ...

Letzter im Bunde ist das Spalierobst. Es wird flach an einer Hauswand oder einem Zaun gezogen und sieht in etwa aus wie ein zweidimensionaler Baum: Höhe und Breite sind vorhanden, aber die Tiefe fehlt. Wir empfinden solche Bäume als verkrüppelt, aber sie können durchaus dort eine Berechtigung haben, wo kein Platz vorhanden ist. Wenn Sie Spalierobst an der warmen Südseite pflanzen, dann haben dort auch Sorten eine Chance, denen es aufgrund des örtlichen Klimas ansonsten zu kalt wäre.

Pflanzung – ein kritischer Moment. Die Pflanzung ist ein kritischer Akt. Zunächst muss der Platz sorgfältig gewählt werden. Kann sich hier die Krone nach allen Seiten ausdehnen, wird das Bäumchen weder durch das Haus noch durch Nachbarbäume beschattet? Und umgekehrt: Beschattet es nicht im ausgewachsenen Zustand Ihre Beete und ruft dort Ertragseinbußen hervor?

Auch die Bodenbeschaffenheit muss geprüft werden. Staunässe und starke Verdichtung mögen die Bäume nicht, ebenso sehr saure Verhältnisse. Letzteres können Sie durch eine Kalkung verbessern. Falls Ihr Gartenboden sehr mager ist (wie bei uns), dann können Sie die Baumscheibe, also die Fläche um den Stamm, mit Kompost bestreuen. Wir haben das in den ersten Jahren nicht gemacht, so dass die Bäumchen kaum aus den Startlöchern kamen. Erst seitdem wir sie regelmäßig mit diesem Dünger füttern, entwickeln sie sich zu normalen Exemplaren.

Das Pflanzloch muss tiefer als die Wurzellänge sein und wird unten schön mit lockerer Erde eingefüttert. Nun kommt das Bäumchen hinein. Ist es im Topf (also eine Containerpflanze), dann brauchen Sie anschließend nur den Zwischenraum mit Erde füllen, etwas festdrücken – fertig. Bei wurzelnackten Pflanzen, die völlig ohne Erde kommen, ist mehr Sorgfalt erforderlich. Schicht um Schicht wird feinkrümelige Erde eingefüllt und immer wieder ein wenig am Stämmchen gerüttelt, damit sie auch zwischen die Wurzeln fällt. Ansonsten bilden sich luftgefüllte Hohlräume, die das Anwachsen massiv behindern. Grundsätzlich wird mindestens so weit aufgefüllt, wie die Pflanze im Baumschulbeet eingegraben war. An dieser Stelle erkennen Sie einen leichten Farbunterschied auf der Rinde – das ist der sogenannte Wurzelhals, und der muss unter der Erde bleiben. Ein zu tiefes Eingraben sollte allerdings ebenso vermieden werden, weil sonst zumindest bei Buschbäumen und Spalierobst die Veredelungsstelle im Boden liegt. Der Baum bildet dann auch oberhalb dieses Punktes Wurzeln und „verlässt" damit seine Grundlage. Ein gebremster Wuchs, wie bei den kleineren Formen erwünscht, tritt dann nicht mehr auf, sondern es bildet sich eine riesige Krone wie bei Hochstämmen.

Nach der Pflanzung wird ordentlich gewässert, damit sich auch kleinste Hohlräume mit Erde füllen und die Wurzeln komplett durchfeuchtet sind. Falls Sie im Frühjahr pflanzen, sollten Sie im ersten Jahr auch den Sommer über immer wieder gießen. Bei der Herbstpflanzung bilden sich schon im Winter neue Wurzeln, so dass das Bäumchen im Frühjahr kräftig starten kann. Setzen Sie noch einen Pfahl hinzu, an dem das Stämmchen mit einem Kokosstrick für die ersten Jahre angebunden wird. So kann es in den Winterstürmen nicht umfallen.

{ **Baumpflanzung** }

Ist alles klar und der Baum gekauft, dann kann das Pflanzloch ausgehoben werden. Lassen Sie die Wurzeln bis zum Schluss verpackt, weil sie keine 10 Minuten an der Luft vertragen und sonst vertrocknen würden. Und einmal angetrocknet erholen sich die Wurzeln nicht mehr.

Die Pflanzung ist der wichtigste Moment für Ihren neuen Baum.

Äpfel

Äpfel können als so etwas wie das „Urobst" für die Selbstversorgung bezeichnet werden. Sie sind vielseitig verwendbar: zum Frischverzehr, als Lagerware, zum Trocknen, Einkochen oder sogar als Wein. Zudem gibt es sie als Wildform überall in Mitteleuropa, womit ihre Tauglichkeit für die meisten Klimazonen erwiesen wäre. Das heißt natürlich noch lange nicht, dass sie überall wachsen. Manche Sorten sind wärmeliebend, während andere noch in höheren, rauen Lagen gute Erträge bringen.

Wichtig ist natürlich auch, wie die Äpfel schmecken. Was nützt die üppigste Ernte, wenn niemand in Ihrer Familie zubeißen mag? Oder die Haltbarkeit: Manche Sorten, wie der Klarapfel, müssen frisch verzehrt oder verarbeitet werden, andere, wie der Winterrambur, können im Keller über den Winter gelagert werden. Letztes Kriterium ist die Resistenz gegen Krankheiten. Feuerbrand (bei dem oft der ganze Bestand beseitigt werden muss), aber auch weniger gefährliche Infektionen wie Schorf (der lediglich die Optik und den Genuss beeinträchtigt) müssen nicht sein, wenn Sie entsprechende Sorten wählen. Hier kommt, ähnlich wie bei den Johannisbeeren, wieder das „R" ins Spiel. Neue Züchtungen, die mit diesem Buchstaben beginnen, sind entsprechend robust, so etwa „Retina".

Irgendwann ist jeder Apfelbaum so weit.
Dann sollte es auch die richtige Sorte sein.

Das richtige „Befruchterensemble". Falls Sie die einzigen Apfelbäume in weitem Umkreis haben, dann sollten Sie Ihre Sorten in Bezug auf die Befruchtung abstimmen. Nicht alle Sorten befruchten sich untereinander gleich gut, weil sie unterschiedliche Chromosomensätze (triploid / diploid) enthalten. Triploide Sorten brauchen unbedingt einen diploiden Baum, während diploide von ihnen nicht bestäubt werden können. Diploide untereinander sind dagegen meist problemlos, aber auch dort gibt es Sorten, die weniger effektiv in der Bestäubung sind. Baumschulen können Ihnen sagen, welche Sorten zueinander passen und deshalb geeignete Paare für Ihren Garten sind, so etwa Cox Orange und Berlepsch. Das klingt alles etwas kompliziert, aber es lohnt sich, wenn Sie gründlich recherchieren – schließlich stehen die Bäume dann jahrzehntelang in Ihrem Garten, und die Erträge hängen ganz wesentlich von solchen Überlegungen ab. Wir haben unsere ersten Bäume geschenkt bekommen, und sie passten nicht optimal zusammen. Erst durch spätere Pflanzungen konnten wir sie in ein besseres „Befruchterensemble" einfügen.

Birnen

Birnen sind in Bezug auf die Bestäubung genau so kompliziert wie Äpfel. Dazu kommen ein größeres Wärmebedürfnis und eine geringere Lagerfähigkeit der Früchte.

Für Selbstversorger in raueren Gebieten sind das alles keine optimalen Voraussetzungen. Wenn Sie nur eine Art Obstbaum pflanzen können, dann wäre auf jeden Fall der Apfel die bessere Wahl. Haben Sie aber genügend Apfelbäume, dann kann ein wenig Abwechslung nicht schaden. Eine robuste Sorte, die auch gut Frost verträgt, heißt „Katzenkopf".

{ **Apropos alte Sorten** }

Wir finden das romantisch und haben einige davon gepflanzt. Ob wir das heute noch einmal so machen würden, ist fraglich, denn die Oldtimer sind leider oft krankheitsanfälliger, was ja der Hauptgrund für Neuzüchtungen ist. Vielleicht ist eine Kombination aus beidem nicht verkehrt – dann ist Ihre Obstanlage in Bezug auf Infektionen zumindest teilweise abgesichert, und die alten Sorten haben auch noch eine Chance, erhalten zu bleiben.

Birnen sind etwas verweichlicht und mögen es lieber warm.

Pflaumen

Pflaumen lassen sich ebenfalls nicht gut lagern und müssten daher mit den Birnen in eine Schublade gesteckt werden. Sie sind aber auf anderen Gebieten deutlich unkomplizierter. Zur Bestäubung brauchen Sie noch nicht einmal einen zweiten Baum, weil etwa die gewöhnliche Hauszwetschge, aber auch andere Sorten selbstfruchtend sind. Und für alle anderen tut es auch Verwandschaft, so etwa Schlehen (Schwarzdorn), eine Wildpflaumenart, die fast überall in Mitteleuropa natürlich vorkommt.

Als Sorte empfehlen wir die Hauszwetschge, und das nicht nur wegen der Bestäubung. Die Früchte enthalten viel Zucker, und wenn sie lang genug am Baum ausgereift sind, können Sie daraus köstliches Pflaumenmus zaubern.

Zu den Pflaumen gehören übrigens auch Mirabellen und Renekloden (Eierpflaumen), die das Sortiment geschmacklich abrunden.

Pflaumenmus

Zutaten:
- 3 kg Pflaumen
- 500 g Zucker
- 1 TL Zimt

Die Pflaumen waschen, entsteinen, mit Zucker und Zimt vermischen und in einem Topf kurz aufkochen. Danach auf ein Backblech geben und 2 Stunden bei 180 Grad erhitzen. In der ersten halben Stunde die Backofentür leicht öffnen (zum Abzug der Feuchtigkeit).

Anschließend heiß in Gläser füllen – fertig!

Für Pflaumenmus dürfen die Pflaumen ruhig überreif und verschrumpelt sein.

... ist leider zunehmend von Larven der Kirschfruchtfliege besetzt.

Solch eine verlockende Pracht ...

Kirschen – mal süß, mal sauer

Kirschen sind die Obstbäume unserer Breiten – zumindest wenn die Natur das Wort hätte. Denn die wilde Form, die Vogelkirschen, gehören überall in den Wäldern in einzelnen Exemplaren zum typischen Bild. Nahe am Original sind die Sauerkirschen. Sie sind etwas größer, schmecken aber fast genau so herb. Zwar gibt es aktuelle Züchtungen, denen etwas Säure und die komplette Bitterkeit fehlt, aber damit bewegen sie sich schon auf die zweite Gruppe, die Süßkirschen zu.

Vögel und Kirschfruchtfliege holen sich ihren Teil! Kirschen haben denselben Nachteil wie Beerenobst: Sie sind bei Vögeln unglaublich beliebt (siehe Name der Wildform!). Und leider holen sich die fliegenden Gäste die Früchte, kurz bevor sie reif sind. Das können Sie nur ausgleichen, indem Sie entweder mehrere Bäume pflanzen und die Ernte damit deutlich erhöhen, oder durch die Verwendung von Netzen. Doch für deren Einsatz dürfen die Bäume nicht allzu groß sein, womit Halb- oder Hochstämme ausscheiden. Und das ist noch nicht alles. In zunehmendem Maße breiten sich sowohl die heimischen wie auch die eingeschleppten amerikanischen Kirschfruchtfliegen aus. Sie stürzen sich auf die halbreifen Früchte und legen ihre Eier darauf ab. Die Larven fressen darin um den Kern herum, verlassen später die Kirsche und verpuppen sich im Boden. Schade! Bis zu 50 % der Kirschen können befallen werden, und das verdirbt jeden Genuss. Abgesehen davon, dass wir keine Gifte einsetzen möchten, sind sie im Hausgarten auch gar nicht zugelassen. Eine Alternative wären Gelbtafeln, doch davon halten wir nichts. Mit ihnen kann man den Befall wirkungsvoll reduzieren, aber dennoch bleiben so viele mit Maden durchsetzte Früchte übrig, dass ein unbeschwerter Genuss nicht möglich ist. Zudem bleiben an den mit Leim bestrichenen Pappplatten (die gelbe Kirschen imitieren sollen) auch andere Insekten kleben, die sie für Blüten halten.

Frühe Sorten wählen. Wenn Sie Kirschbäume pflanzen, dann ist die beste Möglichkeit der Abwehr die Wahl früher Sorten. Bei diesen reifen die Früchte schon dann, wenn die Fliegen gerade erst mit der Suche nach halbreifen Kirschen beginnen.

Zur Einteilung in Früh/Spät dient die gesamte Reifezeit aller Sorten. Dadurch erstrecken sich die Kirschwochen von Anfang Mai bis Ende Oktober. Da die Kirschfruchtfliege erst in der 3. und 4. Woche, also im Juni, mit ihrer Eiablage beginnt, sollten die Kirschen zu dieser Zeit schon reif sein. Solch frühe süße Sorten sind „Burlat", „Valeska", oder „Kassins Frühe". Eine andere Möglichkeit sind gelbfruchtende Kirschen wie die „Dönissens gelbe Knorpelkirsche", die unreif für die Fliegen deutlich weniger interessant sind. Auch Vögel fliegen die scheinbar unreifen Früchte nicht so stark an.

Bei Sauerkirschen ist das Risiko deutlich geringer, aber auch hier können frühe Sorten wie etwa die „Rote Maikirsche" nicht schaden.

Die Grundempfehlung lautet also: Nehmen Sie eine frühe, niedrigwachsende Sorte. Und wenn Sie gerne die alten Streuobstwiesen mit Hochstämmen wieder aufleben lassen möchten, dann sind dazu besser Äpfel oder Pflaumen geeignet. Diese Früchte können Sie im Gegensatz zu Kirschen auch durch Schütteln ernten, so dass gefährliche Kletterpartien nicht nötig sind.

{ **Die Reifezeit von Kirschen** }

Die verschiedenen Kirschsorten reifen zu unterschiedlichen Zeitpunkten (über mehr als acht Wochen). Sie werden in sogenannten „Kirschwochen" angegeben, die aber nicht 7 sondern 15 Tage dauern. Der Beginn der Kirschreife ist je nach Region unterschiedlich. Sie reicht je nach Region von Mitte Mai bis August.

Walnüsse

Wir lieben Walnüsse. Ein Korb davon vor dem knisternden Kaminofen hingestellt hat etwas Vorweihnachtliches. Das Knacken der Nüsse, das langsame Essen der Kerne, dazu ein gutes Gespräch – was braucht es mehr, um sich zu entspannen? Das Einzige, was dazu fehlt, ist ein Nussbaum.

Der Nussbaum vertreibt Mücken. Doch dessen Pflanzung will gut überlegt sein. Denn nach anfänglichem langsamen Wachstum starten die Bäume später durch und können ohne Probleme 300 m^2 Garten überschirmen. Normalerweise wäre das egal, denn im Halbschatten von Obstbäumen können Sie ohne Weiteres noch andere Kulturen ziehen. Nicht so bei Nussbäumen. Sie verströmen ätherische Öle, die jede Konkurrenz unterdrücken. Auch ihr Laub ist aggressiv und stört fremden Bodenbewuchs.

Wenn Sie also selbst Walnüsse ernten möchten, dann sollten Sie reichlich Platz einplanen. Unter einem großen Nussbaum ist übrigens der beste Platz für eine Gartenbank, denn die ausströmenden Stoffe vertreiben auch Mücken.

Wenn es an die Sortenwahl geht, dann greifen Sie zu selbstfruchtenden Bäumen. Ansonsten müssten Sie ja mindestens zwei pflanzen und bräuchten dann noch mehr Platz.

Anders ist es, wenn in der Nachbarschaft weitere Exemplare stehen. Doch verlassen würden wir uns darauf nicht, schließlich könnten deren Besitzer sie eines Tages fällen, und dann steht Ihr Baum als Einzelkind da.

Auch vom Nachziehen von Sämlingen aus Nüssen würden wir abraten. Der daraus entstehende Baum ist ein Überraschungspaket, und wenn sich nach zwanzig Jahren herausstellt, dass er nichts taugt, können Sie höchstens für Ihre Kinder oder Enkel Abhilfe schaffen und neu pflanzen. Aber auch selbstfruchtende Bäume brauchen etliche Jahre, bevor sie tragen. Man braucht also Geduld.

Würze – ohne Kräuter geht nichts 99

Ein solcher Walnussbaum ist der ideale Platz für eine Gartenbank.

Würze – ohne Kräuter geht nichts

Kräuter aus dem eigenen Garten schmecken besonders gut. Das liegt nicht nur an dem guten Gefühl und der Schadstofffreiheit, sondern auch daran, dass viele Geschmacks- und Geruchsstoffe flüchtig sind und daher in erntefrischer Ware noch besonders hoch konzentriert sind.

Kräuter sollten nicht zusammen mit den Gemüsepflanzen in dasselbe Beet gesetzt werden, da sie sonst mitrotieren würden, was bedeutet, dass Sie sie jedes Jahr ausgraben und versetzen müssten. Daher ist es schon seit Jahrhunderten Tradition, eigene Kräuterbeete anzulegen.

Da die Kräuter über Jahre am selben Standort stehen, würden sie im normalen Beet die Fruchtfolge stören. Deshalb ist es sinnvoll, ein eigenes kleines Areal dafür vorzusehen. Um auch im Winter zumindest Schnittlauch ernten zu können und im Frühjahr zeitig etwas für den Salat zu haben, reservieren wir immer ein Teil unseres kleinen Gewächshauses dafür. Der Rest darf sich in den Blumenbeeten breitmachen.

Bewährte Kräuter

Das hat bei uns funktioniert:

Kräuter-Art
Dill
Petersilie
Schnittlauch
Bohnenkraut
Meerrettich

Kräuter bekommen am besten ihr eigenes, dauerhaftes Refugium.

Wer den Meerrettich liebt, wird ihn
so schnell nicht mehr los!

Auf eine Spezialität möchten wir gesondert eingehen, obwohl sie streng genommen kein Kraut ist: den Meerrettich. Mit ihm wird es besonders scharf. Seine Wurzeln strömen so beißende ätherische Öle aus, dass sich das Zerkleinern mit einer Spezialreibe nur im Freien empfiehlt. Bezüglich des Anbaus gibt es zwei Lager: das der begeisterten Nutzer (so wie wir) und das der genervten Exnutzer. Meerrettich hat nämlich die Eigenschaft, sich überall dort, wo er sich wohlfühlt, dauerhaft festzusetzen. So pflanzten wir ursprünglich vier gekaufte Setzlinge in das Beet zu den Kartoffeln. Bei der Fruchtfolge hinderte diese Pflanzung, denn sie sollte ja eigentlich nicht mitwandern. So gruben wir die Wurzeln im Herbst aus und pflanzten sie außerhalb der Gemüsebeete neben dem Rhabarber wieder ein. Hier gefällt es dem Meerrettich anscheinend nicht, denn er mickert seitdem nur noch vor sich hin. Im Kartoffelbeet hingegen trieben aus winzigen Wurzelresten schon im Folgejahr riesige Pflanzen nach, die sich dort nicht mehr vertreiben lassen. Überlegen Sie im Gegensatz zu uns also lieber genau, wo ein dauerhaftes Plätzchen vorhanden ist, das die Eskapaden des Meerrettichs erlaubt.

{ **Die brutale Variante:** }

Wenn der Meerrettich seinen Standort direkt neben dem Rasen erhält, so können Sie ihn beim Mähen immer wieder in seine Schranken weisen. Einfach kurz drübermähen, brutal aber wirkungsvoll!

Die Felsenbirne schmückt den Garten im Frühjahr und Herbst und schmeckt auch noch gut.

Der essbare Garten

Nur Obst und Gemüse in einem Garten zu haben ist vielleicht ein wenig langweilig. Eine Rasenfläche, ein Grillplatz, eine kleine Terrasse, für diese Dinge gönnen wir uns auch ein wenig Platz. Und natürlich für Blumen und Ziersträucher. Das macht einen Bauergarten erst so richtig schön. Doch warum nicht das Angenehme mit dem Nützlichen verbinden? Es gibt zahlreiche Arten, die sehr schön aussehen und dennoch essbare Früchte produzieren. Wo immer es geht, pflanzen wir solche Kandidaten.

Rosen und andere essbare Schönheiten

Ein üppiger Blütenschmuck, kombiniert mit attraktiven Zierpflanzen gehören zu einem Bauerngarten dazu. Und Rosen sind da fast schon Pflicht.

Wir pflanzen überwiegend alte Sorten, die robust sind und das raue Mittelgebirgsklima gut vertragen. Sie existieren seit Jahrhunderten und passen daher gut zum alten Haus und der Selbstversorgerwirtschaft. Die duftenden Blüten bringen im Herbst Hagebutten hervor, die zu leckeren Marmeladen verarbeitet werden können.

Die Kapuzinerkresse ist ein Tausendsassa, der Mensch und Tier erfreut.

Auch die Felsenbirne ist ein solcher Kandidat. Sie blüht im zeitigen Frühjahr üppig mit filigranen weißen Blüten, lässt uns im Sommer blauschwarze, heidelbeerähnliche Früchte ernten und verfärbt sich zudem im Herbst leuchtendrot.

Schwarzer Holunder ist ein alter Gast in ländlichen Gärten und durfte früher nirgends fehlen. Seine großen Blütenstände lassen sich in Teig getaucht in Fett zu leckeren Küchlein ausbacken, und seine Früchte können zu Gelee verarbeitet werden oder einfach als Vogelfutter am Strauch bleiben.

{ Der Dauerblüher }

Die Kapuzinerkresse ist unser besonderer Liebling. Sie breitet sich rasch am Rand der Beete oder über den Komposthaufen aus, blüht farbenfroh und unermüdlich bis in den Herbst und wird von Bienen und Hummeln heiß geliebt. Und das Beste: Blätter und Blüten sind essbar und können jeden Salat in ein optisches Highlight verwandeln.

Der Holunder galt früher als so verehrungswürdig, dass sich in manchen Landstrichen Spaziergänger im Vorübergehen verbeugten.

Exotisches Obst

Wenn man die bunten Prospekte mancher Gärtnereien durchblättert, dann fallen einem viele Wunderpflanzen ins Auge. Manchmal stehen wenigstens die botanisch korrekten Namen daneben, oft sind es aber marktschreierisch übertriebene Bezeichnungen, die etwa aus einer Felsenbirne einen Rosinenstrauch machen.

Wir konnten uns dem auch nicht verschließen und haben das ein oder andere ausprobiert. Kaum sind die Pflanzen im Garten, so verflüchtigt sich die Zauberei. Denn exotisch ist das jeweilige Obst letztendlich deswegen, weil es aus anderen Klimaregionen stammt und deshalb hier nicht besonders gut wächst. Oder aber es ist so selten, weil das Ergebnis sowohl von der Menge als auch vom Geschmack her nicht überzeugt.

Exotische Flops. So ein „Klassiker" ist die Gojibeere. Sie gilt als Modefrucht und stammt wahrscheinlich aus China. Die kleinen länglichen Früchte strotzen nur so vor Vitaminen und sollen den Alterungsprozess bei uns Menschen verlangsamen. Und lecker sind sie auch noch – das ist der ideale Mix für eine steile Karriere in Müslis oder so genanntem Funktional-Food, das als eine Art Medizin beim Verzehr gegen Schlaganfall- und Herzinfarktrisiko vorbeugt. In Ordnung, her damit!

Gojibeeren sind Hochstapler.

Die Sibirische Blaubeere: dürftige Ernte, dürftiger Geschmack.

Zwei Sträucher verschiedener Sorten sind nun seit einigen Jahren bei uns zu Hause. Zwischenzeitlich haben wir erfahren, dass der deutsche Name Bocksdorn lautet – das hört sich schon nicht mehr so exotisch an. Die gerühmten hübschen lila Blüten sind so winzig, dass man sie leicht übersieht, aber egal, es kommt ja auf die Früchte an. Die zwei Zentimeter großen, orangeroten Beeren erscheinen im Spätsommer, oft schon im ersten Jahr nach der Pflanzung. Eine größere Ernte gibt es schon nach zwei bis drei Jahren. Wir waren schon sehr gespannt auf den Geschmackstest. Lecker süß? Na ja, ganz brauchbar würde es besser treffen. Doch nach einigen Sekunden setzt ein bitterer Nachgeschmack ein, der auch nach vielen Minuten nicht weichen will. Bei allen Gesundheitsversprechen ist das nichts, was wir regelmäßig essen möchten, zumal die Sträucher Platz wegnehmen, den man mit schmackhaftem Obst besser besetzen könnte. Uns zumindest wundert es nicht mehr, dass Gojibeeren zu den exotischen Genüssen gezählt werden.

Wie wäre es dann mit der Sibirischen Blaubeere? Sie ist absolut robust, frosthart, anspruchslos und liefert wohlschmeckende, blaubeerähnliche Früchte. Also her damit und zwei Sträucher in den Hang gepflanzt. Ja, dort wachsen sie nun, wenn auch recht langsam. Und in jedem Frühling entwickeln sich aus den unscheinbaren Blüten schwarzblaue, winzige Früchte. Es sind so wenige pro Strauch, dass wir den angepriesenen Verwen-

Die Indianerbanane stellt unsere Geduld auf die Probe, aber immerhin blüht sie schon.

dungszweck zur Marmeladenherstellung oder gar Entsaftung nicht ausprobieren können. Nur ein paar Stück zum Probieren bleiben, und das reicht auch. Denn geschmacklich gesehen bewegen sie sich auf einem ähnlichen Niveau wie die Gojibeeren, also eher sauer als süß und dazu noch ein Schuss Bitterkeit.

Anders gelagert, aber ähnlich im Ergebnis ist es mit anderen Arten. So kauften wir zwei Pawpaw-Pflanzen, auch Indianerbanane genannt. Die nierenförmigen Früchte, um 200 g schwer, sollen nach einer Mischung aus Ananas, Vanille und Mango schmecken. Zur Verkostung sind wir nach immerhin vier Jahren noch nicht gekommen. Die Pflanzen sind zwar sehr winterhart, da sie an der Ostküste Nordamerikas bis hinauf nach Kanada natürlich vorkommen. Trotzdem erfuhren wir erst nach dem Einpflanzen, dass die teuren Setzlinge (50 € / Stück) es doch lieber wärmer mögen und Weinbauklima bevorzugen. Da sind unsere knapp 500 Höhenmeter in der Eifel grenzwertig. Die Bäumchen blühen zwar, doch nun taucht das nächste Problem auf. Die Blüten sind auf Insekten eingestellt, die es bei uns leider nicht gibt und verströmen einen schwachen Aasgeruch – das zieht unsere heimischen Bienen nicht an. Also ist die Bestäubung mit einem Pinsel angesagt. Doch schon wenige Wochen später fallen die Blüten regelmäßig ab. Entweder müssen wir uns noch ein paar Jahre gedulden, oder das Experiment ist ganz gescheitert.

Es hat schon seinen Grund, warum aus Jahrhunderte langer Züchtung Obstbäume und -sträucher hervorgegangen sind, die zur Standardausstattung unserer Gärten gehören. Sie sind bestens auf mitteleuropäische Standorte angepasst und liefern hier höchste Erträge. Dennoch werden wir weiter experimentieren, einfach weil es Spaß macht und vielleicht doch eines Tages ein Treffer dabei ist. Allerdings findet das nur auf kleiner Fläche statt, denn schließlich wollen wir für unsere Arbeit angemessene Ernten einfahren.

ernst ...

Gibt es ein Landleben ohne Tiere? Sicher, doch ihm fehlt ein Schuss Fröhlichkeit. Früh morgens durch Gackern und Meckern begrüßt zu werden, tagsüber mit den Lämmern auf der Weide zu schmusen, abends mit der sinkenden Sonne die letzten Bienen heimkehren zu sehen – das macht jeden Tag auf dem Lande erst perfekt.

Hühner ... und sonntags manchmal zwei

Hühner sind der klassische Einstieg in die Selbstversorgung mit tierischen Produkten. Das liegt an dem übersichtlichen Platzbedarf, vor allem aber an dem geringen Arbeitsaufwand und den geringen Kosten, welche die Haltung verursacht.

Auch bei uns waren Hühner die ersten Nutztiere. Wir kauften sie bei einer Hühnerfarm ein paar Dörfer weiter, und deshalb waren es weiße Legehybride, also eine Hochleistungszüchtung. Auf die Nachteile kommen wir gleich noch zu sprechen, sie wirkten sich aber bei uns nicht aus, weil schon nach wenigen Monaten der Fuchs gnadenlos zuschlug. Unser Gehege war einfach zu dilettantisch gebaut, so dass das Raubtier problemlos darunter hindurchschlüpfen konnte. Nachdem wir neue Hühner gekauft, den Boden besser befestigt hatten und dann diesmal der Habicht hineingelangte, war es Zeit für einen Neuanfang mit solidem Stall. Er bekam ein 30 cm tiefes Streifenfundament aus Beton, war komplett überdacht und hatte sicherheitshalber außen 5cm über dem Boden noch einen Draht, der unter elektrischer Spannung stand. Die Raubtierbesuche hörten schlagartig auf, aber dennoch waren wir nicht ganz zufrieden: Schließlich standen den 5 Hühnern nur 10 m² zur Verfügung. Mittlerweile haben wir den Hühnerstall in den Ziegenstall integriert und den Vögeln einen 100 m² großen Auslauf spendiert.

Die Rassen

Bevor es an den Stallbau geht, möchten wir aber noch einmal auf die Rassen zurückkommen: Kaufen Sie keine Hybriden, sondern nur reinrassige Tiere. Hybriden sind auf Höchstleistung getrimmte Inzuchtlinien, die in industriellen Großbetrieben gekreuzt werden. Das Ergebnis sind Hühner, die wortwörtlich bis zum Umfallen legen. Jahreszeitliche Schwankungen in der Eierproduktion – gehören der Vergangenheit an. Tiefster Frost im Winter? Es wird weitergelegt, bis die Eier frieren und platzen. Das Futter wird zudem extrem gut verwertet, für ein Ei braucht so ein Tier nur die Hälfte des Futters alter Rassen. Den Hühnern sieht man diese Anstrengungen an. Sie sehen rasch wie ein altes, ausgemergeltes Suppenhuhn aus. Zudem sind sie sehr nervös und picken sich gegenseitig die Federn aus, bis das rohe Fleisch herausschaut.

Das ist weder für die Tiere noch für den Betrachter eine Freude und passt nicht zum idyllischem Landleben. Also sollten es besser reinrassige Tiere alter Landschläge sein. Manchmal gibt es Lokalrassen, deren Züchter Küken abgeben.

Der Stall muss so groß sein, dass die Tiere auch mal einen ganzen Tag darin aushalten.

Braune Hybriden. Sie legen unglaublich gut – zu gut!

Oder Sie werden auf Kleintiermärkten fündig, aber aufgepasst: Oft stehen an den Käfigen Bezeichnungen, die eine Rasse vermuten lassen. So etwas durften wir neulich wieder erleben: Auf Nachfrage gaben die Verkäufer dann doch zu, dass es sich um Hybriden handelte.

Erst beim 5. Stand wurden wir fündig, und der hatte neben den ganzen Kreuzungen nur drei Hennen und einen Hahn anzubieten – weiße Australorps. Sie waren vorschriftsmäßig beringt und haben bei uns ein neues Zuhause gefunden. Ihr Verhalten ist gänzlich verschieden von unseren früheren Hybriden. Sie sind ruhig, friedlich untereinander, haben sich sofort in den Stall, das Nest und die Sitzstange eingefunden und gehen brav bei Sonnenuntergang nach drinnen. Die Legeleistung ist ungefähr 30 % geringer, aber das nehmen wir für gesunde Tiere gerne in Kauf. Zudem können wir mit den Tieren unseren Nachwuchs selbst ziehen, denn im Gegensatz zu Industriehühnern haben sie noch einen guten Bruttrieb.

Das Alter der reinrassigen Tiere hängt vom Kaufzeitpunkt ab: Im Frühjahr gibt's nur Tiere aus dem Vorjahr, die legereif sind, ab Sommer dann auch diesjährige Exemplare. Für uns zwei sind drei Hennen völlig ausreichend für die Selbstversorgung mit Eiern, mit Ausnahme des Winters: Dann müssen wir Bio-Eier zukaufen.

Eine Eierklappe erleichtert die Entnahme.

Der Stall

Ist geklärt, wie viele Hühner Sie unterbringen möchten, dann kann es an den Stallbau gehen. Falls Sie auch einen Ziegen- oder Schafstall am Haus brauchen, empfiehlt sich eine gemeinsame Anlage. Das spart Material und Zeit bei der Versorgung (weniger Laufwege).

Hühner sind ursprünglich Waldvögel, die die Nacht auf den Ästen von Bäumen verbringen. Deshalb braucht jeder Stall eine Sitzstange, auf die sich die Tiere schön nebeneinander aufgereiht zum Schlafen hinsetzen können. Nebenbei wird durch die Kuschelei der Wärmeverlust im Winter reduziert. Unter die Stange wird ein Kotbrett montiert, damit Sie die Hinterlassenschaften der Nacht am nächsten Morgen bequem mit einem Schäufelchen entfernen können. Die Stallgröße beträgt für 4 Tiere 2 m², und das ist schon die absolute Untergrenze. Unsere Hühner sind selbst bei Regen gerne draußen, aber wenn Sie empfindlichere Exemplare haben, die jeden Tropfen scheuen, dann dürfen es gerne ein paar Quadratmeter mehr sein.

Hühner lieben es schummrig. Damit die Eier immer an dieselbe Stelle gelegt werden, bauen Sie ein festes Nest ein. Dieses ist leicht erhöht, von Brettern begrenzt und hat ein eigenes kleines Dach. Dadurch ist es in diesem Abteil ein wenig schummrig, und das lieben Hühner. Das Ganze wird mit ein wenig Heu ausgepolstert, welches in der Mitte zu einer Kuhle geformt wird. Dem kann

Diese weißen Australorps legen weniger, verhalten sich dafür aber artgerecht.

kein Huhn widerstehen! Als besonderes Highlight haben wir eine Klappe eingebaut, die man von außen öffnen kann. So können wir die Eier von außen entnehmen und schnell nebenbei kontrollieren, ob es schon wieder Nachschub gibt.

Da der Hühnerstall in den Ziegenstall integriert ist, braucht er in unserem Fall keine eigene Decke.

Wir haben diese nur mit Drahtgitter versehen, ebenso die Innentür. Dadurch ist gewährleistet, dass kein Marder hineingelangt. Außerdem ist es innen hell und die Stallbeleuchtung für die Ziegen scheint auch in den Hühnerstall hinein. Steht der Stall draußen, dann muss selbstverständlich ein regendichtes Dach aufgesetzt werden.

Die elektrische Hühnerklappe. Und dann gibt es da noch die Hühnerklappe. Abends, wenn die Belegschaft in den Stall gewandert ist, muss das Türchen verschlossen werden – Fuchs und Co. sollen schließlich nicht zum Zuge kommen.

Das Verschließen würden wir selbst bei umlaufendem Elektrozaun empfehlen, denn dieser kann auch einmal unbemerkt undicht werden oder nicht unter Strom stehen. Nun ist es umständlich, jeden Abend und Morgen den Pförtner zu spielen. Außerdem wollen Sie am Wochenende vielleicht auch einmal ausschlafen, ohne dass die Hühner so lange eingesperrt sind. Deshalb empfehlen wir ein elektrisches Hühnertor.

Es wird über einen Dämmerungsschalter gesteuert, der immer dann anspricht, wenn es für die Hühner hell genug oder zu dunkel wird. Wir haben das seit drei Jahren in Betrieb und sind begeistert! Die Batterien (gewöhnliche Mignon-Zellen) halten über zwei Jahre, und die Konstruktion, die wasser- und staubgeschützt ist, funktioniert tadellos.

Speziell zum Thema „Hahn" hat das Türchen noch einen Zusatz zu bieten: eine Zeitschaltuhr. Die können Sie so einstellen, dass erst dann geöffnet wird, wenn die Nachbarn ohnehin wach sind. Dann kräht der Hahn nur im Stall, so dass die Geräusche deutlich gedämpft werden. Und auf einen Hahn möchten wir nicht mehr verzichten. Er bringt Ruhe unter die Hennen und unterbindet Streitereien. Beim Füttern ist er ganz der Gentleman und lässt seinen Damen stets den Vortritt. Nicht zuletzt können Sie nun Küken nachziehen und Ihre Truppe so entweder ergänzen oder aber das eine oder andere Brathähnchen erzeugen.

Der Auslauf

Wer eigene Hühner hält, möchte natürlich, dass es ihnen besser geht als in der Massentierhaltung. Ganz entscheidend ist, dass die Tiere ihren natürlichen Bewegungsdrang ausleben können, und dazu gehört das Scharren. Immer ein wenig den Boden aufgekratzt, zurückgetreten, dann mit der empfindlichen Schnabelspitze getestet, ob etwas Fressbares dabei ist – so geht das fast den ganzen Tag. Daneben ab und an ein Staub- oder Sonnenbad, und schon steht dem Hühnerglück nichts mehr im Wege.

Eine elektrische Hühnerklappe möchten wir nicht mehr missen.

Es schneit Federn? Am schönsten ist es, wenn die Tiere durch den ganzen Garten laufen dürfen, das ist Idylle pur. So haben wir es auch am Anfang unserer Selbstversorger-Karriere gemacht und dabei eine Reihe von Rückschlägen erlitten. So erinnern wir uns an einen Morgen, als wir verschlafen aus dem Fenster blickten und dachten, es habe geschneit. Beim genaueren Hinsehen erschraken wir: Die Wiese war voller weißer Federn, das Letzte, was uns von der Hühnerschar blieb. Denn offensichtlich hatte sich ein Fuchs bedient und Stück für Stück jedes Huhn fortgeschleppt. Danach war es noch zweimal der Habicht, der zuschlug, so dass der generelle Freilauf für künftige Hühner kein Thema mehr war. Dennoch wollten wir den Vögeln Auslauf und frische Luft gönnen, und das ging fortan nur noch in einem eingezäunten Auslauf. Mittlerweile sind sowohl Hühner als auch wir mit der Lösung sehr zufrieden und vor allem auf der sicheren Seite. Einen Hass auf Raubtiere zu entwickeln kommt für uns nicht in Frage, denn wir freuen uns an der Natur um uns herum.

Den beisst keiner durch – der Elektrozaun.
Die beste Sicherheit bietet ein Elektrozaun. Er wird meist in Längen von 50 m angeboten und mit einem speziellen Maschenabstand für Geflügel. Das ist insbesondere dann wichtig, wenn Sie selbst Küken aufziehen wollen, denn auch diese müssen zurückgehalten werden. Die Hühner kommen nur am Anfang ein paar Mal mit dem schmerzhaften Strom in Berührung, dann haben sie gelernt, dass am Zaun Schluss ist.

Ein Elektrozaun hält sicher alle Raubtiere ab – bis auf den Habicht.

Das einzige Grün im Auslauf stammt von der täglichen Ration Grasschnitt.

Viel wichtiger ist die abschreckende Wirkung für Fuchs und Co. Während sich Raubtiere bei rein mechanischen Zäunen gerne hindurchbeißen oder -wühlen, probieren sie dies bei Elektrozäunen meist nur ein einziges Mal. Wir haben wirklich viel Besuch von Füchsen und Mardern auf unserem von Wald umgebenen Hausgrundstück, doch seit wir mit Strom schützen (über 10 Jahre), hatten wir keinen einzigen Zwischenfall mehr, bei dem der Zaun versagt hätte.

Gegen die Gefahr von oben (Habicht) reicht das natürlich nicht. Hier kommt ein Geflügelnetz zum Einsatz, welches aus sehr reißfestem Kunststoff besteht. Die Größe können Sie individuell bestellen, selbst die Maschenweite ist wählbar. Wir haben die große Weite (10 × 10 cm) genommen, weil dann kaum Schnee und Laub hängen bleiben. Mehrmals haben wir schon einen Habicht befreien müssen, der sich im Netz verheddert hatte, als er die Hühner angreifen wollte.

Ammenmärchen. Oft ist zu lesen, dass man den Auslauf in mehrere Felder aufteilen sollte, damit die Hühner immer von einem abgeweideten in ein frisches wechseln können und sich das vorherige wieder erholen kann. Das funktioniert zumindest bei uns nicht, da bei uns sinnvolle Feldgrößen nicht viel größer als 150 m² sein können. Immerhin müssen Sie ja das überspannende Netz

Erwischt! Doch dieser Habicht hat es endlich gelernt und lässt die Hühner ab jetzt in Ruhe.

aufwändig befestigen, und je größer das Ganze wird, desto instabiler wird es auch. 150 m² werden von den Hühnern allerdings selbst im Sommer innerhalb weniger Wochen zu blanker Erde geschrarrt, und auch wenn Sie zwei solcher Ausläufe hätten, so kann sich der erste nicht innerhalb der kurzen Zeit erholen, in welcher der zweite dasselbe Schicksal erleidet.

Im Winter klappt das natürlich erst recht nicht, weil dann gar nichts mehr nachwächst. Finden Sie sich damit ab, dass die Vegetation verschwindet und geben Sie dafür einfach jeden Tag ein wenig Grasschnitt zum Futter dazu – das erfüllt denselben Zweck.

{ **Und die Hygiene?** }

Durch die ständige Sonnenbestrahlung können sich Krankheitskeime im Auslauf nicht halten. Wurmeier werden allerdings nicht so rasch abgetötet, auch dann nicht, wenn Sie dem Auslauf einige Wochen Pause gönnen würden (die Eier können sich Monate lang halten). Da hilft dann im Zweifelsfall nur eine Behandlung der Tiere.

Spatzen sind schöne Vögel, solange sie nicht das Hühnergehege überfallen ...

Das Futter

Hühner sind problemlose Haustiere. Da sie Allesfresser sind, kommt für sie grundsätzlich all das in Frage, was auch auf unseren Tellern landet. Zunächst einmal gehört zur Grundversorgung jedoch das, was in der Natur auch gefunden wird. Das sind Grassamen (also Getreidekörner) und Grünzeug aller Art. Wer es gerne bequem hat, kann einfach fertiges Hühnerfutter kaufen. Es enthält neben einer Mischung verschiedener Getreide (u. a. Weizen und Mais) Grit, also kleingestampfte Muschelschalen. Diese sind zur Bildung der Eierschalen wichtig, ein Vorgang, für den die Hühner täglich viel Kalk brauchen. Bitte füttern Sie aber lieber nicht die Eierschalen! Der Gedanke ist naheliegend, und es wäre wohl auch das beste Recycling. Die Schalen werden von den Hühnern gerne gefressen, doch es kann passieren, dass sie auf den Geschmack kommen. Dann werden nicht nur die Reste, sondern gleich die frisch gelegten Eier aufgehackt und verspeist. Tiere, die einmal damit angefangen haben, bleiben dabei, so dass nichts anderes übrig bleibt, als diese zum Suppenhuhn zu degradieren.

Auf Spatzen aufpassen! Falls Sie noch andere Tiere halten, die ebenfalls Futtergetreide benötigen, macht es Sinn, das Hühnerfutter selber zu mischen. Prinzipiell reicht dazu aber purer Weizen (den etwa auch trächtige Kaninchen benötigen), den Sie einfach ins Gehege streuen. Ein Schälchen Muschelgrit dazugestellt, und fertig ist die Fütterung. Von der Ziegen- oder Schafweide oder dem Unkrautjäten des Gemüsebeets kommt täglich noch etwas Grün hinzu, und die Krönung sind Essensreste. Hühner sind ganz wild auf jedes kalorienreiche Futter. Fleisch, Käse, Kartoffeln oder

Nudeln, da schlägt das Vogelherz höher. Bitte verfüttern Sie aber nicht zu viel davon und vor allem keine zu stark gewürzten Speisereste (wie etwa größere Mengen Salami). Speziell das Getreide lockt nach einiger Zeit ganze Spatzenschwärme an. Früher gaben wir das Futter schön ordentlich in einer kleinen Raufe im Inneren des Stalls – dort kamen wir beim täglichen Versorgen gut dran und die Hühner konnten wettergeschützt fressen. Die Spatzen allerdings auch, und mit der Zeit ließen sie sich im kombinierten Ziegen-Hühnerstall häuslich nieder. Das Resultat waren neben erheblichen Futterverlusten ein komplett eingekoteter Stall. Die kleinen Gäste blieben nämlich einfach dauerhaft drinnen und schliefen sogar dort.

Eine Bekämpfung schied sowohl aus rechtlichen wie aus moralischen Gründen aus, und Abhilfe schuf dann nur die offene Fütterung draußen im Auslauf. Dadurch ebbte die Plage wieder etwas ab. Vor allem der dauerhafte Aufenthalt der Spatzen im Stall war zumindest im Sommer Geschichte. Zum Herbst hin nahm die Zahl der Vögel aber wieder zu, da sie draußen fraßen und vor dem kalten Wetter Zuflucht im Stall suchten. Dem konnte dann schließlich ein Kettenvorhang vor dem Hühnertörchen Einhalt gebieten. Die Hühner kommen nach einer kleinen Eingewöhnungszeit mit den baumelnden Ketten klar, die Spatzen jedoch nicht. Und so sind wir wieder zur bequemen Stallfütterung zurückgekommen.

{ **Krankheiten** }

Kranken Hühnern ergeht es nicht anders als uns. Sie werden apathisch, sehen ungepflegt aus und verlieren ihren Appetit. Bei manchen Hennen sinkt der sonst aufrecht getragene Schwanz auf Halbmast, und sie sondern sich von den anderen ab. In jedem Fall wird es nun Zeit, die Ursachen zu erforschen. Und das sollte der Tierarzt machen. Uns ist es nur wichtig, dass Sie ein krankes Huhn als solches identifizieren können, alles andere ist Sache von Fachleuten. Gerade bei solch kleinen Tieren ist die Abgrenzung, ob es Brüche, Geschwüre, Entzündungen, Pilz-, Bakterien- oder Virusinfektionen oder Parasiten sind, oft sehr schwer. Also lieber das Tier in einen Transportkäfig gebracht und ab zum Arzt, bevor sich noch andere Artgenossen anstecken!

Die baumelnden Ketten halten die frechen Diebe ab.

So lieben es die Puten: Schönes Wetter und Auslauf mit Gras.

Dumme Pute?

Putenfleisch ist „in", weil es wenig Fett enthält und leicht verdaulich ist. Andererseits verderben uns die ständigen Meldungen von Antibiotikarückständen in Fleisch aus Massentierhaltung sowie die Bilder gequälter Kreaturen den Appetit. Daher kauften wir eines Tages kurz entschlossen mehrere Küken auf einem Wochenmarkt in Euskirchen. Warum also die Sache selber nicht in die Hand nehmen? Platz haben wir: Der Winterstall der Ziegen steht im Sommer leer, weil die Tiere dann auf der großen Weide grasen, und die Puten brauchen nur bis zum Herbst ein Zuhause.

Hennenüberschuss? Zum Glück hatten wir uns vorher informiert, was man da so falsch machen kann. Da wäre zum einen die Rasse: Die weißen Truthühner sind oft Qualzüchtungen. Sie werden teilweise so schwer, dass die Beine der Tiere unter dem Gewicht brechen. So etwas kam für uns nicht infrage, und wir wählten eine Rasse, die der Wildform sehr nahe kommt. Das zweite Augenmerk sollte dem Geschlecht gelten. Hähne lassen sich sehr viel besser mästen und ergeben ein fast doppelt so hohes Schlachtgewicht wie die Hennen – bei bis zu 20 kg für Hähne ist das schon

Die schweren Rassen kommen aus Tierschutzgründen nicht in Frage.

eine Hausnummer. Zudem kann man aus den großen Muskeln der Hähne besser Schnitzel und andere Bratenstücke schneiden. Kein Wunder, dass manche Verkäufer unaufmerksamen Kunden eher einen Hennenüberschuss unterjubeln.

Sind die Küken zu Hause, dann müssen sie zunächst einmal gepäppelt werden. Regen vertragen sie erst, wenn ihr Gefieder vollständig ausgebildet ist, daher müssen sie die erste Zeit im Stall verbringen. Dazu muss dieser trocken und zugfrei sein; pro Tier können Sie mit 2 m² rechnen.

Vom Starterfutter zur Eigenmischung.
Um eine abrupte Futterumstellung zu vermeiden, haben wir Starterfutter verwendet, wie es in Landmärkten erhältlich ist. Es ist speziell aufgeschlossen und granuliert, und leider enthält es auch Medikamente. Heute würden wir darauf verzichten und zu Biostarter greifen, welcher mittlerweile im Versandhandel erhältlich ist. Bei älteren Puten ist in Bezug auf das Futter weiterhin Wachsamkeit gefragt. Denn auch hier gibt es Medikamente ungefragt dazu, und mindestens ebenso schlimm finden wir den Einsatz von genmanipuliertem Soja. Das muss aber auch gar nicht sein, denn sobald die Befiederung vollständig ausgebildet ist, können Sie auf normales Körnerfutter umstellen. Dieses lässt sich einfach selbst mischen und besteht ganz überwiegend aus Weizen und Mais, denen Gerste, Roggen etc. zugemischt werden kann. Daneben sind die Tiere sehr dankbar für Grünfutter, das sie sich am liebsten selbst auf der Weide zupfen. Dazu zäunen Sie am besten einen Auslauf vor dem Stall ein, je größer, desto besser. Denn der große Appetit der Tiere lässt das Gras rasch verschwinden.

Die Nase machte nicht mit! Wenn Sie die Tiere wie üblich im April als Küken gekauft haben, dann sind sie im September/Oktober schlachtreif. Einige Wochen vorher werden sie geschlechtsreif, so dass die Hennen mit der Eiablage beginnen. Da juckt es schon in den Fingern, wie bei den Hühnern auch die Nachzucht selbst in die Hand zu nehmen. Doch da Puten viel kälte- und nässeempfindlicher sind, würden wir davon abraten. Ansonsten müssten die Tiere viel Zeit im Stall verbringen, und neben den zusätzlichen Fütterungs- und Ausmistarbeiten sowie eventuellen Energiekosten bezüglich Heizlampen drängt sich etwas ganz anderes in den Vordergrund: ein bestialischer Gestank. Der ist wirklich so schlimm, dass es uns selbst für das Sommerhalbjahr, wo durch den Auslauf viele Exkremente auf der Wiese landen, mehr als reicht. Wir setzen daher seit Jahren lieber auf Kaninchen, die nicht nur in dieser Hinsicht viel pflegeleichter sind. Aber probieren Sie selbst, wie viel Ihre Nase aushält!

Kaninchen

Kaninchen sind aus unserer Sicht die günstigsten Fleischlieferanten. Wenn man den Platzbedarf, den Zeitaufwand und die Kosten betrachtet, dann geht an Kaninchen kein Weg vorbei. Grün aus dem Garten und der Küche, altes trockenes Brot, all das verwerten die Tiere gerne. Zudem sind sie klein und handlich – das ist sowohl bei der Pflege als auch bei der Schlachtung ein echter Pluspunkt.

Der alte Karnickelstall hat ausgedient. Vor einhundert Jahren gehörte in vielen Arbeitersiedlungen ein Kaninchenstall hinter dem Haus zur festen Einrichtung, aus dem ab und zu ein Sonntagsbraten geholt wurde. Dort fristeten die Tiere einzeln in kleinen Boxen ein trauriges Dasein. Leider hat sich diese Tradition der Haltung bis heute bewahrt, obwohl sie alles andere als artgerecht ist. Auch wir starteten so mit unseren Kaninchen, denn so bekamen wir es von Bekannten gezeigt. Rein instinktiv fühlten wir uns unwohl, aber der Verstand behielt die Oberhand – so hatte das zu sein. Die Folge waren häufige Verluste von Jungtieren, die unter den beengten Verhältnissen schnell erkrankten. Durch Zufall sahen wir im Dorf bei Bekannten eine viel tierfreundlichere Konstruktion: einen zeltähnlichen Stall mit großem Auslauf und stillen Ecken, in die sich die Tiere bei Bedarf zurückziehen konnten. So etwas wollten wir auch haben, und vor 7 Jahren bauten wir in den Osterferien das neue Domizil. Seitdem haben wir keine Todesfälle durch Krankheit mehr zu beklagen, und es ist eine Freude, den Tieren bei ihrem Sozialverhalten zuzuschauen. Sie pflegen täglich ausgiebig ihr Fell, indem sie sich gegenseitig mit ihrer rauen Zunge lecken. Gerne kuscheln sie aneinander und dösen, und manchmal gibt es auch einen kleinen Streit, dem das unterlegene Tier aber aus dem Weg gehen kann (Platz genug gibt es ja jetzt).

Das Kaninchenzelt. Unser Stall sieht wie folgt aus: Die Grundkonstruktion sieht aus wie ein Zelt. Es ist in der Mitte so hoch, dass wir bequem darin stehen können. Das ist wichtig, damit man sich beim täglichen Füttern oder Ausmisten nicht ständig bücken muss. Zwei Drittel der Grundfläche sind als Auslauf gestaltet. Dazu haben wir den Boden mit Maschendraht belegt. Er ist notwendig, damit sich die Kaninchen nicht ausgraben, denn sie können meterlange Röhren buddeln. Umgekehrt soll sich auch kein hungriger Fuchs hineinwühlen können. Obendrauf haben wir einige Jahre später noch gelochte Matten gelegt, damit wir den angesammelten Kot besser abfegen können, das Regenwasser aber dennoch ablaufen kann. Dieser Auslaufteil ist nicht mit einem Dach versehen, sondern komplett mit Drahtgeflecht abgedeckt. So können Wind und Wetter, vor allem jedoch Sonne an die Tiere kommen. Nehmen Sie dazu keinesfalls den normalen Kaninchendraht,

So bitte nicht mehr!

Vogelmiere – ein Leckerbissen für Kaninchen.

Praktisch: Alles ist griffbereit, so dass die tägliche Versorgung flott von der Hand geht.

In der Gemeinschaft und mit viel Platz fühlen sich die Tiere sehr wohl.

der in Sechseck-Form geflochten ist. Die verwendeten Drähte sind zu dünn, und wir haben es schon erlebt, dass sich ein Fuchs einfach hindurchgebissen hat. Viel stabiler ist verzinktes (nicht mit grünem Kunststoff ummanteltes!) Viereckgeflecht – da beißt sich jedes Raubtier die Zähne aus.

Das hintere Drittel des Stalls ist mit verzinkten Blechen überdacht. Hier ist der Trockenbereich, in den sich die Tiere bei schlechtem Wetter oder Kälte zurückziehen können. Dazu haben wir verschiedene Boxen abgeteilt, die offen sind. Die Kaninchen bilden hier zwanglos Gruppen und können Kameraden, mit denen sie Stress haben, ausweichen. Eine Box hat eine Tür, und in ihr können wir Problemfälle isolieren. So hatten wir bisher zweimal den Fall, dass ein Weibchen plötzlich und dauerhaft sehr aggressiv wurde und den anderen schwere Wunden am laufenden Band beibrachte. Da half alles nichts – die Übeltäterin musste weggesperrt werden. Und so schwer es fällt: Wenn geschlachtet wird, dann sollten Sie sich von solchen Tieren trennen und lieber ein Nachwuchskaninchen behalten. Dann kehrt wieder Ruhe ein, und alle weiblichen Tiere haben genügend Auslauf. Allerdings nur alle weiblichen.

Nur renitente Damen und der Rammler bekommen ein eigenes Abteil.

Der Rammler wohnt im 1. Stock. Denn der Rammler (Entschuldigung, aber so nennt man die Männchen korrekt) wird in der nächsten Etage separat gehalten. Es geht leider nicht anders, denn ansonsten würde er rund ums Jahr die weiblichen Tiere decken, die sich sprichwörtlich „wie die Karnickel" vermehren würden. Die Geburten wären nicht planbar, und davon abgesehen möchten wir den Kaninchen nicht mehr als ein bis maximal zwei Geburten pro Jahr zumuten.

Da der Rammler die ganze erste Etage für sich hat, lebt er zumindest nicht allzu beengt. Und da er als Ersatz für die fehlenden Sozialkontakte (er kann seine Mädels ja nur sehen) täglich gestreichelt wird, ist er auch besonders zutraulich.

2. Etage: Kaninchenfutter. Die zweite und letzte Etage ist für das Futter reserviert. Hier können Sie trocken unter Dach Heu, Heucobs und Futtergetreide lagern. Auch ein Besen und ein Schäufelchen zum Ausmisten finden hier Platz. So ist alles griffbereit, und die tägliche Versorgung geht flott vonstatten. Mit einem solchen Stall sind Sie für die Selbstversorgung mit Kaninchenfleisch gut gerüstet. In ihn passen zwei Weibchen, ein Rammler sowie der Nachwuchs. Wir lassen die Tiere einmal pro Jahr decken, damit wir

Rasse? Welche Rasse?!

15–20 schlachtreife Kaninchen „ernten" können. Für unseren Bedarf ist das die passende Anzahl, aber wenn Sie mehr Appetit auf Kaninchenfleisch haben, dann stocken Sie einfach auf. Für die jungen Rammler sollten Sie ein Ausweichquartier einplanen, wenn sie nicht zu jung und damit sehr klein geschlachtet werden sollen, damit sie nicht sämtliche Weibchen wild decken. Bei uns ist das der ehemalige Hühnerstall, der einen 10 m² großen Auslauf hat. Er ist fuchssicher mit Draht ausgerüstet; auf den Boden haben wir besagte Kunststoffmatten gegen das Durchgraben ausgelegt, so dass es das ideale Männerquartier ist. Haben Sie ein solches Ausweichgehege, dann können Sie den einsamen Rammler zumindest für diese Phase mit dazusetzen – er wird es genießen!

Riesen fressen viel. Wenn Sie mit der Kaninchenhaltung beginnen möchten, taucht die Frage nach der Rasse auf, die wir ganz schnell beenden können: Nehmen Sie einen Wald- und Wiesenmix. Das sind meist mittelgroße, robuste Tiere, die einzig wegen der Fleischerzeugung gehalten werden. Sie sind preiswert, bunt gescheckt und lassen jeden Wurf zu einer neuen farblichen Wundertüte werden. Zudem können Sie in jedem Dorf fündig werden, falls Sie einmal einen neuen Rammler brauchen, um Inzucht zu vermeiden. Wir haben es schon mehrfach mit Rassetieren probiert, die aber allesamt anfälliger waren. Eine Truppe war sogar dabei, die in kannibalischer Manier die Ohren der anderen Mitbewohner aufschlitzte und teilweise abfraß. Und die Meinung,

Auch das passiert: ein kleiner Racker ist ausgerissen ...

dass besonders große Tiere auch besonders wirtschaftlich sind, hat sich nicht bestätigt. So sind die Deutschen Riesen, die über 10 kg schwer werden können, wahre Fressmaschinen. Das Verhältnis von eingesetztem Futter zu erzeugtem Fleisch ist hier ungünstiger als bei den gewöhnlichen Landrassen. Auch wir hatten einmal einen solchen Giganten, aber mit ihm haben wir nicht weiter nachgezogen. Neben der Effektivität des Futtereinsatzes spielt nicht zuletzt die Portionsgröße beim späteren Verzehr eine Rolle. Ein normales Schlachtkaninchen wiegt bei uns 1,5–2 kg, und das reicht gut für 4–6 Personen. Größer brauchen die Tiere daher gar nicht werden.

... und wird nach einem kleinen Imbiss im Gemüsebeet wieder eingefangen.

Das kuschelige Nest besteht aus ausgerupften Brusthaaren . aua!

Rammelkontrolle. Der Rammler und die Weibchen sind gekauft, nun geht es an die Produktion von Nachwuchs. Grundsätzlich sollten die Geburten im Frühling stattfinden, also nicht vor Ende März. Die kleinen Babys würden ansonsten erfrieren. Da die Tragzeit gut 30 Tage beträgt, sollten Sie den Rammler also frühestens Ende Februar zum Einsatz bringen. Lassen Sie ihn aber nicht zu den Damen, sondern setzen Sie diese umgekehrt zu ihm in sein Abteil (und zwar einzeln nacheinander). Eindringende Häsinnen sind dem Rammler hochwillkommen, wird er dagegen zu ihnen in ihr „Revier" gesetzt, dann fliegen manchmal die Fetzen. Wenn Sie nicht eine gleichzeitig einsetzende Kaninchenschwemme haben möchten, dann lassen Sie Ihre Weibchen jeweils im Abstand einiger Wochen decken. Ob es geklappt hat, sehen Sie daran, dass der Rammler nach dem Rammeln kurz zusammenzuckt, hörbar aufstöhnt und dann wie erschossen auf die Seite fällt. Nun vermerken Sie das Datum im Kalender und rechnen den Geburtstermin aus.

{ **Der Nachwuchs kommt** }

Ob Nachwuchs unterwegs ist sehen Sie auch daran, dass die Häsin schon eine Woche vor der Niederkunft beginnt, ein Nest zu bauen. Dazu trägt sie Heu oder Stroh in einer kuscheligen Ecke zusammen. Mittendrin wird das Ganze mit ausgerupftem Brusthaar ausgepolstert, von dem sie sich erschreckende Mengen ausreißt.

Erfahrene Weibchen sind ihr Futter wert.
Eines Tages ist es dann so weit: Das Kugelnest ist geschlossen, und viel ist erst einmal nicht zu sehen. Vielleicht ist die Häsin hinten leicht blutig, oft können wir aber kaum eine Veränderung bemerken. Außer im Nest. Wenn Sie dort hinein vorsichtig mit der Hand fühlen, dann beginnen die Kaninchenbabys zu wuseln und zu quietschen. Manchmal verwechseln sie Ihre Hand mit der Mama und beginnen wild nach oben zu stoßen, weil sie an die Milchdrüsen wollen.

In Bezug auf die Schlachtung gibt es zwei Systeme. Viele Halter schlachten den Nachwuchs bis auf die Weibchen, mit denen sie die bisherigen Mütter ersetzen – diese wandern dann gleich mit in die Gefriertruhe. So hat man ständig junge, fitte Tiere zum Nachziehen. Wir bringen das nicht übers Herz und lassen unsere Weibchen ihr Leben zu Ende leben, also 6–7 Jahre lang. Das bedeutet im höheren Alter zwar kleinere Würfe, aber das machen die Mütter durch ihre Erfahrung wieder wett. Gerade einjährige Tiere wissen manchmal mit ihrem Wurf nichts anzufangen oder fressen ihn gar auf – dann hat man auch nichts gewonnen.

Geschlachtet wird bei uns im Alter von 5–7 Monaten. Dann sind die küchenfertigen Tiere durchschnittlich 1,5–2 kg schwer. Man kann die Kaninchen natürlich auch schwerer werden lassen, aber dann sind sie ein bisschen zäher und fetter.

Geschmortes Kaninchen im Schnellkochtopf

Zutaten:
- 1 Kaninchen
- 2 Zwiebeln
- ½ l Brühe
- 6 Pfefferkörner
- Salz
- 2 Lorbeerblätter
- 200 ml süße Sahne
- 2 Becher Schmand

Das Kaninchen zerlegen, salzen, pfeffern und in heißem Fett im Schnellkochtopf anbraten.

Fleisch aus dem Topf nehmen und gewürfelte Zwiebeln im Anbratfett des Kaninchens anbraten und glasig dünsten.

Kaninchenteile wieder in den Schnellkochtopf geben. Brühe, Gewürze, Sahne und 1 Becher Schmand dazugeben. Schnellkochtopf verschließen. Ein Kaninchen mit ca. 1,7 kg Gewicht etwa 40 Minuten kochen. Kleinere Kaninchen benötigen etwa 30 Minuten.

Nach der Garzeit das Fleisch aus dem Schnellkochtopf nehmen und in einer Auflaufform im vorgeheizten Backofen warm halten.

In der Zwischenzeit den restlichen Topfinhalt sieben, die Flüssigkeit in einem Topf auffangen. Den 2. Becher Schmand dazugeben. Soße andicken und nochmals mit Pfeffer und Salz abschmecken.

Dazu: Salzkartoffeln und Rotkohl oder grünen Salat

Lämmer sind immer zu Spaß und Schabernack aufgelegt.

Ziege – die Kuh des kleinen Mannes

Von Ausreißern und Schmusetieren

Die Ziege zählt zu den ältesten genutzten Haustieren und wird seit rund 10.000 Jahren vom Menschen genutzt. Die Stammform, die Bezoarziege, ist ein Tier der Gebirge, wo sie sich von Gräsern, Kräutern und Sträuchern ernährt. Warum sollte man sich so ein Gebirgstier ans Haus holen?

Für uns war das entscheidende Argument die Zahmheit, denn Ziegen sind wie Hunde: personenbezogen, verschmust und anhänglich. Dies alles erleichtert den Umgang mit ihnen wesentlich. Brechen einmal Tiere aus dem Gehege aus, so muss man keine Sorge haben, sie wieder einfangen zu können. Sobald uns die Ziegen erblicken, kommen sie meckernd angelaufen. Ähnliches gilt für das Schneiden der Klauen oder eine tierärztliche Behandlung: Dann ist kein Rodeo angesagt, kein stressiges Hin- und hertreiben, sondern einfach ein Griff ins Halsband, da das betreffende Tier ruhig neben uns steht.

Zahme Ziegen machen einfach nur Freude!

In Bezug auf die Nutzung ergeben sich viele Parallelen zu den Schafen (Fleisch, Milch, Fell oder Leder), lediglich die Wollerzeugung fällt bis auf wenige Rassen (Kaschmir/Angora) weg. Dies bedeutet aber auch gleichzeitig eine enorme Arbeitsentlastung: Gerade das alljährliche Scheren ist ein Kraftakt, der bei den Ziegen entfällt.

Woher kommt der Ausdruck, die Ziege ist die Kuh des kleinen Mannes? Es liegt zum einen an dem geringen Platzbedarf und Arbeitsaufwand, den die Tiere im Vergleich zum Milchvieh machen. Auf der anderen Seite sind es die kleineren Mengen an Milch und Fleisch, die ideal auf den Bedarf einer Familie zugeschnitten sind. Für Selbstversorger ist Ziegenhaltung die Königsdisziplin, weil mit diesen Tieren bis auf Eier und Honig praktisch alle tierischen Lebensmittel erzeugt werden können.

Fleisch und/oder Milch? Bevor Sie nun sämtliche Rassen in einem Buch oder dem Internet durchsehen, würde ich eine Einschränkung empfehlen: Nehmen Sie etwas Gängiges. Falls Sie auf Dauer keinen bunten Rassemix haben möchten, müssen Sie immer wieder einzelne Tiere zukaufen, um plötzliche Todesfälle zu ersetzen oder einen Bock zu tauschen, um Inzucht zu vermeiden.

Bei verbreiteten Rassen ist die Chance groß, dass Sie etwas Passendes in der Nähe finden. Und was passt? Geht es ausschließlich um die Fleischversorgung, so wären Burenziegen die richtige Wahl. Sie haben sich als Fleischrasse durchgesetzt und sind weit verbreitet. Ihr Körper ist gut bemuskelt, der Geruch nicht so stark wie bei anderen Ziegen. Das macht sich auch im Fleischgeschmack bemerkbar.

Unser Bock „Vito": eine reine Weiße Deutsche Edelziege.

{ **Zwergziegen?** }

Abraten möchten wir von Zwergziegen. Sie sind putzig anzusehen, brauchen weniger Platz und Futter, aber das hält sie nicht von ihrem Freiheitsdrang ab. Die meisten Geschichten von Ziegen, die plündernd durch die Nachbargärten ziehen, handeln von diesen Tieren. Die größeren Milch- oder Fleischziegen hingegen bleiben, obwohl sie Zäune viel leichter überwinden können, meist friedlich auf dem ihnen zugedachten Platz.

Sollen die Ziegen dagegen alles liefern, vom Fleisch bis hin zur Milch (und daran anschlossen Käse und Quark), dann sind Milchziegen das Richtige. Sie liefern je nach Haltungsform über 1.000 Liter Milch pro Jahr, bringen über die Lämmer zartes Fleisch und sind zudem sehr langlebig.

Beliebte Rassen sind die Bunte Deutsche Edelziege, die Weiße Deutsche Edelziege und die Toggenburger Ziege. Im Alpenraum kommt noch die Saanenziege hinzu, in Mitteldeutschland die Thüringerwaldziege. Kreuzungen aus verschiedenen Milchziegen sind unproblematisch, da sie in der Regel so viel Milch geben wie reinrassige Exemplare. Lediglich eine Zucht mit Papieren ist so nicht möglich, dafür sind die Lämmer in der Regel deutlich billiger in der Anschaffung.

Augen auf beim Ziegenkauf

Speziell in Deutschland ist bei Ziegen eine Viruserkrankung weit verbreitet: CAE. Diese tückische Infektion ist optisch in der latenten Phase nicht zu erkennen. Das Virus sorgt für tote Lämmer, zerstörte Euter, verklebte innere Organe, für Krankheitsschübe mit Abmagerungen und verkürzte Lebenserwartung. Leider lügen etliche Verkäufer, wenn sie nach der CAE-Freiheit ihres Bestands gefragt werden, wie wir schon mehrfach erleben mussten. Man sollte sich den Zustand schriftlich bescheinigen lassen und nach der Ankunft der Tiere zu Hause den Tierarzt bestellen. Denn Klarheit schaffen nur Blutuntersuchungen, die zumindest anfangs in mehrmonatigem Abstand wiederholt werden müssen. Aber es lohnt sich: An einem virusfreien Bestand haben Sie große Freude, während durchseuchte Bestände viel Arbeit, Ärger, Kosten und Leid produzieren.

Und wer mag sich schon von liebgewonnenen Virusträgern trennen?

Lämmer machen Blödsinn. Ansonsten gilt: Starten Sie möglichst mit erwachsenen Tieren, die sich kennen. Dann haben Sie schon eine kleine Herde, die sich nicht mehr mühevoll zusammenraufen muss. Abraten möchte ich von dem Kauf von Lämmern. Sie sind noch nicht erzogen, und wenn sie ohne Mutter aufwachsen, dann sind Unruhe und Blödsinn vorprogrammiert. Einzige Ausnahme kann der Kauf eines Bocklamms sein – doch dazu gleich mehr.

Wie viele Tiere brauchen Sie für die Selbstversorgung mit Milchprodukten und Fleisch? Für die Milch reicht eine Ziege – mehr als 3 Liter pro Tag kann eine Familie kaum verbrauchen. Da man ein Tier alleine nicht halten sollte (es sind Herdentiere), müssen es mindestens zwei sein. Jede Ziege mehr ist überflüssig, aber vielleicht mögen Sie einfach eine größere Herde. Und einer fehlt noch in der Startaufstellung: der Bock.

Kein Bock auf Bock?

Milch und Fleisch gibt es nur, wenn sich die Ziegen vermehren. Schließlich wird das Euter eigentlich nur für den eigenen Nachwuchs gefüllt, und dazu müssen die Ziegen im Spätsommer gedeckt werden. Doch sollten Sie sich dafür einen eigenen Bock anschaffen? Würde es nicht reichen, sich einen Bock zu leihen oder die Ziegendamen für ein paar Wochen dorthin zu fahren? Ich rate davon ab, denn hier kommen wieder die Krankheiten ins Spiel. Ist der fremde Bock wirklich CAE-frei? Hat er Haarlinge, Würmer oder andere blinde Passagiere? Und passt er rassemäßig überhaupt zu Ihrer Herde?

Böcke stinken zum Himmel. Natürlich hat so ein Kerl auch Nachteile. Er frisst das ganze Jahr, leistet aber nur für ein paar Minuten etwas für Kost und Logis. Dazu kommt der penetrante Duft: Um sich für seine Angebeteten zu parfümieren, uriniert er sich ins Maul und gegen die Vorderbeine. Schon auf 100 m kann man den Prachtkerl riechen. Und kommt man gar mit ihm in Berührung, so reicht Händewaschen nicht mehr aus. Was tun?

Wir lösen das Problem so: Alle drei Jahre kaufen wir ein Bocklamm, und zwar im selben Betrieb, aus dem unsere Ziegen stammen. Das minimiert das Krankheitsrisiko, und das Lamm verbringt mit unseren Ziegen den Sommer auf der Weide. Dort wird es geschlechtsreif, deckt dann und wird im Oktober, wenn es zurück in den Stall geht, geschlachtet. Von den Nachkommen tritt im nächsten Jahr ein anderes Bocklamm an seine Stelle, darf also bis zum Oktober in der Herde bleiben. Deckt es seine Mutter, so ist das zwar Inzucht, aber die daraus entstehenden Lämmer dienen ausschließlich der Fleischgewinnung. Das Decken der anderen Ziege ist keine Inzucht, und daher kann wiederum deren Lamm im kommenden Frühjahr noch einmal zum Decken im Spätsommer genutzt

Kein Bock auf Bock? Dann muss dieser im Herbst gehen ...

werden. Die daraus entstehenden Lämmer beider Ziegen stammen nun aus Inzucht, und daher ist im vierten Jahr ein Wechsel fällig: Ein Bocklamm aus dem bekannten Betrieb wird zugekauft.

System „Wohlleben". Dieses System hat eine Reihe von Vorteilen: Im Winterhalbjahr gibt es keinen Bock und damit keinen Gestank, weniger Arbeit und weniger Futterkosten. Das Bocklamm kann wie jedes andere Lamm genutzt werden, ist wirtschaftlich also nicht nachteilig. Der Zukauf von fremden Lämmern wird auf ein Minimum beschränkt, denn in den ersten zwei Jahren können Sie, falls gewünscht, weibliche Lämmer zur Ergänzung Ihrer Herde behalten. Der einzige kleine Nachteil ist, dass das betreffende Bocklamm 2–3 Monate später geschlachtet wird. Geschlechtsreife Tiere schmecken etwas strenger, aber falls Sie so etwas selbst nicht essen, können diese gut an Liebhaber solchen Fleischs verkauft werden.

Das Hörnerhotel

Die Startaufstellung Ihrer Herde ist geplant, doch nun geht es erst einmal ans Zuhause. Ziegen sind empfindlicher als Schafe, sie vertragen nass-kaltes Wetter nicht gut und bilden auch ein weniger dichtes Winterfell. Daher wollen sie oft schon ab Oktober in den Stall, und dort bleiben sie gerne bis einschließlich März. Dieser Stall sollte daher so geräumig sein, dass sich die Tiere (trotz einer Auslaufmöglichkeit davor) auch einmal einige Tage ausschließlich drinnen aufhalten können. Hier kommt wieder das Bockkonzept zum Tragen: Im Herbst sind von der Herde nur noch zwei gedeckte Mutterziegen übrig geblieben – das hält den Platzbedarf in Grenzen.

Eine saftige Sommerweide macht Ziegen glücklich!

Ein Podest schafft zusätzliche Liegefläche und eine Ausweichmöglichkeit.

Ein geräumiger Stall mit Ablammbox ist wichtig für nass-kalte Wintertage.

Welchen Anforderungen muss ein Stall genügen? Die Kommerzielle Ziegenhaltung geht von 2 m² Platzbedarf pro Mutterziege aus. Das halten wir für viel zu wenig. Schließlich gibt es auch mal kleine Raufereien, spätestens dann, wenn die Lämmer da sind. Dann sollten sich die Tiere aus dem Weg gehen können.

Apropos Lämmer: Es hat sich bewährt, eine trächtige Ziege kurz vor der Geburt in eine separate Box zu sperren, damit sie dort ihre Ruhe hat. Ist das Lamm geboren, dann können sich Mutter und Kind ungestört aneinander gewöhnen und eine feste Bindung aufbauen. So eine Box sollte mindestens 1,5 m² groß sein.

Mehrraum-Stall mit Stromanschluss (aber ohne Internet). Platz wird nicht nur für die Ziegen gebraucht, sondern auch für Sie selbst. Schließlich müssen Sie sich beim täglichen Füttern darin bewegen können, und zwar so, dass Sie die nötigen Arbeiten flott und ohne von den Tieren bedrängt zu werden erledigen können. Die Futterraufe sollte daher von außen befüllt werden können. Dazu braucht der Stall einen entsprechenden Vorraum. Zudem muss das Futter irgendwo gelagert werden, dazu bietet sich ein Heuboden an. Platz für kleinere Tonnen zwecks Lagerung von Kraftfutter (Getreide etc.) muss auch vorhanden sein, und die Geräte zum Ausmisten stehen ebenfalls am besten griffbereit im Stall.

Eine Mistklappe im Boden erleichtert die Arbeit enorm.

Und wenn Sie sowieso schon dabei sind, lohnt die Integration des Hühnerstalls – dann können Sie beide Tierarten zusammen versorgen, denn das spart Zeit. Zudem brauchen Sie noch Strom, denn vor dem Stall schließt sich ein kleiner Winterauslauf an, der mit einem Elektronetz eingezäunt wird (mehr dazu im Kapitel „Hiergeblieben!"). Und ein wenig Licht für dunkle Wintertage wäre auch nicht schlecht. Je mehr Tiere Sie in einem Stall gemeinsam unterbringen, desto eher lohnen sich die Kosten für eine Stromversorgung.

Für Sie selbst ist der Einbau einer Mistklappe in den Boden zu empfehlen: Dort drunter können Sie von außen eine Schubkarre schieben und von innen bequem den Mist hineinkehren. Wir misten immer zu zweit aus: Einer steht drinnen und schaufelt in die Bodenöffnung, der zweite leert die untergestellte Schubkarre auf Zuruf aus und stellt sie wieder darunter. Ist der Misthaufen nur wenige Meter vom Stall entfernt, dann ist das eine flotte Angelegenheit.

{ **Bergtiere wollen Berge** }

Ziegen lieben es, zu klettern und erhöht zu liegen. Daher ist der Einbau eines Podests als Bergersatz zu empfehlen, das nebenbei die nutzbare Fläche durch eine zweite Etage erhöht und eine Ausweichmöglichkeit für rangniedrige Tiere darstellt.

Gutes Heu ist die beste Wintermahlzeit!

{ **Futterbedarf pro Tier und Tag** }

Im Winter frisst eine ausgewachsene Ziege 2 kg Heu. Und da sie sich nicht immer gut benimmt, wird etliches davon verstreut und in den Dreck getreten. Da hilft auch keine noch so gute Heuraufe, weshalb Sie eher mit 3–4 kg rechnen müssen. Das entspricht einem Viertel Kleinballen Heu oder einem Ballen für vier Tiere. Hinzu kommt noch eine Handvoll Kraftfutter (Hafer oder Gerste), kurz vor dem Lammen und danach ein wenig mehr. Die restlichen Vitamine liefern Salatreste, übrig gebliebener Mangold im Beet oder Zweige, die an einem Draht aufgehängt und so abgeknabbert werden können. Im Sommer reicht in der Regel das Weidegras sowie ein normaler, weißer Salzleckstein.

Für zwei Ziegen plus Wirtschaftsfläche für Sie plus Hühnerstall können Sie einen Gesamtbedarf von 24 m² ansetzen – das kollidiert allerdings manchmal mit den örtlichen Bauvorschriften. Bekommen Sie keine Genehmigung und gibt es keine alte Scheune, so müssen Sie Kompromisse machen und z. B. auf den Vorraum oder den Heuboden verzichten. Das führt leider zu zusätzlichen Laufwegen und damit einem erhöhten Zeitbedarf.

Futter für Ziegen – hier ein Blättchen ...

Ziegen sind in der Nahrungsauswahl anspruchsvoller als Schafe. Die Ziege aus dem Märchen „Tischlein deck Dich" ist insofern treffend beschrieben. Hier ein Blättchen, da ein Kräutchen oder etwas Baumrinde, so sammeln die Tiere über den Tag verteilt ihren Magen voll. Im Sommer gelingt eine entsprechende Fütterung dann gut, wenn Ihre Weide nicht nur aus völlig überdüngten Gräsern besteht. Eine Vielfalt an Gräsern und Kräutern, durchsetzt mit einigen Büschen, das ist das Schlaraffenland für Ziegen. Nach etwa 2 Wochen sollte jeweils eine neue Fläche abgetrennt werden, da die Tiere nur ungern auf bereits verkotetem Grund fressen (zu Recht!).

Flaschenlämmer

Leider passiert es immer wieder, dass Lämmer nicht angenommen werden. Bei uns ist es einmal passiert, dass ein Lämmchen gleich nach der Geburt unter der Tür der Ablammbox hindurchgerutscht war und die Mutterziege so nicht gleich Kontakt aufnehmen konnte. Das war's! Manchmal sind es auch Drillinge, die das Euter der Mutter überfordern oder, noch schlimmer, der Tod des Elterntiers. Dann stehen Sie da mit den kleinen Knilchen und müssen selbst ran.

Bisher haben wir 7 Lämmer mit der Flasche großgezogen, davon einmal Zwillinge und einmal Drillinge. Gut ist es, wenn Sie eine weitere Ziege besitzen, die zur gleichen Zeit gelammt hat oder wenn Sie Biestmilch eingefroren haben, die man verwenden kann.

{ **Biestmilch** }

Biestmilch ist die erste besonders gehaltvolle Milch der Mutterziege, vergleichbar mit dem Kolostrum beim Menschen. Die Aufnahme ist für die Lämmer besonders in den ersten Stunden nach der Geburt wichtig, da die Biestmilch nur in den ersten Tagen produziert wird. Schon nach einigen Stunden nimmt sie in ihrer Intensität ab und die Lämmer sind dann immer weniger in der Lage, sie gut zu verwerten. Durch die Aufnahme der Biestmilch wird das Lamm mit Abwehrstoffen versorgt und vor Umwelteinflüssen und Infektionen geschützt. Sie unterstützt ebenfalls den Abgang des Darmpechs, ein klebriger, fast schwarzer Kot, der den After während der Trächtigkeit verschlossen hat und nun abgehen muss, damit es nicht zu einem Darmverschluss kommt.

Schwuppdiwupp ist die Flasche leergetrunken.

Flaschenlämmer wachsen uns besonders ans Herz.

Manchmal muss man dem Glück
etwas nachhelfen ...

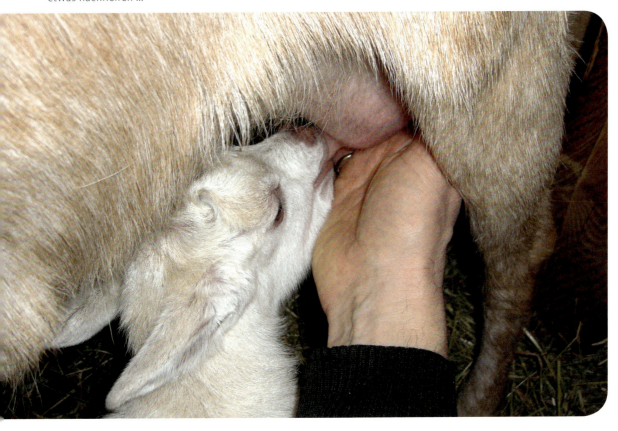

Wir haben unsere Lämmer mit 1,5 % H-Milch großgezogen. In der ersten Lebenswoche geben wir einmal täglich zusätzlich Stullmisan-Pulver mit in die Flasche. Das beugt Durchfall vor und die Lämmer vertragen die Kuhmilch besser. Zum Trinken haben wir Babyflaschen unserer Kinder genommen. Diese waren noch neu verpackt, weil unsere Kinder nie die Flasche akzeptiert, sondern immer das Stillen bevorzugt haben. Bei den Saugern haben wir das Löchlein zu einem kleinen Schlitz hin vergrößert, weil sonst zu wenig herauskommt. Die Flasche packen wir in einen passenden Styropormantel, damit die Milch warm bleibt. Später haben wir weitere Flaschen dazu gekauft, weil die Lämmer von Tag zu Tag mehr getrunken haben. Ideal sind verschiedene Größen zwischen 150 ml und 300 ml Inhalt. Die Milch wird etwa körperwarm (ungefähr auf 35 °C) erwärmt. Milchreste dürfen nicht nochmals verwendet werden. Die Flaschen säubern wir nach jedem Trinken und sterilisieren sie anschließend in kochendem Wasser.

In den ersten 3 Tagen füttern Sie die Lämmer fünfmal täglich: Das erste Mal morgens gegen 6:30 / 7:00 Uhr und abends das letzte Mal gegen 19:00 / 20:00 Uhr. Die Menge pro Mahlzeit variiert je nach Hunger von etwa 150 ml bis 300 ml. Vom 4. bis zum 13. Lebenstag können Sie bereits auf viermal täglich reduzieren. Die Menge beträgt je nach Lamm schon 250 ml und 600 ml pro Mahlzeit.

Lämmer sind Säufer. Ab dem 14. Lebenstag wird dreimal täglich gefüttert: morgens nun zwischen 7 und 8:00 Uhr, mittags gegen 12:30 Uhr und abends gegen 19:00 Uhr. Die Menge pro Mahlzeit erhöht sich im Alter von vier Wochen pro Mahlzeit auf 500 ml bis 900 ml. In der 7. Lebenswoche wird schon je nach Lamm zwischen 2,5 und 3,3 Liter pro Tag getrunken.

Männliche Kandidaten brauchen in der Regel mehr als die weiblichen. Wenn Sie Zwillinge mit der Flasche aufziehen, müssen Sie jetzt schon eine Menge Flaschen mitnehmen. Wir transportieren sie in einem kleinen Eimer. Allerdings sollten Sie sich jetzt schon alles parat stellen und in der Lage sein, beidhändig zu füttern. Falls Ihnen das zu stressig ist, dann machen Sie das besser zu zweit. Die Kleinen haben einen Riesenhunger und warten nicht gerne, bis es mit der nächsten Flasche weitergeht. Vor allem sollten Sie zügig arbeiten, damit die Milch nicht zu schnell kalt wird.

Ab der der 8. Lebenswoche reduzieren wir die Mahlzeiten auf zweimal täglich. Es wird dann pro Mahlzeit nur noch maximal 1.200 ml gegeben.

Ab der 11. Woche gibt es nur noch einmal täglich Milch. Bis Ende der 12. Woche, also innerhalb der letzten 14 Tage, wird dann bis auf 0 ml reduziert. Dies sollte aber nicht von jetzt auf gleich passieren. Am besten geben Sie jeden Tag ein bisschen weniger, so dass es dem Lamm kaum auffällt und es dann auch nicht so schlimm ist, wenn Sie eines Tages ganz ohne Flasche kommen.

Weil unsere Lämmer von Anfang an mit den großen Ziegen mitlaufen, haben sie auch ständig Heu zur Verfügung. Sie fangen automatisch selbst an, Heu in kleinen Mengen zu fressen, sobald sie dies vertragen können.

Eine weniger aufwändige Methode ist es, das Kleine mehrfach täglich ans Euter der Mutter zu setzen. Da sie in diesen Fällen ja nicht freiwillig mitmacht, muss sie dazu festgehalten werden. Das geht am einfachsten in der Ablammbox, wo Sie das Tier leicht gegen die Wand drücken und es so fixieren. Obendrein erhält die Mutterziege etwas Kraftfutter, wodurch sie viel ruhiger stehen bleibt. Der Zeitaufwand ist geringer als bei der Flaschenfütterung, und das Lamm erhält seine natürliche Nahrung. Zudem sparen Sie die Kosten für eine Menge H-Milch.

Es ist natürlich immer am schönsten, wenn eine Ziegengeburt und die Lämmeraufzucht durch die Mutterziege ohne Probleme möglich sind. Dann hat man diese Mühe nicht. Aber wenn es doch einmal passiert, ist uns das nicht zu viel und an diesen ausgesprochen zahmen Lämmern hängen wir natürlich besonders. Wenn die Tiere dann endlich auf eigenen Füßen stehen, bleibt die Zahmheit durch die Handaufzucht erhalten.

Und falls Sie selbst Fleisch erzeugen, haben Sie nun ein Problem: Wer könnte so ohne weiteres ein Bolzenschussgerät ansetzen und das Leben beenden, um das man so gekämpft hat? Ja, wir haben uns schon dazu durchgerungen, aber in vielen Fällen die Tiere doch an private Hobbyhalter abgegeben, bei denen sie alt werden durften.

Pflege und Krankheiten

Viel Pflege brauchen Ziegen bei artgemäßer Haltung nicht. Einzige Ausnahme: Die Klauen müssen regelmäßig geschnitten werden. Die Heimat der Ziegen ist das Gebirge, und hier nutzt sich die äußere Hornwand der Füße ständig ab. Im Stall oder auf der weichen Weide passiert dies kaum, so dass die Klauen immer länger werden, sich umbiegen und entzünden. Daher müssen sie je nach Bedarf, mindestens aber dreimal jährlich geschnitten werden.

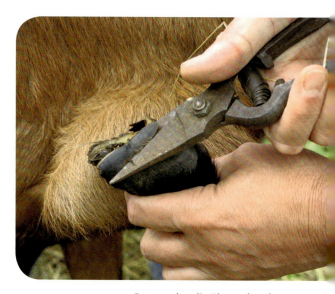

Erst werden die überstehenden Wände abgeschnitten ...

Anfangs haben wir die Ziegen dazu auf die Seite gelegt, denn dann bekommt man die zappelnden Tiere besser in den Griff (Klauen schneiden kitzelt anscheinend). Doch mittlerweile lassen wir die Ziegen stehen, einer hält sie am Halsband fest, während der andere in Ruhe Fuß für Fuß behandelt.

Ohne diesen Schnitt kommt es nicht nur zu schmerzhaften Entzündungen, sondern auch zu Fehlstellungen der Füße und Beine.

{ **Klauenpflege** }

Zur Klauenpflege brauchen Sie ein scharfes Messer oder eine Klauenschere. Damit werden die Seitenwände wieder so weit zurückgeschnitten, dass sie mit der Fußsohle bündig abschließen. Auch die Spitzen sind meist übergewachsen, so dass diese vorsichtig gekappt werden. Zum Schluss wird der gummiartige Ballen (hinten) auf der Unterseite noch einige Millimeter kürzer geschnitten, um eine insgesamt plane Auftrittsfläche herzustellen.

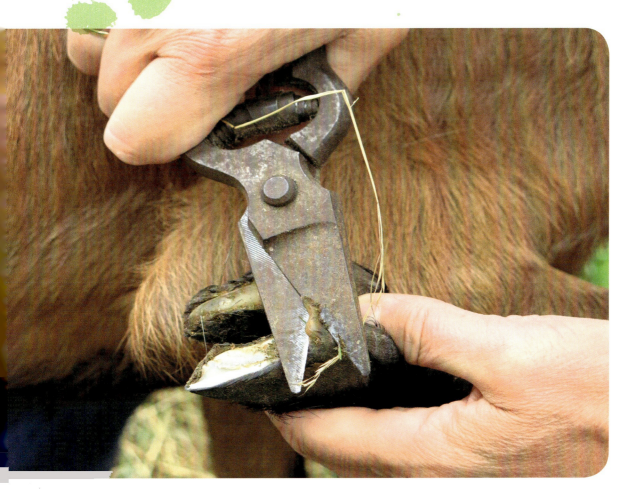

… und danach der Ballen gekürzt.

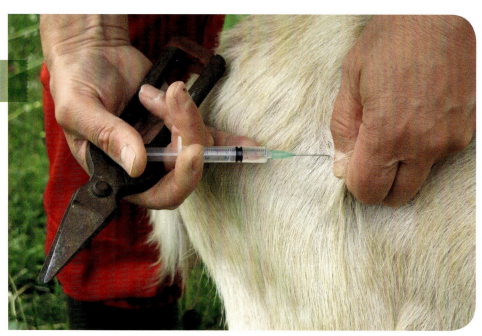

Die Entwurmungsspritze wird unter die Haut gesetzt.

Ein anderes Kapitel sind Würmer. Vorneweg: Jede Ziege hat einige davon im Magen-Darm-Trakt. Entscheidend ist nur, wie viele es sind. Manche saugen Blut im Darm, andere bedienen sich am Nahrungsbrei. Magern die Tiere ab und wird das Fell struppig, so ist dies ein Alarmzeichen erster Güte. Zur Kontrolle können Sie sich die Lidbindehaut anschauen: Ist diese schön rot, scheint alles in Ordnung. Je blasser (bis hin zu fast weiß) die Farbe, desto eher sind Würmer im Spiel. Im Zweifelsfall lassen Sie eine Kotprobe vom Tierarzt untersuchen.

Ganz ohne Würmer geht es nicht. Bisher haben wir sicherheitshalber zweimal pro Jahr entwurmt, indem wir das Mittel mit einer Spritze unter die Haut gegeben haben. Doch Berichte über zunehmende Resistenzen lassen uns zweifeln: Solch eine Pauschalbehandlung verstärkt diesen Trend und lässt einen Wirkstoff nach dem anderen ausscheiden. Zudem wird die Weide mit Chemikalien kontaminiert. Gewiss, es sind kleinste Mengen, aber sie wirken über Jahrzehnte im Boden nach.

Dort vergiften sie Mistkäfer, Springschwänze und Hunderte andere Arten – das wollen wir natürlich auch nicht. Wenn Sie die Hinweise zur Weidepflege beachten (siehe Kapitel „Saft und Kraft"), dann können Sie den Befallsdruck schon deutlich reduzieren. Eine weitere Möglichkeit wäre, nach der Kotuntersuchung nur Tiere zu behandeln, die einen starken Befall aufweisen. Und zuletzt noch einmal der Hinweis: es geht nur um die Reduzierung der Befallsstärke – ganz ohne Würmer geht es nicht!

Gift oder nicht? Es gibt leider noch mehr Parasiten. So können sich im Fell und auf der Haut Haarlinge (Verwandte der Läuse), Räudemilben oder Schaflausfliegen tummeln. Letztere sind stubenfliegengroß, flach und lassen sich kaum töten, da sie gegen Druck sehr widerstandsfähig sind.

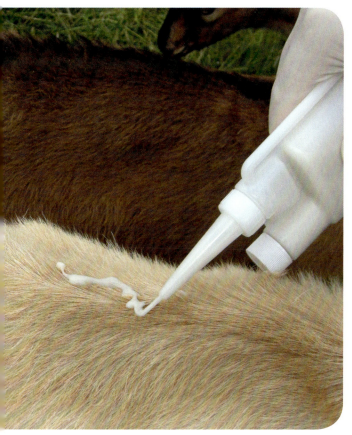

Die Ziegen haben läuseähnliche Haarlinge – jetzt muss gehandelt werden.

Helle Bläschen: Lippengrind. Jetzt bitte nicht schmusen!

Auch hier hilft manchmal nur die Giftspritze, in diesem Fall ein Insektizid, welches in das Fell einmassiert wird.

Wir tun uns damit sehr schwer, haben es aber in den wenigen notwendigen Fällen doch angewendet. Es ist immer ein Spagat: Wer will schon in der ökologischen Produktion, erst recht für die eigenen Lebensmittel, so etwas einsetzen?

Andererseits macht der Umgang (etwa das Streicheln) mit den Ziegen keinen Spaß mehr, wenn man weiß, dass es im Fell von Parasiten nur so wimmelt. Ganz zu schweigen von den Tieren, die sich ständig kratzen, weil sie von den Blutsaugern gepeinigt werden. Alternativ können Sie es mit Neemöl probieren, ein Insektizid auf pflanzlicher Basis. Es baut sich rasch ab und ist für Menschen ungefährlich. Der Auftrag ist ganz einfach: Nehmen Sie dazu eine Gartenspritze und duschen die Tiere von oben bis unten komplett ab.

Über die Viruserkrankung CAE hatten wir schon gesprochen. Neben dieser gefährlichen Seuche gibt es aber auch harmlosere Varianten. Eine der häufigsten ist das Orf-Virus, besser bekannt als Lippengrind. Erkrankte Tiere bekommen Bläschen an Nase und Lippen, manchmal auch den Ohren, am Euter oder an den Klauen. In den allermeisten Fällen verläuft die Krankheit harmlos und ist nach wenigen Wochen überstanden. Danach ist das Tier für einige Jahre immun und gibt diese Immunität in abgeschwächter Form über die Milch auch an die Lämmer weiter. Da das Virus im Stall viele Jahre überdauern kann und zudem die meisten Schaf- und Ziegenbestände damit durchseucht sind, ist eine Sanierung fast aussichtslos. Wichtig für Sie ist aber zu wissen, dass der Lippengrind eine Zoonose ist. Das Virus dringt über offene Wunden in die Haut ein und verursacht dort lokale Entzündungen. Daher sollten erkrankte Tiere im Zweifelsfall nur mit Handschuhen angefasst werden.

{ **Zoonose** }

Als Zoonose bezeichnet man Krankheiten, mit denen sich Tier und Mensch gegenseitig infizieren können. Zu diesen Krankheiten zählen u. a. Lippengrind (führt beim Mensch zu lokalen Entzündungen an den Händen), Hanta-Virus (wird von Mäusen übertragen, lebensgefährlich) oder Parasiten wie Würmer. Dagegen hilft nur eines: Hygiene. Händewaschen nach der Stallarbeit sowie ein Kleidungswechsel sind sinnvoll, Schuhe bleiben grundsätzlich im Keller oder im Vorraum zwischen Haus- und Innentür. Ansonsten besteht kein Grund zur Panik: Bei uns ist es in 25 Jahren Tierhaltung zu keiner einzigen Übertragung gekommen.

Und wenn die Ziege einmal richtig krank wird? Dann muss der Tierarzt hinzugezogen werden, denn hier endet Ihr eigenes Repertoire. Typische Anzeichen einer ernsten Erkrankung sind das längere Hinlegen des Tiers (besonders, wenn es auf der Seite liegt!), das Einstellen des Fressens, blasse Lidhäute und eine erhöhte Temperatur. Diese kann im Darm gemessen werden, ab 40 °C Grad gilt Alarmstufe rot.

Köstlichkeiten aus dem Euter

Eigene Ziegenmilch ist etwas Besonderes. Sie ist der Rohstoff für Quark, Käse und Sahne oder einfach nur die Zutat für das Müsli am Morgen. Geschmacklich liegt sie dicht bei der Kuhmilch, wenn sie frisch ist. Bereits nach zwei bis drei Tagen setzt sich allerdings mehr und mehr das Ziegenaroma durch, welches in unserer Familie unbeliebt ist. Unsere Kinder verzogen das Gesicht, wenn wir tapfer versuchten, ihnen das gesunde Lebensmittel schmackhaft zu machen.

Diesem Kleinen die Milch wegenehmen?
Nein, das können wir nicht!

Melken ist Schwerstarbeit.

Wir hingegen trinken, so vorhanden, weiter den weißen Lebenssaft, vielleicht auch in dem guten Gefühl, dass wir wissen, was drin ist und was nicht. Ziegenmilch kann nur gewonnen werden, wenn das Muttertier eigene Lämmer zu versorgen hat.

Und hier beginnt das Dilemma: Wenn wir melken, nehmen wir dem Nachwuchs etwas weg. Aus diesem Grund nehmen Ziegenmilchbetriebe die Kleinen ihren Müttern sofort nach der Geburt weg und ziehen sie mit künstlichem Milchaustauscher zur Schlachtung groß. Klingt nicht sehr idyllisch, und daher wollten wir das unseren Ziegen ersparen. Dennoch kann Milch gewonnen werden. Eine Möglichkeit ist, mit dem Melken zu beginnen, wenn die Lämmer zwei Monate alt sind. Jetzt fressen sie schon ordentlich Gras oder Heu und brauchen weniger Milch. Daher kann man sie nachts in eine separate Box sperren und morgens dann die gesammelte Milch aus dem Euter zapfen, bevor sie wieder trinken dürfen. So teilt man sich den Schatz. Eine zweite Möglichkeit kommt immer wieder vor: Die Lämmer werden tot geboren oder sterben jung, so dass die Mutterziege mit prallem Euter dasteht und gemolken werden muss.

Wie wird gemolken? Ohne Lämmer müssen Sie zweimal täglich ran ans Euter, damit es sich nicht entzündet. Dazu stellen Sie die Ziege entweder auf einen eigens gebauten Melkstand oder an ihren Fressplatz an der Heuraufe im Stall, wo Sie sie fixieren können. Anschließend nehmen Sie Platz auf dem anschnallbaren Melkschemel und reinigen das Euter mit einem feuchten Küchentuch. Dann geht es los: Daumen und Zeigefinger kneifen eine Zitze am Euteransatz ab, die anderen Finger kommen in ihrer Reihenfolge rasch nach und drücken die Milch heraus. Halten Sie die Zitze oben nicht richtig zu, so drückt sich die Milch ins Euter zurück. Machen Sie dagegen alles richtig, so schießt ein scharfer Strahl in die Schüssel. Das braucht Übung, und die richtigen Muskeln müssen sich erst aufbauen. Das merken Sie rasch an schmerzenden Unterarmen. Mit etwas Übung gelingt es sogar, mit beiden Händen zu melken, wodurch sich der Zeitaufwand auf wenige Minuten reduziert. Ist das Tier unruhig (es muss schließlich auch lernen, was das ist), dann empfiehlt es sich, mit einer Hand zu melken und mit der anderen die Schüssel zu halten. Ansonsten befördert ein Tritt mit dem Hinterbein die mühsam gewonnene Milch auf den Stallboden.

Das Euter muss vollständig ausgemolken werden, bis es schlaff ist. Danach wird die Milch in der Küche durch einen Filter aus Papier gegossen, um Haare und Staubteilchen zu entfernen. Danach kann sie verwendet werden. Wir pasteurisieren die Milch sicherheitshalber, damit auch wirklich keine Keime mehr enthalten sind. So kann kein Besuch seine Magenschmerzen auf unser Essen und Trinken schieben. Zum Pasteurisieren wird die Milch auf 75 °C erhitzt. Dazu stellen Sie ein Milchthermometer in den Topf und nehmen ihn bei Erreichen der Temperatur sofort vom Herd. Die Milch wird in Glasflaschen umgefüllt, damit sie sich wieder abkühlen kann. Da das Ganze länger als 15 Sekunden dauert, sind die Anforderungen für eine ausreichende Pasteurisierung gegeben. Soll die Milch weiterverarbeitet werden, so kann sie nun gesammelt werden. Käse machen wir mit drei Litern, was bei uns einer Tagessumme entspricht.

Einfaches Frischkäserezept für 3 Liter Milch

Zugabe von 3 Esslöffeln Naturjoghurt, nach 20 Minuten auf 26 °C erwärmen.

Nun 15 Tropfen flüssiges Lab zugeben, kurz umrühren und die Bewegung der Milch dann sofort wieder stoppen. Anschließend bei Zimmertemperatur 5 Stunden stehen lassen.

Danach die fester gewordene Masse in 2 cm große Würfel schneiden. Diese ziehen sich jetzt zusammen und geben die Molke frei. Nach einer halben Stunde werden die Würfel mit einer Siebkelle in Lochformen gefüllt (randvoll machen) und auf ein Abtropfgitter gestellt. Die Molke fließt ab. Wenn der Käse deutlich fester geworden ist, wird die Form auf der Matte gestürzt und noch einmal für viele Stunden stehen gelassen.

Schließlich kann die Form abgehoben werden, der Käse auf einem Brettchen weiter nachtrocknen, indem er mit Salz bestreut wird. Nach einem Tag wenden und nochmals salzen.

Der Käse ist nun verzehrfertig und kann nach Belieben mit Kräutern gewürzt werden.

Die Milch wird nach dem Andicken in Würfel geschnitten ...

Nach dem Stürzen wird nur noch gesalzen, und einen Tag später ist der Käse fertig.

... und nach einer halben Stunde in Formen geschöpft.

Schafe

Unsere eigene Fleischproduktion starteten wir 1992 mit Schafen. Es waren 5 Tiere, die wir in einem alten VW-Bully zu unserer Pachtweide transportierten. Endlich eine eigene Herde!

Der junge Bock „Toni" war im Herbst so groß, dass er decken konnte, und so hatten wir im Frühjahr 9 Lämmer. Wir waren glücklich. Doch rasch stellte sich die Frage, wohin wir mit dem ganzen Segen sollten. Für den Eigenbedarf brauchten wir zwei, drei Tiere, den Rest verteilten wir auf Verwandtschaft und Freunde.

Davon können wir heute nur abraten. Denn wenn Sie anfangen, für andere zu produzieren, müssten Sie einen Arbeitslohn mit hineinrechen. Bei den aktuellen Fleischpreisen bekommen Sie aber bestenfalls die eigenen Kosten wieder herein, und gerade bei der Selbstversorgung ist eine sorgfältige Zeitplanung ein wichtiger Faktor. Der Spaß artet in große Arbeit aus, Arbeit hauptsächlich für andere. Nachdem wir zeitweise 10 Mutterschafe hatten (ab dieser Zahl gab es eine Mutterschafprämie), schrumpften wir den Bestand radikal auf drei Tiere: zwei weibliche und einen Bock. Für den Eigenbedarf ist dies genau die richtige Herdengröße.

Schafe scheren, aber wie? Denn neben den ganzen anderen Arbeiten, die jede Tierart verursacht, bieten Schafe noch ein ganz besonderes Vergnügen: das Scheren. Die Redensart „Mach keine Scherereien" stammt vermutlich daher,

Das Scheren mit der Hand ist vielleicht romantisch, geht aber ganz schön in den Rücken.

Etwas kleiner als der Durchschnitt, aber sehr genügsam sind Coburger Fuchsschafe ...

... und Pommersche Landschafe. Sie vertragen auch raues Klima.

dass dies eine anstrengende Beschäftigung ist, die sehr in den Rücken geht. Für so wenige Tiere kommt kein reisender Profischerer, so dass Sie regelmäßig zwischen April und Juni selber zur Handschere (nostalgisch, aber besonders anstrengend) oder zur elektrischen Schere (mobiles Stromaggregat erforderlich) greifen dürfen.

Bei zwei Tieren macht das noch Spaß, bei zehn dagegen, noch dazu mit der Handschere, ist das eine üble Plackerei. Bei Kamerunschafen wäre das Scheren überflüssig, denn ihnen wächst das Fell nicht ständig nach. Dafür ist diese Rasse aber besonders scheu, weshalb wir von ihr abraten.

Schafrassen

Bei der Auswahl der Rassen richten Sie sich am besten nach dem, was ortsüblich am meisten verbreitet ist. Dann haben Sie jederzeit die Möglichkeit, Tiere zu kaufen oder zu verkaufen. Geeignet für Selbstversorger sind fast alle Rassen, die Schwerpunkte wurden durch die Zucht nur leicht versetzt.

{ **Wer liefert was am besten?** }

Viel Fleisch gibt es mit Schwarzkopf, Texel oder Suffolk, feine Wolle mit Merinolangwollschaf oder Merinolandschaf, mehr Milch mit dem Ostfriesischen Milchschaf. Besonders robust, etwas kleiner und mit herberem Fleischgeschmack sind Heidschnucken und Skudden. Rassetiere kosten ein Vielfaches von Mischlingen, weshalb wir uns meist für letztere entscheiden. Eine gute Möglichkeit, günstig an Rassetiere zu kommen, ist bei uns immer der Wanderschäfer.

Keine Manieren

Über die Herdengröße hatten wir schon gesprochen: 2+1 heißt das Zauberwort. Die „1" steht für den Bock, und der macht oft Probleme. Unser erster Texelbock „Toni", den wir als Lamm selbst großzogen, war friedlich und nett. Zumindest zwei Jahre lang. Danach begann er uns zu attackieren. Betraten wir die Weide, dann nahm er 30 m Anlauf im Rückwärtsgang, um dann nach vorne zu beschleunigen und mit gesenktem Kopf auf uns loszugehen. Von über 100 kg Lebendgewicht gerammt zu werden tut mehr als weh, und daher retteten wir uns mit beherzten Sprüngen über den Zaun. Füttern und Tränken glichen einem russischen Roulette, so dass Toni schließlich abgeschossen werden musste. Sein Nachfolger „Freddy" zeigte das gleiche Muster, nur dass er schon ein Jahr früher mit diesem Verhalten begann.

Was tun gegen Rambo? Hilfreich ist es, den Bock schon als Lamm nicht zu streicheln oder gar auf seine spielerische Aufforderung zur Rauferei einzugehen. Eine Garantie, dass er als erwachsenes Tier brav bleibt, ist das aber nicht. Ein Großteil der Schafböcke entwickelt sich zu Rambos, und letztendlich können Sie nur zwischen zwei Möglichkeiten wählen: Entweder Sie schlachten den Bock bei Beginn solcher Veränderungen, oder Sie bringen in der Decksaison Ihre Schafe zu einem Halter, der diese gegen kleine Gebühr von seinem Bock decken lässt. Allerdings birgt Letzteres die Gefahr, dass sich Ihre Tiere Parasiten oder Krankheiten einfangen.

Bürokratie

Die meisten Tierarten kann man nicht „einfach so" halten. Bei Hunden ist das eine bekannte Tatsache, da für ihre Haltung Steuern erhoben werden. Das ist für den landwirtschaftlichen Bereich zwar noch nicht der Fall, aber auch hier wollen die Behörden wissen, wer welche Arten hält.

Die Gründe sind einleuchtend: Zum einen soll die artgerechte Haltung sichergestellt werden, zum anderen geht es um die Eindämmung von Seuchen. So wurden mit Auftreten der Blauzungenkrankheit im Jahr 2006 alle Halter von Rindern, Schafen und Ziegen aufgefordert, die Tiere mit Insektiziden zu behandeln und je nach Bundesland und Tierart auch zu impfen.

Überträger waren Gnitzen, die das nach Mitteleuropa eingeschleppte Virus unter Wiederkäuern verbreiteten. Mittlerweile ist das Virus durch alle Bestände gegangen und offenbar wieder verschwunden, aber der Vorfall zeigte, wie wichtig es ist, dass die Ämter Zugriff auf alle Haltungen haben. Daneben müssen alle Schafe, aber auch Ziegen, Rinder, Schweine, Pferde und Bienen bei der Tierseuchenkasse gemeldet werden. Die Mitgliedschaft kostet nur wenige Euro pro Jahr (so zahlen wir für unsere Ziegen zusammen 10 €) und lohnt sich auf jeden Fall. Denn verstirbt ein

Ein Schafbock kann sehr unangenehm werden!

Tier, dann zahlt die Tierseuchenkasse den größten Teil der Beseitigungskosten. Gleiches gilt für die Seuchenbekämpfung, bei der erhebliche Kosten für Blutuntersuchungen etc. anfallen.

Ohrmarken? – lieber nicht! Für die gemeldeten Tiere müssen Sie ein Bestandsregister führen. Wir legen dazu für jede Ziege / jedes Schaf ein eigenes Blatt an. Darauf aufgeführt sind der Name des Betriebs (also Ihrer mit Adresse), die Daten des Tiererwerbs oder -verkaufs, Tierart, Geburtsdatum, evtl. Vorbesitzer oder nachfolgender Erwerber, die Lammungen und die Registriernummer. Apropos Nummer: Grundsätzlich ist erst einmal nichts Problematisches daran. Die Registriernummer für Ihren Betrieb teilt Ihnen Ihre Kreis- bzw. Stadtverwaltung mit. Mit dieser Nummer können Sie dann beim Landeskontrollverband Ohrmarken bestellen. Und jetzt wird es doch problematisch. Denn diese Nummern müssen in die Ohren der Tiere gezogen werden, und das tut diesen weh. Noch viel schlimmer ist es, wenn sich die Ziegen und Schafe die Ohrmarken herausreißen, weil sie mit ihnen am Zaun hängen bleiben. Das ist unter Tierschutzaspekten nicht in Ordnung. Eine Alternative sind Fesselbänder, die wie ein Armband über dem Fuß angelegt werden. Allerdings gehen diese Bänder sehr schnell verloren. Erkundigen Sie sich, inwieweit die für Sie zuständigen Behörden weitere Möglichkeiten erlauben. Manchmal gelingt mit den örtlichen Kontrolleuren auch eine Vereinbarung, dass Sie die Tiere Fotografieren und die Ohrmarken zu dem passenden Blatt Ihres Bestandsregisters legen. Ob beide Ohren markiert sein müssen, bis zu welchem Alter in Monaten eine einfache Einzeltiermarke reicht, was sonst noch alles an Kennzeichnungsmöglichkeiten erlaubt ist, regelt jedes Bundesland anders.

Papierkram muss auch bei Schafen und Ziegen sein.

Bei dieser Ziege ist die Marke ausgerissen und das Ohr geschlitzt.

Frischluftfreunde

Schafe sind grundsätzlich unempfindlicher als Ziegen. Während diese im Winter richtige Ställe benötigen, reicht für Schafe ein wind- und regengeschützter Unterstand. Ansonsten können sie ganzjährig auf der Weide bleiben, falls diese groß genug ist und im Winter nicht zu matschig wird. Pro Tier rechnet man mit mindestens 1.000 m² Fläche. Mehr ist immer besser, vor allem, wenn Sie selbst Heu gewinnen möchten. Falls nicht, müssen Sie im Winter ordentlich zukaufen.

Während im Sommer die Weide zur Fütterung ausreicht, kommt im Winter wie bei den Ziegen Heu und Kraftfutter zum Einsatz (die Menge pro Schaf entspricht der Menge pro Ziege). Durch den Verbleib auf der Weide können sich die Tiere den

{ **Begleitpapiere** }

Möchten Sie ein Tier verkaufen (egal ob Schaf oder Ziege), so müssen Sie ein Begleitpapier erstellen. Die Anforderungen: Ihre Adresse als Verkäufer, die des Käufers, das Transportmittel mit Kennzeichen, die abgegebenen Tiere mit der Ohrmarkenummer, Datum und Unterschrift.

Es lohnt sich, auf Sauberkeit am Schurplatz zu achten.

ganzen Winter über noch ein paar Vitamine dazu sammeln, indem sie letzte kurze Gräser und Kräuter vertilgen. Ist da nichts mehr zu holen, dann gibt es im Handel spezielle Kunststoffschalen, die mit einer Mineral-/Vitaminmischung gefüllt sind und von den Schafen aufgeleckt werden kann.

Die Wolle

Je nach Klima an Ihrem Wohnort ist es zwischen April und Juni so weit: Die Wolle wird geschoren. Dazu brauchen Sie entweder eine einfache Handschere, wie sie für 20 € zu bekommen ist, oder ein elektrisches Gerät ab 130 €. Da die Tiere auf der Weide stehen, empfiehlt sich für die elektrische Variante ein Stromaggregat, damit die Schafe nicht nach Hause in den Stall geführt werden müssen. Um die Wolle nicht zu verschmutzen, sollte der Platz sauber sein. Zur Not kann ein altes Bettuch untergelegt werden.

Profis bringen das Schaf in sitzende Haltung; wir haben die Tiere immer zu zweit auf den Boden gelegt. Um das Schaf am Aufstehen zu hindern, zieht Ihr Helfer das Vorderbein, welches oben liegt, angewinkelt Richtung Rücken hoch und hält es dort fest. Sie können dann in aller Ruhe die Wolle abschneiden. Ziehen Sie nicht an den Haaren, denn dann hebt sich die Haut hoch und gerät rasch in die Klingen. Wird das Tier dennoch verletzt, dann muss die Wunde sofort desinfiziert werden.

Vor dem Spinnen müssen die Fasern kardiert, also gekämmt werden.

Wolle waschen. Das abgeschnittene Vlies (so nennt sich die zusammenhängende Wolldecke) können Sie noch an Ort und Stelle sortieren. Partien in Bauchnähe und um den Schwanz sind entweder zu kurz oder verkotet und werden vom Vlies abgerissen. Es verbleibt noch genug zum Verarbeiten, also lieber jetzt großzügig aussortieren, damit die Qualität stimmt. Sind alle Schafe geschoren, dann wird die Ernte in ein weiteres Bettuch verpackt und zuhause gewaschen. Schurfrische Wolle enthält über 50 % Fett, Schmutz und Wasser – das muss vor der Verarbeitung alles entfernt werden. In einem Zuber mit Wasser weichen Sie anschließend das Flies für ein paar Stunden ein. Danach drücken Sie das Wasser aus, füllen den Inhalt des Zubers frisch auf und vermischen ihn mit etwas Kernseifenflocken. Hierin wird die Wolle vorsichtig bewegt oder etwas gestampft, keinesfalls aber durchgeknetet oder wie ein Wäschestück behandelt, weil sonst alles verfilzt.

Nach weiteren 2 Stunden wird das Wasser nochmals getauscht und die Wolle klargespült. Anschließend sollte sie in der Sonne ausgebreitet getrocknet werden. Da die ganze Prozedur einschließlich Schur 8–10 Stunden dauert, empfiehlt sich der Arbeitsbeginn früh morgens. Nach der Trocknung ist die Wolle bereit für die Weiterverarbeitung. Um die Fasern gleichmäßig auszurichten, werden sie kardiert. Dazu hängt man die einzelnen Wollstapel in eines von zwei Nadelbrettchen (Karden) ein und bürstet mit dem anderen in Gegenrichtung langsam darüber. So wandern die Fasern in das obere Brettchen und können anschließend daraus abgehoben werden. Leichter und schneller geht es mit einer Kardiermaschine, in welche die Stapel eingelegt und dann mittels Kurbel durch zwei Stachelwalzen gedreht werden.

Spinnen oder Filzen? Das Ergebnis ist saubere, ausgerichtete Wolle, die fertig zum Filzen oder Spinnen ist. Wir haben uns für das Spinnen entschieden, weil wir selbstgestrickte Wollsocken lieben und die Zeit nicht auch noch für die Einarbeitung in das Filzen reicht. Spinnräder gibt es als gebrauchte Altertümchen, wir empfehlen bei häufigerer Nutzung jedoch ein Neugerät, etwa von der Firma Ashford aus Neuseeland. Eine Einführung in das Spinnen können Sie in speziellen Ratgebern nachlesen, doch am besten lassen Sie sich dieses Handwerk einmal persönlich zeigen. Es sei nur angemerkt, dass die sitzende Tätigkeit ganz schön auf die Bandscheiben geht, so dass wir die Produktion auf wenig Wolle (nur für die eigenen Socken) beschränkt haben.

Wolle zieht Motten an, und das kann schnell unangenehm werden. Wir bemerkten eines Tages kleine Falter, als wir gemütlich nach unserem Urlaub auf der Couch saßen. Erst einige wenige, dann immer mehr. Schnell kam ein mulmiges Gefühl auf, dass es sich um Kleidermotten handeln könnte. Wir suchten nach der Quelle und wurden dann unter unserem Wollteppich fündig: Tausende in Wollkokons eingesponnene Larven lachten uns an! Schnell rollten wir die Bescherung zusammen und verfrachteten sie nach draußen.

Leider hat uns dieses Erlebnis die eigene Wolle etwas verleidet. Wollen Sie sichergehen, dann können Sie Pheromonfallen aufstellen. Das sind kleine Pappständer, die mit einer Klebefläche und einem Tropfen Lockstoff versehen sind und auf den Schrank in einer dunklen Ecke aufgestellt werden. Hier fangen sie drei Monate lang Motten, sofern es überhaupt welche gibt. Wenn Sie ab und zu einen Blick auf diese Falle werfen und kein Falter gefangen wurde, ist alles in Ordnung. Sind doch welche darauf, dann müssen Sie Ihre Wollsachen durchsuchen. Befallene Kleidungsstücke können Sie durch mehrtägiges Einfrieren entseuchen.

Wollen Sie öfter spinnen, dann lohnt sich ein neues Spinnrad.

Summ, summ, summ ... Bienen

Der Start

Ich esse keinen Honig. Und vor Bienen hatte ich Angst. Trotzdem stehen nun in unserem Garten vier Völker, denn als eines Tages unsere Apfelbäume endlich das erste Mal so richtig blühten, sah ich keine Bienen, und die braucht es nun mal zur Bestäubung.

Unser Forsthaus liegt abseits vom Dorf, und so dachte ich, dass ich der Bestäubung ein wenig nachhelfen müsste. Es war ein kaltes Frühjahr, oft kaum über 12 °C, das ist die Temperatur, ab der diese Insekten überhaupt erst auf Nahrungssuche gehen (Hummeln etwas früher), was mir damals unbekannt war. Wahrscheinlich wäre auch ohne die eigene Imkerei alles gut gegangen, doch ich habe mittlerweile so viel Spaß an der Honigproduktion gefunden, dass ich die Bienenhaltung weiter betreibe. Und da meine Frau den süßen Brotaufstrich täglich isst, lohnt es sich auch in dieser Hinsicht.

Honig satt. Gerade in Bezug auf das Verhältnis Kosten/Zeitaufwand/Ertrag ist die Imkerei ideal für Selbstversorger. Ein Bienenvolk bringt je nach Witterung und Standort etwa 25 kg (Wert etwa 250 €) Honig pro Jahr und verursacht 10–15 Stunden Arbeit – das ist im Verhältnis zu Gemüse oder gar Fleisch ein Top-Wert.

Wenn Sie mit der Imkerei starten möchten, dann besorgen Sie sich am besten zweierlei: Einen erfahrenen Imker aus der Nähe als Paten sowie zwei Völker.

Das erste Volk ist für die Honigproduktion, das andere zum Anschauen, denn als Anfänger werden Sie (sofern Sie dem Durchschnitt entsprechen) viel zu oft in die Völker hineinschauen und sie stören. Meine beiden ersten Völker haben übrigens beide den folgenden Winter nicht überstanden ...

Eigentlich hatten wir Angst vor Bienen. Das hat sich gelegt!

Checkliste Bienenkauf

- ✓ Standort abklären
- ✓ Beuten (lokal verbreitetes System wählen)
- ✓ Rähmchen inkl. Mittelwände
- ✓ Schutzkleidung
- ✓ Kleingeräte (Smoker, Stockmeißel)
- ✓ Bienenvölker mit Gesundheitszeugnis erwerben
- ✓ später im Jahr Zubehör zum Schleudern leihen/erwerben

Zu oft nachschauen sollten Sie nicht, auch wenn es in den Fingern juckt.

Auch bei Bienen gibt es Rassen. Sie werden alle auf folgende Eigenschaften hin gezüchtet: Sanftmut, Schwarmträgheit (sie vermehren sich dann wenig über Schwärme, die Ihnen davonfliegen), Wabenstetigkeit (sie bleiben beim Ziehen der Waben darauf sitzen) und natürlich Ertrag.

Die zwei häufigsten Rassen sind Carnica, eine alte Landrasse aus Kärnten, und Buckfast. Erstere ist die „normale" Landbiene, während Buckfast besonders sanftmütig und ertragreich, dafür aber ein wenig empfindlicher sein soll. Sein soll deswegen, weil zwischen den Anhängern beider Rassen wahre Glaubenskriege ausbrechen. Das ist überflüssig, denn wenn Sie Ihre Bienen selbst vermehren, ergibt sich zwangsläufig ein bunter Mix aus dem, was die Imker in Ihrer Umgebung so halten, da sich die Insekten im Flug und weit von Ihrem Grundstück entfernt paaren.

Nehmen Sie die Rasse, die an Ihrem Standort verbreitet ist – in der Regel wird das Carnica sein. Dann bekommen Sie einfacher Ersatz, und vor allem verderben Sie den örtlichen Züchtern nicht ihr Ergebnis. Denn auch aus deren Völkern fliegen Drohnen (Männchen), die sich mit jungen Königinnen aus der Nachbarschaft paaren.

Die Rasse steht fest, nun stellt sich die Frage, welche Beute (Bienenkasten) es sein darf. In der Regel wird mit Magazinen gearbeitet. Das sind stapelbare Kisten („Zargen"), in die sich Rähmchen mit Waben einhängen lassen. Das System hat den Vorteil, dass das Bienenvolk je nach Bedarf mehr Platz bekommen kann, dass Kontrollen erleichtert werden (man kann das Volk quasi zerlegen und wieder zusammensetzen) und auch die Honigernte einfach funktioniert. Davon gleich mehr.

Carnica oder Buckfast? Oft mischen sich die Rassen.

Bei den Beuten und den Rähmchen gibt es viele verschiedene Maße. Schauen Sie auch hier, welches in Ihrer Umgebung am häufigsten verwendet wird, dieses sollten Sie ebenfalls nutzen. Nur so ist gewährleistet, dass Ihr Zubehör zu dem passt, was Sie von befreundeten Imkern erhalten.

Styroporschnipsel im Honig? Beuten werden heute vielfach aus Styropor hergestellt. Das Material isoliert das Bienenvolk gut gegen Temperaturschwankungen. Dagegen spricht, dass die Insekten immer auch etwas davon abraspeln, so dass sich im Honig möglicherweise Kunststoffpartikel wiederfinden. Holzbeuten sind besser, isolieren aber nicht so gut und halten auch nicht so lange.

Den Standort zur Aufstellung wählen Sie am besten so, dass Sie wenig zusätzliche Wege oder gar Fahrten auf sich nehmen müssen. Idealerweise ist es der Garten, denn dann können Sie täglich einen Blick auf die Völker werfen. Wenn Sie die Völker so platzieren, dass die Bienen nicht gerade über Ihren Sonnen-Sitzplatz fliegen müssen, ist das in der Regel auch für Nichtimker-Gäste kein Problem.

Vorne Styroporbeuten, hinten eine Holzbeute – den Bienen gefällt beides.

Das Bienenvolk

Manche Imker sprechen, wenn sie ein Bienenvolk meinen, auch vom „Bien". Hintergrund ist die Tatsache, dass man die Summe der Bienen auch als einen Organismus betrachten könnte, bei dem die einzelnen Tiere nicht unabhängig voneinander überlebensfähig sind. Staatsoberhaupt ist die Königin. Sie hat ein wenig abwechslungsreiches Leben. Schlüpft sie nach 16 Tagen Entwicklungszeit aus ihrer Zelle, dann schließt sich im günstigsten Fall der Paarungsflug an (im ungünstigsten Fall wird sie von der aktuellen Herrscherin einfach abgestochen). Sie fliegt hinaus in die Landschaft, wo schon in einer kleinen Wolke Drohnen (=Männchen) aus anderen Völkern warten. Hier paart sie sich im Flug mit mehreren Verehrern und kehrt dann zurück zu ihrem Volk. Dort legt sie von nun an bis zu 2.000 Eier pro Tag, unterbrochen nur von einer wenige Wochen andauernden Pause im Winter. Ihr Leben kann 4–5 Jahre dauern, meist wird sie aber schon früher von ihrem Volk „aussortiert", also getötet, weil ihre Leistungsfähigkeit nachlässt.

Bienenvölker – eine gnadenlose Leistungsgesellschaft. Die Masse des Volkes besteht aber aus Arbeiterinnen. Diese schlüpfen erst nach 21 Tagen und müssen dann erst einmal Innendienst leisten. Da wären Zellen auszuputzen, Larven mit Futtersaft zu versorgen, neue Waben zu bauen oder Nektar zu Honig umzuformen und zu trocknen. Erst nach drei Wochen dürfen sie hinaus in die weite Welt fliegen und Nektar und Pollen sammeln. Im Sommer ist dieses arbeitsreiche Leben schon nach 6 Wochen, im Winter mit viel Ruhe erst nach 5–8 Monaten beendet.

Die dritte Kategorie von Bienen sind die Drohnen. Sie benötigen 24 Tage Entwicklungszeit und hängen danach überwiegend faul herum. Die Nahrung wird ihnen von Arbeiterinnen gereicht, und wenn sie ausfliegen, dann nur, um nach paarungsbereiten Königinnen zu suchen. Kein Wunder, dass im Spätsommer, wenn die Saison vorbei ist, kurzer Prozess gemacht wird: In der so genannten Drohnenschlacht werfen die

Bienen stechen – selten. Rasse und Beutensystem sind ausgesucht, nun fehlt nur noch Ihre persönliche Schutzausrüstung. Sie besteht aus einem Hut mit Schleier, einer weißen Jacke (darauf reagieren Bienen weniger aggressiv) und Gummihandschuhen mit Stulpen – zusammen kostet das weniger als 100 €. Viele Imker lehnen so etwas ab, aber wir möchten nicht gestochen werden. Bienen merken sofort, wenn Sie nervös an ihnen herumhantieren, werden dann ebenfalls unruhig und stechen leichter. Daher tragen wir immer Schutzkleidung und sind bei der Arbeit sehr gelassen.

Mit Schutzkleidung geht's gleich viel lockerer.

Arbeiterinnen die dann nutzlosen Faulpelze kurzerhand aus dem Bienenstock, so dass die hilflosen Gesellen verhungern.

Bienen sammeln Pollen und Honig grundsätzlich zur Eigenversorgung. Während der eiweißreiche Pollen wichtig zur Aufzucht der Larven ist, dient der Honig als Hauptnahrungsmittel für das Bienenvolk. Für Schlechtwetterperioden, vor allem aber die lange Zeit des Winters werden Vorräte angelegt, von denen die Tiere bis zum nächsten Frühjahr zehren können. Diesen Vorrat nehmen wir Menschen ihnen größtenteils weg und füttern statt dessen Zuckerwasser, welches

Die Königin ist das Herz des Bienenvolks.

Los geht's

Ihre ersten zwei Völker stehen im Garten: zwei Beuten mit jeweils zwei Brutraumzargen. Wie geht es nun weiter? Gesetzt den Fall, dass Sie im Frühjahr gestartet sind, schauen Sie nach der Kirschblüte: Sobald diese beginnt, setzen Sie einen Honigraum auf. Dazu brauchen Sie eine Zarge, die mit Rähmchen gefüllt wird.

Im Idealfall enthalten diese Waben aus dem Vorjahr, welche die Bienen nur noch neu befüllen müssen. Fehlen solche Waben, dann löten Sie Mittelwände in die Rähmchen ein. Mittelwände sind Wachsplatten, in denen das Wabenmuster eingeprägt und damit für die Bienen vorgegeben ist.

die Bienen dann anstelle des Honigs in ihre Waben einlagern. Wer ökologisch korrekt imkern möchte und nicht nur ein billiges gekauftes (Zucker) gegen ein hochwertiges selbsterzeugtes Nahrungsmittel eintauschen möchte, entnimmt nur einen Teil des Honigs und belässt genügend für die Selbstversorgung des Volkes.

Mittelwände einlöten

Zum Einlöten der Mittelwände brauchen Sie einen Trafo. Diesen gibt es je nach Drahtart (Normal-/ Edelstahl) in verschiedenen Stärken. Wir empfehlen Rähmchen mit Edelstahldraht, da dieser auch bei der herbstlichen Säurebehandlung nicht rostet. Das Rähmchen wird plan auf den Boden und die Mittelwandplatte darauf gelegt. Nun setzen Sie eine Elektrode des Trafos auf den ersten Befestigungsnagel des Drahts im Rähmchen, die zweite Elektrode auf den zweiten Nagel (es gibt pro Rähmchen nur zwei). Das Aufsetzen darf nur für ein bis zwei Sekunden geschehen, da die Drähte im Rähmchen nun heiß werden und sich ins Wachs schmelzen. Dieses kühlt gleich wieder ab, und die Platte ist nun durch innenliegende Drähte fixiert – fertig! Halten Sie zu lange drauf, dann schmelzen sich die Drähte hindurch und zerteilen die Platte. Diese ist nun nicht mehr zu gebrauchen, kann aber immerhin noch zu Kerzen gerollt werden.

Den so ausgestatteten Honigraum können Sie auf den oberen Brutraum setzen, allerdings kommt zuerst ein Absperrgitter darauf. Dort hindurch kommen nur Arbeiterinnen, die Königin bleibt im Brutraum zurück und legt nur dort Eier. Wäre beides vermischt, könnten Sie kaum Honig schleudern (wer möchte schon Larven darin finden?).

Falls in den Brutraumzargen noch komplette Waben mit Honig aus dem Winter hängen, dann nehmen Sie diese jetzt heraus und ersetzen sie durch Rähmchen mit Mittelwänden. Der Grund: Dieser „Honig" besteht größtenteils aus Winterfutter, welches die Bienen im Herbst bekommen – und das ist reines Zuckerwasser. Soll sich dieses nicht später in Ihren Honiggläsern befinden (und die Bienen tragen das jetzt munter in den neuen Honigraum), so muss es jetzt entfernt werden.

Nicht zu lange draufhalten, sonst schmilzt sich der Draht komplett durch die Wachsplatte.

Bevor der Honigraum aufgesetzt wird, kommt ein Absperrgitter auf den Brutraum – ansonsten gibt's Honig mit Fleischeinlage.

Blütenhonig oder Blattlauspipi? In den kommenden Wochen wird es spannend: Was tragen die Bienen ein? Blüht viel, so nennt man dies „Tracht". Solche guten Trachten sind Obstbäume, Raps, Löwenzahn, Klee, Himbeere und Brombeere sowie blühende Sommerwiesen im Allgemeinen. In manchen Jahren kommt noch Honigtau hinzu. Dabei handelt es sich um Blattlausauscheidungen, die von den Bienen zum begehrten Waldhonig verarbeitet werden.

Schauen Sie regelmäßig nach, wie sich der Honigraum füllt. Fertiger Honig wird von den Bienen mit Wachs verdeckelt, und spätestens wenn dies beginnt, sollte der zweite Honigraum unter den ersten gesetzt werden. Warum nicht einfach obendrauf? Bienen tragen Honig immer von oben nach unten ein und verdeckelter Honig wirkt wie eine Sperre – hier ist die Baustelle quasi fertig. Daher nehmen Bienen Honigräume generell kaum noch an, wenn sie zu spät aufgesetzt werden, weil sie dann schon eine „Honigkappe" über ihrem Brutnest in den Brutträumen angelegt haben. Denken Sie einfach an die Kirschblüte und setzen Sie im Zweifelsfall lieber etwas zu früh auf.

Jetzt wird's aber dringend Zeit für den zweiten Honigraum!

Spezialtabak ist überflüssig. Nehmen Sie einfach etwas Wellpappe.

Bienen sind Nichtraucher, also sparsam mit dem Smoker umgehen.

Der Stockmeißel ist das Universalwerkzeug zur Arbeit an den Bienen.

Arbeiten mit Smoker und Stockmeißel. Der Smoker dient zur Beruhigung der Bienen. Er wird mit speziellem Tabak, am einfachsten aber mit etwas Wellpappe befüllt, die Sie entzünden. So glimmt die Pappe vor sich hin und sondert Rauch ab. An der Beute geben Sie einen kurzen Rauchstoß ins Flugloch, dann nach dem Anlüften des Deckels ein paar Stöße über die Rähmchen. Dadurch denken die Bienen, der Wald brenne und sie müssten umziehen. Dazu pumpen sie sich voll Honig und wollen nun nicht mehr so stark den Stock verteidigen. Übertreiben Sie es aber nicht mit dem Rauch!

Zum Öffnen der Beute dient der Stockmeißel. Sein breites flaches Ende eignet sich gut zum Aufhebeln der von den Bienen zusammengekitteten Teile und verursacht durch die große Auflagefläche keine Beschädigung.

Auch die Rähmchen heben Sie so kurz an, bevor Sie sie mit den Fingern greifen und herausholen können. Das gekrümmte Ende eignet sich zum Abschaben der Kittharze, etwa auf der Oberseite der Rähmchen. Dadurch passt nachher alles wieder beim Zusammensetzen.

Vermehrung

Von Natur aus vermehren sich Bienen über Schwärme. Dazu legen die Arbeiterinnen in der Schwarmzeit (hauptsächlich Mai / Juni) sogenannte Weiselzellen (Königinnenzellen) an. Sie sind größer als Arbeiterinnenzellen und werden daher außen meist senkrecht an die Waben angebaut. Kurz vor dem Schlüpfen hört man ein leises Quäken und Tüten – damit fragen die schlupfbereiten Königinnen, ob die alte Herrscherin noch daheim ist. Wenn das der Fall ist, sticht diese den Nachwuchs manchmal noch in der Zelle ab. Während der Schwarmzeit (Mai bis Juli) jedoch räumt sie oft einfach das Feld, indem sie mit einem Teil der Arbeiterinnen auszieht und ein neues Zuhause sucht. Dazu pumpen sich die Bienen mit Honig für drei Tage voll und schwärmen los. Meist wird die erste Rast schon nach 20 m einlegt. Der Schwarm sammelt sich an einem Ast und bildet um die Königin eine Traube. Kundschafterinnen suchen das Umfeld nach passenden Behausungen, etwa hohlen Bäumen, ab. Nach ein bis zwei Tagen startet der Schwarm endgültig zu seiner neuen Bleibe. Wenn es losgeht, hebt ein gewaltiges Summen an, das Sie sogar im Haus hören können.

Ein Schwarm geht ab!

Mist! Der Schwarm hat sich am Boden versammelt. Schnell einsprühen, in den Eimer fegen, und dann ab in eine leere Beute.

Immer dem Gesumme nach. Wenn die Bienen sich das erste Mal niedergelassen haben, können Sie mit der Fangaktion beginnen. Ein Schwarm ist die einfachste Möglichkeit, ein neues Volk hinzuzugewinnen. Und davon abgesehen sind es schließlich Ihre Bienen, die Sie sich zurückholen sollten. Dazu streifen Sie Ihre Schutzmontur über, bewaffnen sich mit einem großen Eimer mit Deckel sowie einem Blumensprüher mit Wasser.

Zunächst wird die ganze Traube ordentlich eingesprüht. Das macht die Bienen träge und mindert die Flugfähigkeit. Nun halten Sie den Eimer darunter und schlagen kräftig auf den Ast, damit die Traube in den Eimer fällt. Nun kommt der Deckel darauf, und dann können Sie den Schwarm in eine Beute mit vorbereiteten Rähmchen mit Mittelwänden einfüllen. Fertig. Oft bleibt am Ast allerdings ein Rest Bienen sitzen, und sollte die Königin dabei sein, so ziehen alle anderen wieder aus der Beute aus und hängen eine Stunde später als Traube um ihre Herrscherin. Dann wiederholen Sie einfach den Vorgang, bis es klappt. Das neue Volk brauchen und sollten Sie nicht füttern, denn die Tiere kümmern sich rasch von selbst um ihre Nahrung. Wenn der Schwarm im Mai anfällt, können Sie sogar nach ein paar Wochen noch einen Honigraum aufsetzen und etwas ernten.

Sammeln sich kleine Bienenreste am Schwarmort, so werden diese ebenfalls abgefegt und vor die Beute gekippt – sie wandern von selbst hinein zur Königin.

Schwärme verhindern? Schwärme haben allerdings auch Nachteile, denn sie schwächen das Ursprungsvolk. Es ziehen ja teilweise über 10.000 Arbeiterinnen mit der alten Königin aus, und diese fehlen nun für das Sammeln von Nektar. Es dauert etliche Wochen, bis das alte Volk diesen Verlust wieder ausgeglichen hat.

Ein Vorteil ist, dass dort jetzt eine junge Königin sitzt, die besonders leistungsfähig ist. Wenn Sie Pech haben, schwärmt diese allerdings auch noch ab und nimmt zusätzliche Bienen mit, da oft mehrere Weiselzellen vorhanden sind, aus denen weitere Königinnen schlüpfen. Das kann bis zum Zusammenbruch des Ursprungsvolkes führen (die Regel ist es aber nicht). Möchten Sie die Schwärmerei umgehen, so können Sie einmal pro Woche alle Rähmchen nacheinander kontrollieren, ob dort Weiselzellen angesetzt wurden. Diese brechen Sie heraus, und dann kann auch kein Schwarm abgehen. Dadurch wird der Honigertrag größer, weil alles seinen geregelten Gang geht und keine Biene verloren geht. Allerdings berauben Sie die Bienen damit auch ihrer natürlichen Reproduktion. Zudem kostet diese Kontrolle viel Zeit und stört die Tiere, die dadurch etwas aggressiver werden können.

Bienen sind nicht völlig winterhart. Zum Imkern brauchen Sie ständig neue Völker, weil immer wieder etliche den Winter nicht überstehen. Ohne Schwärme bleibt da nur die Vermehrung über Ableger. Dazu müssen die Völker im Frühling wieder erstarkt sein, und dann können Sie pro Volk zwei Brutwaben mitsamt der anhaftenden Bienen entnehmen.

Diese Brutwaben sollten wie folgt aussehen: Sie müssen Larven aller Stadien enthalten (bis hin zu verdeckelten Zellen), vor allem aber ganz junge oder gar frisch gelegte Eier. Diese Brutwaben hängen Sie in eine separate Beute und klopfen dazu noch Bienen von anderen Waben dazu. Der Grund: Ein Teil der Bienen fliegt gleich wieder zum alten Stock zurück, so dass die Gefahr besteht, dass die Larven des neuen Ablegers zu wenig Pflegepersonal haben. Alternativ könnten Sie den Ableger auch einige Kilometer entfernt aufstellen, dann bleiben diese Bienen brav in der neuen Beute.

Die Königin wird selbst nachgezogen.
Zwei Brutwaben reichen für dieses Verfahren, Sie können aber insgesamt auch 4–6 Brutwaben (die dann von 2–3 Völkern stammen) zusammenhängen – dann wird der Ableger stärker. Neben die Brutwaben hängen Sie noch ein bis zwei Waben mit Honig. Dann kommt der Deckel darauf, und nun lassen Sie das Ganze einfach vier Wochen lang in Ruhe. In dieser Zeit ziehen sich die weisellosen Bienen (Bienenvölker ohne Königin) aus einem Ei oder einer ganz jungen Larve eine Königin nach. Diese schlüpft nach 16 Tagen, fliegt dann aus zur Begattung und fängt danach fleißig

Weiselzellen: Hier ziehen die Bienen Königinnen nach.

In der Ablegerwabe müssen Eier zu sehen sein.

an, Eier zu legen. Wenn Sie nun nach 28 Tagen nachschauen, dann sollten in den Zellen schon jede Menge Larven sein. Das Volk wächst nun, und von Zeit zu Zeit können Sie ein Rähmchen mit Mittelwand dazu hängen, bis die Zarge voll ist. In Schlechtwetterperioden muss der Ableger gefüttert werden, indem Sie kleine Portionen Flüssigzucker (etwa 1 l) geben.

Und zum Schluss ganz wichtig: Ob Schwarm oder Ableger – verkleinern Sie das Flugloch bis auf wenige Zentimeter (schwache Ableger nur eine Bienenbreite!). Denn das kleine neue Völkchen kann einen breiten Eingang noch nicht gegen die Konkurrenz verteidigen, und wehrlose Völker werden von den Nachbarn oft gnadenlos ausgeraubt und zerstört.

So sieht eine schleuderreife Wabe aus.

Am Abend vorher wird eine Bienenflucht eingelegt, quasi eine Einbahnstraße nach unten.

Die Honiggewinnung

Honig kann erst geerntet werden, wenn er reif ist und weniger als 20 % Wassergehalt hat. Ein gutes Indiz ist der Grad der Verdeckelung: Bienen versehen lagerfähige Honigzellen mit einem Wachsdeckel. Sind mehr als drei Viertel einer Wabe so verschlossen, dann ist sie schleuderreif.

Bei einem geringeren Verdeckelungsgrad sollte der Honig überprüft werden. Dazu können Sie entweder mit einem Refraktometer testen, oder Sie machen die etwas ungenauere Spritzprobe. Dabei halten Sie ein Rähmchen mit wenig verdeckelten Honigzellen waagerecht und stoßen sie ruckartig nach unten. Spritzt dabei Honig heraus, dann ist noch zu viel Wasser darin. Dieses würde den Honig in den Gläsern gären lassen. Daher ist er nicht geeignet und sollte den Bienen zusammen mit den ausgeschleuderten Waben zurückgegeben werden (dazu später mehr).

Bevor geerntet werden kann, brauchen Sie noch etwas Ausrüstung.

Jetzt wird geschleudert! Da wäre zunächst die Schleuder. Sie sollte aus Edelstahl sein (lassen Sie sich bitte keine alte, verzinkte aufschwatzen) und einen bodenebenen Auslaufhahn besitzen. Ob mit oder ohne Motorantrieb ist Geschmackssache – uns reicht für ein paar Völker ein Modell mit Handkurbel. Mit 300–400 € sind Sie dabei. Ist Ihnen das für den Anfang zu teuer, so können Sie sich erst einmal eine leihen (vielleicht von Ihrem Imkerpaten?). Die weiteren Werkzeuge sind billiger: Eine Entdeckelungsgabel (9 €), zwei Siebe (ein grobes und ein feines, zusammen 25 €), eine Wanne, um die Waben beim Entdeckeln abzustellen (5 €) sowie einen Behälter, um den Honig einzufüllen und zwischenzulagern (je nach Größe und Material 25–150 €).

Im Juli oder Anfang August an einem warmen, sonnigen Tag ist es dann so weit. Es kann geschleudert werden, und es ist wie bei einem Überraschungsei: Wir wissen nie so genau, wie viel Honig in den Waben ist. Das hängt von der

> **Schleudertermine**
>
> *Wir schleudern nur einmal im Sommer. Allerdings gibt es bei uns auch keine großen Blütenangebote von nur einer Sorte. Haben Sie Rapsfelder in der Nähe, dann empfiehlt sich einige Tage nach Ende der Blüte eine Frühjahrsschleuderung, weil der Honig schnell bombenfest wird und sich dann nicht mehr aus den Waben löst. Ein zweiter Grund für einen Extratermin ist Sortenhonig. So können benachbarte Obstbaumplantagen oder besonders viele Robinien oder Linden einen speziellen Honig bieten, der sich ansonsten mit den Sommerblüten von Wiesen und Gärten mischt. Aber auch hier gilt: Der Honig muss reif sein.*

Witterung, vom Blütenangebot und vom Zustand der Völker ab, und diese Faktoren schwanken jedes Jahr beträchtlich.

Zur Vorbereitung legen wir unter die Honigräume eine Bienenflucht ein. Das ist eine Sperre, durch welche die Bienen nur nach unten zur Königin im Brutraum, aber nicht mehr zurück nach oben gelangen können. Abends eingelegt sind am nächsten Morgen die Honigräume weitgehend bienenfrei. Es geht zwar auch ohne Bienenflucht, aber dann müssten alle Waben durch Abfegen von den Tieren befreit werden. Und da diese bei dem „Honigraub" sowieso schon ärgerlich sind, sollten Sie jede weitere unnötige Aufregung vermeiden.

Beginnen Sie mit den Arbeiten gleich morgens nach Sonnenaufgang, damit Sie den ganzen Tag Zeit und Ruhe haben. Die Waben werden entnommen, einzelne noch vorhandene Bienen abgefegt und die Rähmchen dann in eine leere Zarge mit Deckel gehängt. Am besten stellen Sie dazu eine Schubkarre hinter die Beuten, dann können Sie alles zu Ihrem Arbeitsraum schieben. Der Raum sollte sauber sein, eine Waschmöglichkeit enthalten und frei von starken Gerüchen sein. Fenster und Türen müssen dicht schließen, weil Sie sonst im Nu von Bienen umschwärmt werden, die sich ihren Honig wieder zurückholen wollen. Legen Sie den Boden mit einer Folie aus, denn später wird es klebrig. Der Raum sollte Zimmertemperatur haben, damit der stockwarme Honig nicht auskühlt und sich gut aus den Waben löst. Diese werden zunächst mittels der Gabel entdeckelt.

Herunter mit den Wachsdeckeln!

Dazu gleiten Sie mit den Zinken leicht unter das Wachs und heben es dann ab. Ist die Wabe auf beiden Seiten fertig, dann wird sie senkrecht in die Schleuder gestellt. Die Rähmchenunterseite sollte dabei in Drehrichtung der Schleuder zeigen, damit die Stellung der Zellen den Honig besser herausfließen lässt. Ist die Schleuder gemäß ihrer Bauart gefüllt (meist mit 4 Rähmchen), dann können Sie sanft anschleudern. Dabei fließt nur ein Teil des Honigs heraus. Würden Sie gleich mit Volldampf drehen, dann könnten die Waben zerbrechen. Nach dem Anschleudern werden die Rähmchen gedreht, so dass die andere Seite zur Schleuderwand zeigt. Nun können Sie langsam immer mehr Gas geben und diese Seite leerschleudern.

Danach werden die Rähmchen nochmals gedreht und die erste Seite ebenfalls ausgeschleudert. Unter den Auslaufhahn können Sie nun ein Gefäß stellen, auf welches die Siebe aufgesetzt werden. Der Hahn wird aufgedreht, der Honig fließt. In der Zwischenzeit werden die nächsten Waben entdeckelt. Wenn Sie mehr als zwei Völker abschleudern, dann empfiehlt sich ein zweiter Siebsatz, da der erste sich irgendwann zusetzt. Der gesiebte Honig wird zwischendurch immer wieder in das Lagergefäß umgefüllt. Ob der Honig trocken genug ist, können Sie daran erkennen, dass er unter dem Strahl einen kleinen Hügel bildet. Formt sich dagegen wie bei einlaufendem Wasser ein kleiner Trichter, dann ist er zu feucht. Sind alle Waben geschleudert, dann muss sich der Honig erst einmal mindestens 2 Tage klären. Dabei steigen Wachsteilchen und Luftblasen an die Oberfläche, die anschließend als Schaum mit einem Löffel oder Schaber abgeschöpft werden können. Diesen Schaum können Sie zwar nicht lange lagern (oder gar in Gläser füllen), aber immerhin zum Sofortverzehr oder zur Metherstellung verwenden.

Gut gerührt – nicht geschüttelt. Ist der Honig geklärt, dann rühren die meisten Imker täglich einige Minuten, bis der Honig trüber wird. Dies soll verhindern, dass der Honig zu grob kristallisiert. So schön dünnflüssig und klar wie nach dem Schleudern bleibt er nämlich nicht, sondern er beginnt, fest zu werden. Das kann je nach enthaltenen Nektarsorten von einigen Tagen bis zu etlichen Monaten dauern. Wird nicht gerührt, so werden die Kristalle grober, manchmal sogar betonhart. Zum Rühren gibt es Spezialgeräte, etwa das „Auf- und-ab", das wie ein Kartoffelstampfer aussieht.

Eine Schleuder aus Edelstahl mit Handkurbel – bei wenigen Völkern geht es prima ohne Motor.

Der Honig bildet unter dem Hahn einen kleinen Hügel, also ist sein Wassergehalt bestens.

Nun wird noch ein paar Tage lang der Schaum abgeschöpft ...

... und anschließend täglich etwas gerührt, bis der Honig eintrübt.

Dieses tägliche Rühren können Sie sich sparen. Es reicht, wenn Sie damit beginnen, sobald der Honig leicht trübe wird. Erst dann bilden sich die Kristalle, die Sie zerkleinern und verteilen sollten. Jeweils einmal morgens, abends und dann noch einmal am Nächsten morgen – fertig.

Am zweiten Tag abends können Sie den Honig dann in Gläser füllen (und sollten dies auch tun, denn bald wird er zu fest zum Fließen). Eine angenehmere Methode ist es, die Gläser einfach einzufrieren. Bei Minusgraden bilden sich ebenfalls kleinere Kristalle, zudem setzt der Prozess wesentlich später ein. Oder Sie füllen (so wie wir das auch schon einmal gemacht haben) einfach gleich nach der Klärung in Gläser ab – das ergibt bei Wald- und Wiesenhonig immer noch eine gute Streichfähigkeit. Reiner Raps- oder Löwenzahnhonig hingegen ist dann nicht mehr aus dem Glas zu bekommen, aber dem können Sie abhelfen, indem sie ihn vorsichtig bis auf 40 °C erwärmen, dann wird er wieder flüssig. Und ob die gröberen Kristalle in ungerührtem Honig ein Nachteil sind, ist wie immer reine Geschmackssache.

{ **Backhonig** }

In manchen Waben kristallisiert der Honig noch vor der Ernte aus und lässt sich dann nicht mehr schleudern. Wollen Sie ihn dennoch ernten, dann bleibt nur das Einschmelzen der Waben in einem großen Topf. Dabei trennen sich Honig und Wachs, da beides flüssig wird. Lassen Sie den Topf danach einfach wieder abkühlen, bis das Wachs fest wird. Es kann als Platte abgehoben und zu Kerzen gegossen werden. Der zurückbleibende Honig wird anschließend in Gläser gefüllt. Durch die Erhitzung verliert er allerdings seine guten Eigenschaften, kann aber zumindest noch zum Backen (Name!) oder zur Metherstellung verwendet werden. Auch für das Süßen von Tee ist er noch geeignet, da das heiße Wasser ohnehin jeden Honig in Backhonig verwandelt.

Geschafft! Ab ins Glas!

Nach der Schleuderung geht es ans Aufräumen. Manche Imker stellen die Schleuder, Siebe und Eimer einfach in den Garten, manchmal kommen sogar die honigfeuchten Waben hinzu. Sie möchten, dass die Bienen alles sauber schlecken und den Resthonig zurück in die Beuten tragen. Klingt logisch, ist aber brandgefährlich. Denn für die Bienen riecht offener Honig nach einer guten Möglichkeit zu plündern. Sind alle Gefäße blitzblank sauber, dann suchen die Kundschafter nach einer weiteren Möglichkeit, an Honig zu kommen. Und diese Möglichkeit ergibt sich bei schwachen Völkern in der Nähe, beispielsweise Ihre Ableger aus dem Frühjahr. Diese werden dann manchmal gnadenlos überfallen, die Bienen getötet und die Vorratswaben geschreddert und geleert. Spülen Sie Ihre Gerätschaften im Garten lieber unter sehr viel fließendem Wasser aus, so dass die stark verdünnte Honigbrühe nicht mehr attraktiv ist. Die ausgeschleuderten Waben hängen Sie in die Zargen und setzen diese den Bienen wieder auf. Vorher wird das Absperrgitter entnommen und durch eine Folie ersetzt. Diese klappen Sie an einer kleinen Ecke um, so dass die Bienen in die Honigzarge aufsteigen können. Zweck der Übung: Durch die Folie, die eine Trennung darstellt, gehören die Honigzargen für die Bienen nicht mehr zum Stock und stellen einfach nur eine Futterquelle dar. Die Waben werden trockengeleckt, teilweise repariert, und nach 2–3 Tagen setzen Sie wieder eine Bienenflucht darunter. Dann können Sie am nächsten Tag die bienenfreien, sauberen Waben abheben und für das nächste Jahr in den Keller stellen.

Auf geht's zum Einfüttern – Zucker gegen Honig.

Einfüttern

Falls Sie klassisch imkern (und am Anfang würden wir das empfehlen, um erst einmal ins Thema einzusteigen), dann „rauben" Sie den Bienen den größten Teil des Honigs. Da dieser eigentlich als Wintervorrat gedacht war, steht das Volk nun im Spätsommer schlecht gerüstet da. Dem hilft das Einfüttern ab: Spezieller Industriezucker, der aus verschiedenen Zuckerarten gemischt ist, kann fertig angerührt in Eimern gekauft werden. Eine Sammelbestellung über den örtlichen Imkerverein verhindert hohe Frachtkosten, denn pro Volk sollten mindestens 15 l verfüttert werden. Die Bienen brauchen zwar noch viel mehr Futter, aber etliche Kilos sind auch in einem sogenannten Futterkranz oben in den Brutwaben der Brutzargen eingelagert, die Sie ja unangetastet gelassen haben. Futtersirup enthält nur rund 30 % Wasser, dadurch können ihn die Bienen ohne viel Aufwand einlagern. Zudem riecht er nicht so verführerisch und verleitet damit keine fremden Bienen zur Räuberei. Statt der Fertigware können Sie auch normalen Haushaltszucker in Wasser auflösen (im Verhältnis 3:2); dieser hält aufgelöst allerdings nur wenige Tage, bevor er verdirbt.

Zum Füttern können Sie einfach eine Leerzarge auf die Brutzargen setzen und eine Schüssel mit dem Flüssigfutter hineinsetzen. Damit die Bienen nicht ertrinken, streuen Sie Stroh in die Behälter. Viel eleganter (und einfacher beim Nachfüllen) geht es mit speziellen Futterzargen. Diese sind so konstruiert, dass die Bienen durch einen Tunnel und ein spezielles Gitter zwar ans Futter, jedoch nicht in den Futterbehälter gelangen. Dadurch können Sie den Beutendeckel zum Nachschauen und Nachfüllen abheben, ohne dass Ihnen gleich die Bienen entgegenfliegen. Zudem können die Tiere durch diese Konstruktion auch nicht ertrinken.

Das Füttern macht deutlich, dass die Honiggewinnung nur ein Austausch von Honig gegen Zuckerwasser ist. In späteren Jahren können Sie auch versuchen, im Frühjahr einen Teil des Honigs zu entnehmen und den Sommerhonig im Volk für den Winter zu belassen. Denken Sie in diesem Fall aber daran, das Absperrgitter zu entfernen, denn das Volk bleibt im Winter um die Königin, und die kommt ja dort nicht hindurch.

Der Flüssigzucker wird den Bienen in speziellen Futterzargen angeboten.

Räuberei

Im Spätsommer regiert in vielen Bienenvölkern die Angst. Wird die Gemeinschaft über den Winter kommen, hat sie genug Honigvorräte eingelagert? Diese Sorge führt dazu, dass nun jede Menge Kundschafterinnen ausgesandt werden. Diese suchen schwache Völker, die ausgeraubt werden können. Grundsätzlich müssten Sie hier nicht eingreifen, denn solch schwache Völker würden die Winter meist ohnehin nicht überstehen. Doch durch unbedachtes handeln kann man Räuberei auch provozieren. Ein typischer Fall ist die Honigernte, bei der die klebrigen Gerätschaften einfach in den Garten gelegt werden (siehe Kapitel „Die Honiggewinnung"). Ähnlich ungünstig ist es, wenn beim Einfüttern gekleckert wird. Oder Sie überfüllen die Futterzargen, so dass die süße Brühe unten aus der Beute wieder herausläuft, wie es uns im letzten Jahr passiert ist. Da halfen dann nur noch mehrere Gießkannen mit Wasser, so dass die Zuckerlösung abgespült und stark verdünnt wurde.

Ein Volk kann nur dann von fremden Bienen geplündert werden, wenn es sich nicht richtig wehren kann. Dann ist es entweder zu schwach, oder aber die Fluglöcher sind zu groß. Im Frühjahr und Frühsommer hält man diese Einflugschlitze schön weit offen, damit die schwer beladenen Sammlerinnen ungehindert landen können. Jetzt nach der Honigernte und Einfütterung aber sollten Sie diese Schlitze auf wenige Zentimeter Breite verkleinern. Dadurch haben die Wächterinnen weniger Fläche zu verteidigen und werden mit Angreifern leichter fertig. Wenn auch dies nichts nützt und das Plündern weiter geht, dann bleibt nur noch, das Volk aus dem Flugkreis zu verstellen, also einige Kilometer weiter wegzubringen und dort ein paar Wochen zu belassen. Manchmal ist es nicht so einfach, eine Räuberei von dem Einfliegen von Jungbienen zu unterscheiden (zumindest für Anfänger). Hat es länger geregnet, dann drängen die in der Zwischenzeit herangewachsenen Bienen nach draußen, um sich einzufliegen. Dann kann für kurze Zeit ein deutlich zunehmender Flugbetrieb vor der Beute herrschen – ganz wie bei der Räuberei. Ein sicheres Zeichen ist es, wenn Sie den Beutendeckel abheben. Fliegen dann zahlreiche Bienen auf und suchen das Weite, dann handelt es sich um Räuber, die diesen Notausgang nutzen. Sind es dagegen nur wenige Tiere die abheben, ist alles in Ordnung.

Krankheiten

Wie alle Tiere haben auch Bienen viele Krankheiten. Manche sind regelrechte Seuchen, wie die Amerikanische Faulbrut, bei deren Auftreten Sperrbezirke eingerichtet werden und die Völker amtlicherseits getötet werden müssen. Siechen Bienen vor sich hin und werden immer weniger, so kann das allerdings auch an Pflanzenschutzmitteln liegen. Diese Insektizide werden ganz besonders häufig im Raps- und Maisanbau eingesetzt und schädigen das Nervensystem der Tiere. Viele Bienen werden orientierungslos und finden nicht mehr nach Hause, manche Heimkehrer sterben dagegen erst auf dem Anflugbrett oder im Volk. Im Zweifelsfall fragen Sie einen befreundeten Imker oder den Seuchenschutzbeauftragten Ihres Landkreises, der dann nach dem Rechten schaut.

Heruntergefallene tote Varroamilben nach einer Säurebehandlung

Der Schrecken aller Imker – Varroa. Ein ständiger Gast, den Sie selbst bekämpfen können und müssen, ist die Varroamilbe. Sie wurde in den 1970er Jahren von Forschern eingeschleppt und saugt das Blut der Bienen und deren Larven. Das schwächt die Tiere enorm; zudem entwickeln sich befallene Larven verkümmert und verkrüppelt. Da sich die Milben in verdeckelter Brut vermehren, explodiert ihr Bestand über den Sommer zusammen mit der rasanten Entwicklung und Vermehrung des Bienenvolks (im Winter legt dieses ja eine kurze Brutpause ein). Greift man nicht ein, so wird das Volk schwächer und schwächer bis es erlischt.

Um diese Parasiten einzudämmen (los wird man sie leider nicht vollständig) gibt es verschiedene Wege. Bis zur Honigernte dürfen es keine Medikamente sein, denn die wären nachher sonst mit im Glas. Daher setzen viele Imker Drohnenrahmen ein. Das sind Rähmchen, in die keine Mittelwände eingelötet werden. Hier können die Bienen bauen, was sie wollen, und das sind Drohnenzellen. Die durch die Mittelwände vorgegebene Wabengröße passt nur für die kleineren Arbeiterinnen. So ermöglichen Sie den Bienen, ihren Geschlechtstrieb auszuleben. Nebenbei können Sie mit diesem Drohnenrahmen chemiefrei die Varroamilbe bekämpfen.

{ **Die Varroamilbe** }

Sie dringt bevorzugt in Drohnenzellen mit weit entwickelten Larven ein, um hier Eier zu legen und sich zu paaren. So können Sie nach dem Verdeckeln diese Rähmchen ziehen und einschmelzen oder einfrieren. Sorry, aber dabei kommt leider auch die gesamte Drohnenbrut darin um, immerhin einschließlich der ganzen blinden Passagiere.

Ameisensäure hilft den Bienen. Wir machen allerdings nur die Säurebehandlungen nach dem Schleudern, also Ende Juli/Anfang August. Dazu wird Ameisensäure eingesetzt, die in Spuren natürlich auch im Honig vorkommt. Vorab: Die Säure ist ätzend, also auf jeden Fall säurefeste Handschuhe anziehen und einen Eimer Wasser zum Spülen für Notfälle bereithalten.

Los geht es dann abends, wenn es nicht mehr ganz so warm ist: Der Deckel wird abgenommen, und dann wird je Zarge des Brutraums ein Schwammtuch auf die Rähmchen der obersten Zarge versetzt gelegt (also maximal 2 Stück) die zuvor jeweils mit 22 ml (2 ml pro Rähmchen) kühlschrankkalter Ameisensäure beträufelt wurden. Der Deckel wird wieder aufgelegt, und dann wird unten in die Beute eine „Windel" eingeschoben. Das ist ein Kunststoffbrett, auf das die toten Milben niederrieseln, so dass Sie einen Überblick über die Befallstärke erhalten.

Diese Behandlung wird 2–3 mal jeweils im Abstand von einer Woche wiederholt, bis kaum noch Milben fallen. Der Nachteil der Methode ist, dass dabei auch die Bienen geschädigt werden. Sie sehen es daran, dass ein Teil nach Freisetzen der Dämpfe aus der Beute kommt und der Säure zu entfliehen versucht. Quellen sie regelrecht heraus und verstopfen den ganzen Eingang, dann sollten Sie die Tücher sofort wieder entnehmen, weil dann etwas schiefgelaufen ist.

Nächste Attacke – Oxalsäure. Leider müssen Sie im Dezember noch einmal ran, denn erst dann machen die Bienen eine Brutpause. Um den 21. herum ist kein Nachwuchs da, und jetzt können Sie die restlichen Milben erwischen, welche auf den Bienen das kommende Jahr erwarten. Diesmal ist es Oxalsäure, welche Sie mit Zuckerlösung in die Wabengassen träufeln. Die Außentemperatur sollte über 3 °C liegen und wie bei der Ameisensäure ist Schutzkleidung zu tragen.

Die Lösung wird wie folgt hergestellt: 17,5 g Oxalsäuredihydrat (gibt's in der Apotheke) werden in je 300 g Wasser und Zucker aufgelöst. Diese

Die Schwammtücher bleiben einen Tag in der Beute und werden danach wieder entnommen.

Lösung ziehen Sie auf Spritzen und träufeln sie dann zwischen die Rähmchen auf die Bienen. Diese Behandlung darf nur einmal gemacht werden. Dann sollte das Volk weitgehend milbenfrei ins nächste Frühjahr starten.

Sowohl bei der Ameisensäurebehandlung als auch bei der mit Oxalsäure sterben jedes Mal auch Bienen, und das tut uns leid. Oft denken wir, ob wir es nicht doch einfach lassen, wenn man sieht, wie sich die Bienen quälen. Leider ist die Alternative, der Tod des gesamten Volks, noch schmerzhafter, und daher bleiben wir schweren Herzens dabei.

Es gibt auch noch andere Verfahren, die jedoch häufig Insektizide enthalten. Gegen diese entwickeln sich immer mehr Resistenzen, zudem möchten wir keine Chemierückstände in Wachs und Honig haben.

Wohin mit der ganzen Pracht?

Honig nur für den Eigenbedarf zu produzieren – das geht praktisch nicht. Durch die Varroamilben und den Pestizideinsatz in der Landwirtschaft sterben in vielen Wintern durchschnittlich 50 % der Völker. Sicherheitshalber sollten Sie daher für das Frühjahr auf zwei Wirtschaftsvölker setzen, damit Sie sicher Honig ernten können. Im Herbst sollten durch Ablegerbildung oder das Einfangen von Schwärmen vier Völker eingewintert werden, damit trotz Winterverlusten besagte zwei Völker an den Start gehen können.

Pro Volk kann bei geringer Bewirtschaftungsintensität mit 20 kg Honig gerechnet werden, also 40 Gläsern à 500 g. Bei zwei Völkern sind dies schon 80 Gläser, und wenn Sie Glück haben und drei oder sogar alle Völker den Winter überleben, dann ist es definitiv zu viel Honig für den Eigenbedarf.

Eine sichere Selbstversorgung und eine entsprechende Anzahl an Völkern heißt daher, dass Sie den Überschuss in irgendeiner Form sinnvoll loswerden müssen. Ein Ausweg ist die Metherstellung (siehe Kapitel „Alkohol"), eine andere das muntere Verschenken an Familie und Freunde. Meist reicht das auch noch nicht aus, und so kommt der Verkauf ins Spiel. Davor haben wir uns immer gescheut. Ein Schild an der Einfahrt, welches Kunden zu uns lenkt, würde bedeuten, dass für jedes Glas einmal unsere Wochenendruhe gestört wird. Das finden wir nervig, und daher haben wir uns entschlossen, auf die schwedische Methode zurückzugreifen.

Die schwedische Methode. In Skandinavien ist die Kriminalität sehr gering, und daher wird vor allem im ländlichen Raum viel verkauft, indem die Ware nebst einer Geldbüchse unbeaufsichtigt an die Straße gestellt wird. Der Käufer nimmt sich das Gewünschte und zahlt passend ein, ohne dass etwas gestohlen wird. So machen wir es seit einem Jahr auch, und es klappt überraschend gut. Viele Spaziergänger und Wanderer werden dadurch anscheinend an die gute alte Zeit erinnert und greifen umso lieber zu.

Dazu haben wir einen kleinen Stand mit Dach gebastelt, in dem ein Glas Honig auf Kunden wartet. Dahinter ist ein Infoblatt, welches das Prozedere, aber auch die gute Qualität des Honigs erklärt. Die Käufer können gleich dahinter die Bienenstöcke sehen und damit die kurzen Produktionswege.

Verkauf mit Selbstbedienung ist selten und erregt Aufmerksamkeit.

Grundregeln vom Imkerbund. Zum Verkauf gibt es einige Regeln zu beachten. So muss der Honig mit den Erzeugerdaten und auch einem Haltbarkeitsdatum versehen sein. Grundsätzlich hält sich Honig über viele Jahre. Allerdings verändert er sich dabei stets ein wenig, weil er ein lebendiges Lebensmittel ist, in dem z. B. Enzyme arbeiten. Daher darf die Mindesthaltbarkeit maximal zwei Jahre ab Abfüllung (nicht Schleuderung) betragen. Das dürfte aber normalerweise auch kein Problem sein, weil er bis dahin ohnehin gegessen ist. Sollten Sie einmal älteren Honig haben, den Sie aufgrund der kurzen Resthaltbarkeit nicht mehr verkaufen möchten, dann ist diese Partie ideal für die Metherstellung.

Die Füllmenge im Glas muss den Angaben entsprechen. Bei den üblichen 500 g-Gläsern sollten wirklich mindestens 500 g enthalten sein, füllen Sie lieber ein paar Gramm mehr ein und kontrollieren Sie mittels einer Waage. Manche Kunden mögen lieber kleinere Gebinde, so dass Sie auch mit 250 g-Gläsern experimentieren können.

An Gläsern können Sie verwenden, was Sie wollen. Dazu gibt es viele Anbieter, die von eckig bis rund oder hoch bis flach allerlei Variationen anbieten. Der Klassiker schlechthin ist das Glas des Deutschen Imkerbundes (DIB). Es hat einen Deckel mit dem Verbandslogo, welches sich auch am Glas wiederfindet. Viele Kunden kennen und schätzen es, da es schon seit vielen Jahrzehnten im Umlauf ist. Für die Verwendung gelten strenge Vorschriften. Der Honig muss Qualitätskriterien entsprechen, die höher als die gesetzlichen Anforderungen liegen. So darf der Wassergehalt nicht mehr als 18 % betragen (gesetzlich bis 20 %), HMF (Hydroxymethylfurfural), welches sich mit zunehmender Lagerdauer bildet, darf zu maximal 15 mg/kg (gesetzlich 40 mg/kg) enthalten sein. Das Glas muss mit dem zugehörigen Deckel, der Deckeleinlage und dem Verbandsetikett ausgestattet werden. Ist all dies erfüllt, dann dürfen Sie mit dieser bekannten Verpackung verkaufen.

Und wie sollen Sie die geforderten Grenzwerte einhalten und überprüfen? Das geht relativ einfach. Zunächst sollten Sie einen Honiglehrgang besuchen, bei dem Sie ein Zertifikat erhalten. Das ist Ihre Berechtigung, Honig in der geschilderten Form zu verkaufen. Bei diesem Lehrgang erhalten Sie das nötige Wissen, den Honig so zu ernten und zu behandeln, dass er automatisch den Anforderungen entspricht. Prinzipiell ist es das, was Sie in diesem Kapitel erfahren haben.

Wenn Sie sauber arbeiten, nur reifen Honig ernten und ihn frisch vermarkten, dann kann nichts schief gehen.

Sicherheitshalber können Sie ab und an ein paar Gläser zur Untersuchung einschicken. Diese wird preisgünstig im Rahmen der jährlichen Prämierung durch die Verbände angeboten. Dabei erfahren Sie auch, wie gut Ihr Honig ist und wo es Verbesserungspotenzial gibt.

Kein Schwein gehabt

Die Auswahl von Tieren, die Sie bisher kennengelernt haben, eignet sich für Selbstversorger besonders gut. Auf die Arten, die wir nicht berücksichtigt haben, wollen wir kurz eingehen und die Gründe darlegen, warum wir uns gegen eine Haltung entschieden haben.

Da wären zuerst die Klassiker der Fleischversorgung, die Schweine. Sie wachsen schnell, lassen sich aufgrund des Anteils von Fleisch zu Innereien und Knochen besonders gut verwerten und können zumindest teilweise unsere Essensreste verwerten. Klingt gut, ist gut, doch die Nachteile lassen nicht auf sich warten. Da wäre als Erstes die Fläche. Artgerechte Haltung bedeutet, dass die Tiere Platz zum Wühlen und Suhlen bekommen. In kürzester Zeit verwandelt sich dieser Teil Ihres Gartens in ein stinkendes Schlachtfeld. Der Gestank ist deshalb so unerträglich, weil Schweine Allesfresser sind und ihr Kot ähnlich dem unseren riecht. Abmildern könnte man diesen Zustand durch die Einzäunung einer sehr großen Fläche, die zwar ebenfalls umgewühlt wird, wo sich der Kot aber entsprechend verteilt. Doch da haben wir schon Problem Nummer 2: den Zaun. Schweine sind wahre Ausbrecher, und um sie daran zu hindern, sollten Baustahlmatten 30 cm tief eingegraben und oberirdisch an stabilen Pfosten befestigt werden. Solch ein aufwändiger (und hässlicher) Zaun müsste dann um eine große Fläche gezogen werden. Das ist teuer und kostet nebenbei viel Zeit. Schweine sind intelligente, liebenswerte Tiere, und eine Haltung ist sicher spannend. Doch wenn das Fleisch auch mit weniger problematischen Arten erzeugt werden kann, dann wählen zumindest wir lieber die Variante „Ziege" oder „Kaninchen".

Schweine sind eine Belastung für Grundstück und Geruchsnerven.

Rinder sind etwas für eine Großfamilie ...

250 kg Fleisch auf einen Schlag. Rinder sind da schon wesentlich unproblematischer. Um sie einzuzäunen, genügt ein einfacher Draht an Holzpfosten, der an ein Weidezaungerät angeschlossen ist. Robuste Rassen können ganzjährig im Freien gehalten werden, und das Fleisch lässt sich bestens verwerten. Problematisch ist hier die Menge: Brauchen Sie 250 kg auf einen Schlag? Und haben Sie entsprechende Gefriermöglichkeiten?

Hinzu kommt, dass man Rinder kaum noch selbst schlachten kann, weil aufgrund der Größe spezielle Maschinen und Geräte erforderlich sind. Zudem sind Rinder Herdentiere, sollten also nicht allein gehalten werden, so dass für diese Form der Fleischerzeugung mindestens 2–3 Hektar Weideland zur Verfügung stehen müssen.

Ein entsprechend großer täglicher Heubedarf im Winter erfordert den Einsatz eines Traktors.

Gänse z. B. kommen mit einem Bruchteil davon aus und ergeben einen leckeren Braten. Wir haben trotzdem von deren Haltung Abstand genommen, weil die Tiere sehr viel Krach machen. Und da Kaninchenfleisch geschmacklich dem von Geflügel sehr nahe kommt, sie zudem sehr leise sind und noch weniger Fläche brauchen, verzichten wir leichten Herzens auf dieses Großgeflügel.

Der Verzicht auf die vorgenannten Arten ist aber nur unsere persönliche Strategie. Selbstversorgung hat auch immer etwas mit Freude und Hobby zu tun, und wenn Ihr Herz für Schwein, Rind oder Gans schlägt – warum nicht?

Home, sweet Home

Als wir mit der Selbstversorgung anfingen, bastelten wir die wildesten Stallkonstruktionen. Allen war gemein, dass sie zwar billig, aber nicht besonders haltbar waren. Dächer aus Wellpappe, Wände aus Schwartenbrettern, das Ganze ohne Fundament – kein Wunder, dass sie bei Sturm und Schnee ramponiert wurden.

Raubtierdicht sind solche Konstruktionen natürlich auch nicht. Als ich eines Morgens aus dem Fenster schaute, sagte ich zu meiner Frau: „Ich glaube, es hat geschneit!" Erst beim zweiten Hinsehen bemerkte ich, dass der „Schnee" in Wahrheit aus Federn bestand, die nachts der Fuchs bei seiner Mahlzeit in Form von fünf weißen Hühnern über die ganze Wiese verstreut hatte.

Also dann lieber gleich so bauen, dass es für Jahrzehnte hält! Zuerst stellt sich die Frage, welche Tiere überhaupt untergebracht werden sollen. Die notwendige Fläche können Sie unter der jeweiligen Art nachschlagen. Zusätzlich ist Platz zum Wirtschaften einzukalkulieren, wenn Sie wettergeschützt füttern und ausmisten möchten.

Es lohnt sich, einen Bauplan zu skizzieren, um den Materialbedarf zu ermitteln, dann haben Sie auch gleich eine Bauanleitung.

Als Material empfehlen wir Holz. Es isoliert gut, ist einfach zu bearbeiten, später einmal problemlos zu entsorgen und passt einfach am besten in ein ländliches Idyll. Anhand Ihrer Zeichnung können Sie eine Materialliste erstellen, aufgrund derer das nächste Sägewerk exakt die von Ihnen bestellten Bretter und Balken fertigt. Dadurch haben Sie kaum Verschnitt, was die Kosten senkt. Bei uns ist es der örtliche Raiffeisenmarkt, bei dem man die Listen in Auftrag geben kann, ansonsten kümmert sich sicher gerne auch ein Baustoffhändler darum.

Als preiswertes, haltbares Dach eignen sich Trapezbleche aus Stahl oder Kunststoff. Letztere sind bei Regen erheblich leiser, zudem gibt es sie auch als lichtdurchlässige Variante. Einige Bahnen davon nebeneinander bringen Sonne ins Innere, was es für Mensch und Tier viel angenehmer macht. Diese Bleche können Sie ebenfalls in passenden Längen bestellen, denn das Zuschneiden Zuhause ist schwierig und erzeugt bei verzinkten Stahlblechen ein Einfalltor für Rost. Natürlich fehlt jetzt noch ein ganzer Sack an Kleinteilen, wie Beschlägen, Schrauben, Nägel etc.

Beispiel Holzliste für einen 6 × 4 m großen Stall

- ✓ Bohlen, 15 × 5 × 400: 60 Stück
- ✓ Kanthölzer, 12 × 12 × 700: 3 Stück
- ✓ Kanthölzer, 12 × 12 × 600: 5 Stück
- ✓ Kanthölzer, 12 × 12 × 500: 3 Stück
- ✓ Kanthölzer, 6 × 10 × 200: 50 Stück
- ✓ Kanthölzer, 6 × 12 × 400: 4 Stück
- ✓ Kanthölzer, 6 × 10 × 300: 30 Stück
- ✓ Schalbretter, 4 Meter lang: 100 m²
- ✓ Dachlatten: 300 lfm

{ Bauvorschriften }

Das Bauen im Außenbereich ist im Baugesetzbuch geregelt. Abgesehen von den komplizierten Vorschriften bleibt eine wichtige Erkenntnis: Im Außenbereich (also außerhalb von Wohngebieten) bekommen Sie als Hobbylandwirt praktisch keine Genehmigung zum Stallbau. Lediglich „fliegende Bauten", also Weidezelte oder fahrbare Unterstände, sind in den meisten Bundesländern zulässig, weil sie nur während der Weidesaison benötigt werden. Für den Sommer sind solche Lösungen aber auch völlig ausreichend.

Kniffliger wird es in Wohngebieten. Hier erlauben verschiedene Bundesländer Gebäude bis 30 m³ Inhalt ohne Bauantrag – doch größere werden nach Beantragung oft abgelehnt. Falls Sie grundsätzlich regelmäßig eigene Produkte zum Verkauf anbieten möchten, können Sie natürlich auch einen landwirtschaftlichen Betrieb anmelden – dann geht es einfacher. Stehen Sie vor dem Kauf einer Immobilie, dann ist der Erwerb eines alten Hofs mit Stallgebäuden die beste Lösung, denn diese haben Bestandsschutz.

Durchsichtige Trapezbleche bringen Sonnenlicht in den Stall.

Vom Fundament zum Dach. Ist alles geklärt, kann es an den Bau gehen. Und der fängt mit dem Fundament an. Da nichts ewig währt, halte ich nichts von gegossenen Bodenplatten, denn diese sind später nur mit großem Aufwand wieder zu entfernen. Stattdessen bieten sich H-Träger an, die in 40 cm breiten und 60 cm tiefen Löchern einbetoniert werden. Alle zwei Meter müssen solche Befestigungen installiert werden, auf die später die Pfeiler gesetzt werden. In unserem Beispielstall von 4 × 6 m sind dies 12 Stück. Sie müssen mit Hilfe von Latten und einer Wasserwaage absolut waagerecht ausgerichtet werden. Ist der Beton nach einigen Tagen abgebunden, so werden die 12 × 12 cm dicken Kanthölzer in das Metall-H gesetzt. Sie tragen später die gesamte Konstruktion als Pfeiler. An der Wand entlang beträgt die Höhe über Stallbodenniveau 2 m, in der Mitte 4 m: Hier

Erst werden die tragenden Teile und das Dach montiert, bevor es an die Wände geht.

wird später oben drauf der Firstbalken befestigt, und damit haben wir auch die endgültige Dachhöhe. Auch die seitlichen Pfeilerreihen erhalten als Abschluss einen Längsbalken. First- und Längsbalken sollen vorne und hinten 50 cm überstehen, denn sie tragen später das Dach, welches ebenfalls einen Überstand aufweisen soll, damit die Wände vor Regen geschützt sind. An diese Pfeiler werden 6 × 12 cm große Balken genagelt, darüber dann alle 50 cm quer eine weitere Lage 6 × 10 cm große Balken. Auf ihnen werden dann 5 cm dicke Bohlen verlegt, und solch ein Boden kann sich auch bei großer Belastung nicht mehr durchbiegen. Nun ist das Dach an der Reihe. Dazu werden 6 × 10 cm dicke und 3 m lange Kanthölzer im Abstand von 50 cm quer vom Firstbalken auf die unteren Längsbalken aufgenagelt. Danach werden parallel zum Firstbalken Dachlatten befestigt, die einen Abstand von 50 cm aufweisen. Auf ihnen werden abschließend die Dachbleche aufgeschraubt. Achten Sie bei den Blechen auf die Hauptwindrichtung. Beginnen Sie mit der Dacheindeckung entgegen dieser Richtung, weil dann die Überdeckung der Bleche immer an der windabgewandten Seite ist und so kein Regenwasser eindringen kann.

Ist das Dach fertig, dann geht es an die Wände. Außen an die Pfeiler werden in 80 cm und 180 cm Höhe 6 × 10 cm dicke Kanthölzer angenagelt, die als Unterlage für die Außenwände dienen. Auf diese Hölzer werden die zugeschnittenen Bretter genagelt, und zwar so, dass die Wände außen auf dem Niveau der unteren Balkenlagen abschließen, diese also optisch verdecken. Denken Sie an die beiden Türöffnungen: eine als Auslauf für die Tiere, die andere als Eingang für Sie.

Und zum Schluss kommt die Farbe. Sie ist nicht unbedingt notwendig, denn trocken verbautes Holz kann auch ohne Konservierung jahrhundertelang halten. Es vergraut lediglich durch die UV-Strahlung.

Wenn Sie dennoch sicherheitshalber einen Holzschutz auftragen möchten und den Stall optisch aufwerten möchten, dann bleibt noch Folgendes zu bedenken: Farbe besteht meist aus Kunststoff, der in flüssiger Form mithilfe eines Lösungsmittels aufgetragen wird.

Diese dünne Kunststoffschicht blättert irgendwann ab, und zwar in Ihren Garten. Alle Welt redet von einer Verschmutzung der Umwelt mit Plastik und Co., doch dass diese vor der eigenen Haus- bzw. Stalltür beginnt, bedenkt man oft nicht. Daher empfehlen wir Farben auf Basis natürlicher Stoffe.

Jede Farbe landet irgendwann im Boden. Daher bevorzugen wir Naturfarben auf Leinölbasis.

Wir sind Schwedenfans, und daher bietet sich die traditionelle „Falu Rödfärg" an. Das ist eine Mischung auf Leinölbasis mit Eisenoxid und in Skandinavien schon seit über 400 Jahren in Gebrauch.

Die in Deutschland erhältlichen Gebinde enthalten nicht wie früher Spuren von Blei und sind deshalb beim Abblättern nicht giftig, im Gegenteil. Der Untergrund muss rau und unbehandelt sein, idealerweise also ungehobeltes Holz. Genau dieses ist auch das preisgünstigste. Sie können mit der umweltfreundlichen Variante also sogar noch Geld sparen. Und natürlich gibt es den Anstrich mittlerweile auch in anderen Farben.

Für gehobeltes oder zuvor schon gestrichenes Holz gibt es abgewandelte Produkte, die aber ebenfalls auf Leinölbasis hergestellt werden.

Etwas Dekoration darf auch nicht fehlen.

Hiergeblieben!

So gut unser Verhältnis zu den Tieren sein mag und so gern sie uns haben, würden doch die meisten das Weite suchen, wenn wir sie nicht daran hinderten. Denn auf den Nachbarwiesen lockt oft leckeres Futter.

Dafür gibt es verschiedene Arten von Zäunen. Der romantischste ist nur aus Holz gebaut und passt sich am besten in die Natur ein, sofern er nicht gestrichen wird. Allerdings ist dies auch die teuerste Variante, und ich muss es gleich dazusagen: Sie taugt nicht viel. Denn Ziegen und Schafen hält sie höchstens am Anfang stand, doch sobald sich die Tiere spielerisch dagegenstemmen, lockert sich die ganze Konstruktion und gibt schließlich nach.

Die zweite Variante besteht aus Holzpfählen und Drahtgeflecht, die Dritte aus einem Elektronetz. Beide sind geeignet, und daher wollen wir uns den Bau näher ansehen. Für einen Drahtzaun müssen zunächst Pfähle besorgt werden. Wichtig ist, dass diese lange halten, denn das verzinkte Drahtgeflecht übersteht problemlos 20 Jahre und mehr. Da wäre es doppelte Arbeit, wenn nach 10 oder gar schon 5 Jahren alle Pfähle erneuert werden müssten.

An diesem maroden Pfahl ist die Übergangszone gut zu erkennen.

Wenn Sie mit Holz heizen, können Sie Ihre Pfähle günstig selber herstellen.

Auch Pfähle haben Problemzonen. Der Problembereich eines Pfahls ist die Übergangszone Luft / Erdreich. Dort ist es schön feucht und sauerstoffreich – ideal für Pilze. Daher muss genau hier etwas gegen Fäule getan werden. Im Handel werden meist teerölimprägnierte Fichtenpfähle angeboten, deren unteres Viertel behandelt wurde. Haltbar sind sie, aber an heißen Sommertagen schwitzt die schwarze Brühe aus und sickert ins Erdreich. Das kann nicht gut für die Umwelt sein, denn davon abgesehen landen diese Schadstoffe irgendwann auf Ihrem Teller. Weniger kritisch sind bohrsalzimprägnierte Pfähle, die meist komplett in die grüne Brühe getaucht wurden. Leider wird das Salz im Laufe der Jahre ausgeschwemmt, und selbst wenn es weniger umweltschädlich ist, so fault anschließend der Pfahl schneller. Aber es geht auch ohne.

Die gute alte Eiche. Am besten geeignet ist die gute alte Eiche. Aus dünneren Stämmen lassen sich recht einfach gute Pfähle spalten, die 15 und mehr Jahre bei Wind und Wetter aushalten – ganz ohne Imprägnierung. Benötigen Sie eine größere Anzahl an Pfählen, heizen Sie gar mit Brennholz, dann lohnt sich der Kauf einer ganzen LKW-Ladung solcher Stämme. Die Krummen kommen in den Ofen, und die Geraden werden gespalten.

Dazu sägt man sie mit der Motorsäge auf die passende Länge, also Zaunhöhe plus 50 cm. Bei Schafen genügt eine Gesamtlänge von 160 cm, bei Ziegen 180 cm. Anschließend wird der Stammabschnitt mittels Spalthammer und Keilen geviertelt, diese Viertel dann mit der Motorsäge angespitzt: Fertig ist der Pfahl! Ist Ihnen das zu aufwändig, dann schauen Sie doch mal in der Lokalzeitung oder im Internet nach. Hier werden Eichenpfähle für 5 € das Stück fix und fertig angeboten. Da Sie für einen Hektar Weideland mit mindestens 140 Pfählen rechnen müssen, lohnt sich das Selbermachen auf jeden Fall, sofern Sie eine Motorsäge besitzen und die krummen Stämme als Brennholz verwerten können.

Die Pfähle werden im Abstand von drei Metern auf einer schnurgeraden Linie eingeschlagen. An Ecken werden sie in Zaunlinie links und rechts abgestrebt. Vergessen Sie nicht, Durchfahrtstore einzuplanen, durch die auch ein Traktor passt. Steht alles, dann kann das Knotengeflecht mit Drahtschlaufen angenagelt werden. Wichtig ist, dass der Draht straff gespannt wird, damit er später nicht durchhängt. Ist das passende Stück abgewickelt und an einem Zaunende befestigt, so kann man durch die Drahtrolle einen Holzpfahl schieben. Dieser wird mit einem Seil an der Anhängerkupplung befestigt und mit Traktor oder Pkw vorsichtig angezogen, bis die Zaunbahn stramm gespannt ist. Nun wird diese angenagelt – fertig.

Ein Elektronetz ist preiswert und flexibel.

Die Alternative – Elektrozaun. Ein Nachteil eines festen Zauns ist die Genehmigung, die in vielen Fällen zur Aufstellung eingeholt werden muss. Ist diese nicht zu haben oder möchten Sie den Papierkram umgehen, so bietet sich ein Elektrozaun an – und nicht nur deshalb. Denn dieser ist zwar in der Anschaffung ein wenig teurer, in der Handhabung dagegen unschlagbar. Für eine gute Weideführung müssen die Tiere grundsätzlich spätestens nach drei bis vier Wochen auf ein neues Teilstück umgesetzt werden, und hier kann der Zaun einfach mitwandern.

Das Elektronetz wird meist in Längen von 50 m angeboten und ist mit flexiblen Pfählen ausgestattet. Gute Qualitäten haben eine Doppelspitze, und diese sollten Sie wählen, weil sich dann die Pfähle einfach mit dem Fuß in den Boden eintreten lassen. Früher hatten unsere Netze Höhen von 90–105 cm, doch seitdem besonders sprungfreudige Lämmer diese Höhe mehrfach überwunden haben, sind wir auf 120 cm umgestiegen. Beim Kauf lohnt sich Markenqualität, weil die in die Kunststoffschnüre eingewobenen Metallfäden dann zahlreicher, dicker und damit leitfähiger sind.

Bei sehr hohem Gras muss die Zaunlinie ausgemäht werden. Wenn der Bewuchs den Zaun berührt, verliert er seinen Strom unterwegs.

Stromverlust! Ein Elektrozaun ist nur dann wirkungsvoll, wenn er seinen Strom nicht unterwegs verliert. Das passiert (gute Qualität vorausgesetzt) hauptsächlich durch Bewuchs, der die Metallfäden berührt. Daher ist es wichtig, dass die geplante Zaunlinie vor dem Setzen des Netzes gründlich und tief ausgemäht wird. Die tiefste Schnur des Zauns leitet zwar nicht, aber die nächsthöhere kommt schon in 5–10 cm Abstand. Berührt das Gras diesen Teil und regnet es auch noch, dann fließt der Strom hier ab und die Spannung am Zaun sinkt stark ab. Zudem leert sich die Batterie des Weidezaungeräts innerhalb weniger Tage.

Apropos Weidezaungerät: Es ist das Herzstück der gesamten Anlage. Hier werden Spannungsimpulse produziert, die im Sekundentakt durch den Zaun jagen. Solange niemand den Zaun berührt, kann der Strom jedoch nicht fließen, denn ihm fehlt gewissermaßen die Rückleitung.

Erst bei Körperkontakt kann er darüber in den Boden und dann zurück zum Weidezaungerät gelangen. Dieses Durchfließen erzeugt den Schmerz. Schmerz? Ist das tierschutzkonform? Ja, so ein Schlag tut schon richtig weh, und wir haben das aus Unachtsamkeit schon öfter selbst erlebt. Die Folge? Wir waren in den nächsten Wochen ganz besonders vorsichtig, haben uns mehrmals vergewissert, vor dem Hantieren am Zaun auch wirklich den Strom abgeschaltet zu haben.

Genau so lernen die Tiere. Sie berühren anfangs einige Male den Zaun und werden dann ebenfalls sehr vorsichtig. Der Elektrozaun wirkt auf Dauer durch Abschreckung, nicht durch ständige Stromschläge. Eine Verletzungsgefahr besteht im Gegensatz zu Draht- oder gar Stacheldrahtzäunen nicht und ganz nebenbei verhindert er auch das Eindringen von Hunden. Oder Wölfen. In immer mehr Gebieten wandern die grauen Gesellen wieder ein, und wir würden uns freuen, diese scheuen Tiere auch in der Eifel zu haben.

Ein guter Schutz von Weidetieren besteht in einem Elektronetz von mindestens 90 cm Höhe (laut Kontaktbüro „Wolfsregion Lausitz"), also brauchen wir auch zukünftig nichts zu ändern.

Lieber ein wenig mehr für ein gutes Weidezaungerät ausgeben als später ausgebrochene Tiere zu suchen …

Am Weidezaungerät nicht sparen. Aber zurück zum Weidezaungerät. Auch hier lohnt es sich nicht, zu sparen, denn es ist wichtig, überall am Zaun die Hütesicherheit zu gewährleisten. Dazu muss die Spannung bei Ziegen mindestens 2.000 Volt, bei Schafen wegen der isolierenden Wolle mindestens 4.000 Volt betragen. Diese Spannung können Sie mit speziellen Geräten messen. Überprüfen Sie den Zaun auch mal bei Regen, denn dann ist die Spannung meist besonders niedrig. Diese wird neben einer regelmäßig ausgemähten Zauntrasse ebenso von der Gesamtlänge des Zauns und der Erdung des Weidezaungeräts beeinflusst. Diese Erdung sollten Sie gemäß Vorschrift durchführen, was häufig auf zwei in 1–3 m Abstand eingeschlagenen Metallpfählen und einem Verbindungsdraht zum Weidezaungerät hinausläuft. Sind die Werte bei Trockenheit sehr schlecht, so kann ein Wässern der Erdungspfähle helfen.

Neben der Spannung spielt die Impulsenergie (in Joule) eine wichtige Rolle. Sie ist für das Schmerzgefühl entscheidend und darf nicht über 5 Joule liegen. Unser Gerät hat 1,5 J und reicht für unsere Ziegen (und uns!) völlig aus.

Blei-Gel-Akkus sind die beste Lösung.
Elektrozäune brauchen Strom. Ist Ihre Weide unmittelbar am Haus, so sind Sie fein raus: Sie können ein Netzgerät nehmen. Diese sind billiger in der Anschaffung und im Betrieb, weil teure Batterien oder Akkus gespart werden. In den meisten Fällen, so auch bei uns, liegen aber Hunderte Meter zwischen der nächsten Steckdose und der Weide. Da bleibt nur der Akku, und hier gibt es verschiedene Möglichkeiten. Auf Dauer teuer sind Trockenbatterien, die nach Gebrauch weggeworfen werden. Besser sind Autobatterien, die etwa alle zwei Wochen neu aufgeladen werden. Durch die ständigen Ladezyklen sind sie aber spätestens nach zwei Jahren kaputt, und daher lohnt die zunächst teuerste Variante: ein Blei-Gel-Akku. Er verträgt das ständige Auf- und Entladen, ohne Schaden zu nehmen. Dadurch hält er viele Jahre, und in Kombination mit einer kleinen Solaranlage (siehe Kapitel „Energie") haben Sie eine sichere und komfortable Lösung.

4.000 Volt – alles in Ordnung!

{ **Spannung messen** }

Das Kabel wird mit dem blanken Metallende in den Boden gesteckt und der Spannungsmesser mit der Metalllasche an eine stromführende Litze gehalten. Achten Sie darauf, auf einem Metalldraht aufzusetzen (die Litze besteht ja überwiegend aus Kunststofffäden). Nun können Sie an den aufleuchtenden Lämpchen die Spannung ablesen (teure Geräte, die ansonsten nicht unbedingt besser sind, zeigen dies digital an).

Eine gut gepflegte, artenreiche Weide erfreut Mensch und Natur.

Saft und Kraft

Weiden sind ein Stück Natur. Und Natur ist nichts Statisches, sondern verändert sich laufend, es sei denn, wir greifen ein. Ohne unser zutun würde aus den Grasflächen wieder die ursprüngliche Vegetation, nämlich Wald. Dies wird durch Beweidung verhindert, wenn sie planmäßig erfolgt.

Einen wichtigen Aspekt sollten Sie vorab nicht vergessen: Da Sie täglich kontrollieren, tränken und füttern müssen, sollte die Weide so nah wie möglich am Haus sein, damit sich Ihr Zeitaufwand nicht unnötig erhöht. Doch bevor Sie kaufen oder pachten, sollten Sie zunächst ermitteln, wie viel Fläche Sie pro Tier brauchen. Schafe und Ziegen benötigen je Tier mindestens 1.000 m², erheblich mehr kann jedoch nie schaden, damit sich Teilflächen länger erholen können.

Planen Sie auch aus einem anderen Grund lieber zu viel Fläche als zu wenig ein: Wenn das Wetter nicht mitspielt, wächst das Gras manchmal nicht. So kann ein extrem kaltes Frühjahr zu einem um Wochen verzögerten Wachstumsstart des Grases führen oder ein heißer, trockener Sommer lässt es kümmern. Wählen Sie die Fläche zu klein, so stellt sich rasch ein Überweidungseffekt ein, weil Ihre Tiere zu lange auf derselben Parzelle fressen. Während Ziegen und Schafe nur schmackhafte

Pferde grasen mit einigen Wochen Abstand hinter den Ziegen und „putzen" damit die Weide.

Gräser und Kräuter auswählen, können sich unbeliebte oder giftige Arten immer weiter ausbreiten. Dadurch schrumpft die für die Tiere nutzbare Fläche weiter, was den Effekt noch verstärkt. Irgendwann bleibt eine degenerierte Wiese übrig, die zur Beweidung nicht mehr taugt. Um dem vorzubeugen, gibt es verschiedene Strategien. Allen ist gemein, dass die Weide ausreichend groß ist.

Das hält der beste Wurm nicht aus.

Variante 1: Sie lassen die Fläche abwechselnd von Schafen oder Ziegen und etliche Wochen später dann wieder von Pferden beweiden. Der Vorteil: Was die Pferde nicht mögen, wird von den kleineren Wiederkäuern gefressen und umgekehrt. Dadurch können sich keine Kräuter und Gräser ausbreiten, die niemand mag. Zudem geht die Infektion mit Parasiten, etwa Würmern, deutlich zurück, da deren Eier und Larven abwechselnd von Wiederkäuern und Nichtwiederkäuern aufgenommen werden – das hält der beste Wurm nicht aus.

Variante 2: Sie lassen auf einem Teilbereich grasen und machen auf dem anderen Heu. Die Heuernte hat den Vorteil, dass bei der Mahd alle Gräser und Kräuter gekürzt werden, anschließend also alle die gleichen Startbedingungen haben. Das beugt einer einseitigen Bevorzugung unbeliebter Pflanzen vor und hält ebenfalls die Parasitendichte gering: Diese müssen nun ein Jahr aushalten, bevor wieder Ziegen und Schafe die Fläche betreten, und das ist ihnen zu lang.

Variante 3: Falls Sie keine Pferde und keine doppelte Flächengröße besitzen, bleibt noch das Ausmähen der abgegrasten Fläche. Sind Ziegen und

Weniger Dünger = mehr Kräuter = mehr Schmetterlinge!

Schafe auf der Wiese eine Abteilung weitergerückt, kann die letzte Teilfläche ausgemäht werden. Damit simulieren Sie, dass die Tiere alle Pflanzen gefressen hätten. Wichtig ist hierbei, dass die Weide nun wieder mindestens 2 Monate ungestört wachsen kann, bevor erneut darauf gegrast wird. Und das Thema „Würmer" bekommen Sie in diesem Fall nur über Entwurmungsmittel in den Griff.

Düngung überflüssig. Und wie sieht es mit der Düngung aus? Grundsätzlich ist diese überflüssig; die meisten Weideböden enthalten ohnehin zu viel Nährstoffe. Speziell der Stickstoff ist meist überreichlich vorhanden, denn er wird über die Stationen Gülleausbringung – Ausgasung von Ammoniakverbindungen in die Luft – Auswaschung durch Regen ungefragt auf Ihrer Parzelle abgeladen. Zudem ist häufig durch vorherige Nutzer eine Überdüngung mit mineralischen Präparaten erfolgt. Das Gras ist dadurch zu nährstoffreich (oder zu fett), was unseren Tieren nicht guttut. Über die Jahre der Nutzung reduziert sich dieses Ungleichgewicht langsam wieder, was Sie an der Zunahme der Arten von Blütenpflanzen gut beobachten können.

Maulwurfshügel und Jakobskreuzkraut. Zwei Dinge gibt es aber noch zu tun: Falls Sie mähen möchten, sollten Sie im Frühjahr die Maulwurfshaufen einebnen. Diese werden sonst über den Sommer zu steinharten Hügeln, die das Mähwerk beschädigen könnten. Die andere Arbeit ist die Entfernung tödlich giftiger Pflanzen wie dem Jakobskreuzkraut. Es breitet sich seit Jahren immer weiter aus und ist selbst im Heu noch gefährlich für Mensch und Tier. Daher begehen wir im Juni und im Juli unsere Weiden und reißen die gefährlichen Pflanzen mit Wurzeln heraus, damit sie nicht abgeweidet werden und sich vor allem nicht weiter ausbreiten. Tragen Sie dabei bitte unbedingt Handschuhe, damit der Pflanzensaft nicht in Ihre Haut dringt. Für eine tödliche Vergiftung reicht beim Menschen schon die Giftmenge weniger Blätter.

Das hübsche Jakobskreuzkraut kann tödlich sein ... und wird daher im Sommer mitsamt der Wurzeln ausgerissen.

Futterbeschaffung

Selbstversorger sein heißt auch, das Futter für die Tiere wenigstens teilweise selber zu erzeugen. Ansonsten würden Milch, Eier und Fleisch auf Basis konventionell produzierter Tiernahrung hergestellt, und da sich Schadstoffe im Fleisch konzentrieren, hätte man in Bezug auf die eigene Gesundheit wenig gewonnen.

Heu

Andererseits steigen der Flächenbedarf und der Arbeitsaufwand für die Tierhaltung enorm an. Wir haben anfangs auch das Heu selbst hergestellt. Dazu kauften wir einen alten Traktor, einen Anhänger und einen Heuwender. Die Ballenpresse lieh uns ein Bauer aus dem Dorf, und so konnten wir uns ans Werk machen. Im Gegensatz zu Haupterwerbslandwirten mussten wir mähen, wenn wir Urlaub nehmen konnten. Was nützt der schönste Sonnenschein, wenn man nicht frei bekommt?

Umgekehrt war an den freien Tagen nicht immer die beste Witterung, so dass unser Heu nicht von allerbester Qualität war. Wenn wir nur die Kosten für Maschinen und Treibstoff sowie für die Pacht der Wiese rechneten, dann kam uns dieses Futter wesentlich teurer als die Heuballen von einem Nebenerwerbslandwirt aus dem Nachbardorf. Wir versicherten uns, dass er wenig düngte, nicht spritzte und kauften es von da an bei ihm.

Eigenes Futter produzieren Sie am besten als Gras auf der Weide. Die Tiere ernten es dort im Sommer selber, so dass Sie außer Pacht und Zaun keine weiteren Kosten und Arbeit haben. Jede Arbeitsstunde, die Sie in Heu oder Kraftfutter investieren, ist besser bei der direkten pflanzlichen Lebensmittelproduktion aufgehoben. Deswegen lassen Sie die Tiere im Herbst am besten so lange wie möglich auf der Weide.

Früher haben wir selbst Heu gemacht; nun lassen wir es einmal im Jahr liefern.

Kleine Ballen sind besser. Falls Sie also auf eigene Maschinen verzichten, dann würden wir den Kauf von kleinen Ballen empfehlen. Diese können Sie noch gut heben und stapeln. Das Gewicht variiert stark (zwischen 10 kg und 18 kg), je nachdem, welche Presse und welcher Druck verwendet wurde. Da der Preis in der Regel pro Ballen vereinbart wird, sollten Sie diese wiegen, damit Sie wissen, ob der Kauf in Ordnung war.

Noch wichtiger ist allerdings die Qualität. Heu muss aromatisch nach Kräutern duften und im Inneren des Ballens grün aussehen. Eine Vergilbung außen ist normal, ist aber alles Heu verblichen, dann ist schon vor der Pressung auf der Wiese etwas schief gegangen, etwa durch einen Regenguss und dadurch ein mehrmaliges Trocknen. Ganz schlecht ist es, wenn Ihnen ein leicht muffiger Geruch entgegenschlägt.

Dann ist das Heu zu feucht hereingekommen und enthält krank machende Pilzsporen. Kleine Heuballen sind immer schwerer zu bekommen, da die meisten Landwirte mittlerweile entweder Rundballen oder große Quader herstellen. Für die kommerzielle Viehhaltung sind diese rationeller, für Sie hingegen nicht mehr zu bewegen. Daher ist der Markt für Kleinballen regelmäßig leer gefegt. Vereinbaren Sie mit Ihrem Lieferanten gleich die Bestellung für das kommende Jahr und lassen Sie sich den Jahresbedarf möglichst sofort nach der Ernte bringen. Immer wieder werden wir von Bekannten im Februar oder März gefragt, ob wir nicht noch überzählige Bestände hätten – um diese Zeit ist aber nichts mehr zu bekommen, und wer sich verkalkuliert hat, kommt nun mit seinen Tieren in Schwierigkeiten.

Kraftfutter

Wenn Sie Kraftfutter, also beispielsweise energiehaltige Körnermischungen kaufen, so schauen Sie einmal auf die Inhaltsangabe. In sehr vielen Fällen ist mittlerweile genmanipuliertes und auch noch aus Südamerika stammendes Soja beigemischt, quasi Regenwald in Tüten. Stellen Sie sich Ihr Hühner-, Puten- oder Ziegenfutter lieber selbst zusammen. Speziell das Getreide kann man bei Raiffeisenzentralen häufig direkt aus dem Lager kaufen, dort, wo die örtlichen Bauern ihre Ernte abgeben. Da diese grundsätzlich für Lebensmittel produziert wurde, sollte sie als Viehfutter bestens geeignet sein. Noch besser ist der Bezug von einem Biobetrieb, der zur Selbsterzeugung ideal passt. Die gängigen Sackgrößen sind 20–25 kg und lassen sich damit noch im Kofferraum transportieren.

Salz

Auch wenn sie es gerne nehmen, brauchen Tiere normalerweise kein Salz. Sie nehmen über abwechslungsreiche Pflanzenkost die notwendigen Mineralien (vor allem NaCl) auf, die konzentriert in Baumrinde, Zweigen oder Knospen stecken. Auf unseren kultivierten Weiden fehlen diese Komponenten allerdings meist völlig. Wenn Sie Ihr Grünland gut pflegen, dann ist es immerhin mit einer Vielfalt an Kräutern ausgestattet und nicht nur mit monotonen Hochleistungsgräsern. Dennoch ist für Schafe und Ziegen ein Salzleckstein erforderlich. Hierbei reicht allerdings der einfache, preiswerte Weiße, der wirklich nur Salz enthält. Der rötliche Stein ist teurer, enthält dafür aber weitere Mineralien (die in dieser Zusammensetzung meist überflüssig sind). Da sich die Tiere manchmal an den Steinen scheuern, überträgt sich die rote Färbung auf ihr Fell, was uns nicht gefällt.

Der Salzleckstein kommt unter Dach, am besten in den Stall, damit er vom Regen nicht allmählich aufgelöst wird. Geht der Stein zur Neige, so wird er zum Belecken zu klein – er bietet keinen Widerstand für die Zungen der Tiere mehr. Solch kleine Brocken können Sie sammeln und in einer Schüssel zum Lecken anbieten.

Einfacher Weizen reicht als Ausgangsfutter und lässt sich je nach Tierart ein wenig aufpeppen – für Hühner etwa mit Muschelgrit.

Ein preiswerter weißer Salzleckstein reicht völlig aus.

Lagerung

Und wo soll man den ganzen Segen lagern? Grundsätzlich gilt: Halten Sie für alle Futterarten eine Lagermöglichkeit für mindestens mehrere Wochen vor. Dies ist aus zwei Gründen sinnvoll: Zum einen können Sie größere Mengen auf einmal kaufen, was die Kosten senkt (nur einmal Anfahrt, Mengenrabatt). Zum anderen passt manchmal die Witterung viele Tage lang nicht, wenn Sie beispielsweise eine Ladung Heu bekommen sollen – die darf keinen Regen abbekommen. Und ab und zu gibt es auch Lieferengpässe, die ausgerechnet dann auftreten, wenn Ihr Futter aufgebraucht ist.

Regentonnen als Minisilo. Für Körnerfutter, Heucobs (fingerdicke Heupresslinge) oder Rübenschnitzel eignen sich Regentonnen hervorragend. Sie sind mit aufgelegtem Deckel regendicht und fassen je nach Größe 100–300 Liter. Entsprechend können je Tonne bis zu 300 kg Futter gelagert werden, welches sich dort viele Monate frisch hält. Wir kaufen meist zu Winterbeginn den gesamten Bedarf bis zum Frühjahr, damit wir nicht bei Eis und Schnee Nachschub holen müssen.

Heu hat schon einen deutlich größeren Platzbedarf. Unsere zwei Ziegen verbrauchen gut einen halben Kleinballen pro Tag, gegen Ende des Winters mit den neuen Lämmern dann fast einen ganzen. Daher benötigen wir für die kalte Jahreszeit 120 Ballen, die wir in einem alten Schuppen lagern. Da ist es uns schon einmal passiert, dass einige Ballen von oben und von unten nass wurden. Aufsteigende Bodenfeuchte ist gerade

Regen- oder Mülltonnen sind preiswert und eignen sich als mäusesichere Vorratsilos.

Mäuse und Heu. Leider sind Heulager auch beliebte Mäuseverstecke. Die Kleinsäuger verteilen bei ihrem munteren Treiben Urin und Kot auf den Ballen. Diese können Sie zwar noch verfüttern, beim Aufschütteln können Sie sich aber mit Hantaviren infizieren. Im Zweifelsfall ist also eine Staubmaske angebracht, oder Sie versuchen, das Übel gleich bei der Wurzel zu packen.

Dazu stellen Sie auf und zwischen die Ballen ein paar Fallen. Das hilft auch bei der Vermeidung der zweiten Plage, die Mäuse verursachen: durchgenagte Schnüre. An ihnen greift man den Ballen ahnungslos und merkt dann sofort, dass einem die ganze Pracht noch im Lager auseinanderfällt. Das ist lästig, weil das Heu nur noch lose mit der Schubkarre transportiert werden kann.

Salzlecksteine würden wir übrigens nicht auf Vorrat kaufen. Sie ziehen Wasser, so dass eine salzige Brühe in den Untergrund sickert. Selbst wenn Sie den Stein irgendwann verbrauchen, bleibt diese Lagerstelle (Holz oder Beton) auf Dauer feucht, da sie mit Salz durchzogen ist. Falls Sie doch einen Vorrat anlegen möchten, dann setzen Sie die Steine in einen Bottich – dort bleibt die sich bildende Salzbrühe gefangen.

in alten Bauwerken ein Problem, die entweder über ein schlechtes Fundament oder über eine schlechte Regenwasserableitung verfügen. Bei uns kam noch ein undichtes Dach hinzu, so dass etliche Ballen anschimmelten. Das ist nicht unbedingt auf den ersten Blick zu bemerken, wohl aber am Geruch. Das schöne Sommerwiesenaroma weicht einem muffig-pilzigen Duft – sofort weg damit! Jetzt noch einen Teil des Ballens retten zu wollen, gefährdet sowohl Ihre Gesundheit als auch die der Tiere. Denn zum Füttern schütteln Sie den Ballen auf, so dass die Sporen die ganze Stallluft durchziehen. Kontrollieren Sie also zumindest ab und an die obere Lage, ob noch alles schön trocken ist.

Im Heu findet sich meist auch Mäusekot, der leider manchmal Krankheitserreger enthält.

Scheiden tut weh!

Uns fällt das Schlachten bis heute schwer. Tiere, die meist sogar Namen haben, die uns vertrauen und unsere Nähe suchen, werden von uns eines Tages getötet. Ist das nicht moralisch verwerflich?

Dazu müsste man weiter ausholen, fragen, ob Fleischkonsum generell verantwortbar ist. Eine Kalorie Fleisch verbraucht in der Erzeugung das Vielfache an Fläche und Energie wie die Erzeugung einer Kalorie pflanzlicher Nahrung.

Andererseits ist der Mensch auf Mischkost ausgerichtet und zumindest für Kinder ist ein Wegfall tierischer Produkte problematisch. Doch die Frage, ob Sie Fleisch essen sollten oder nicht, können Sie sich letztendlich nur selbst beantworten.

Wer mag bei einem solchen Anblick an Schlachten denken?

Falls Sie sich für Fleischverzehr entscheiden, gibt es gute Gründe, selber zu produzieren. Was heute im Supermarkt aus Massentierhaltung angeboten wird, verdient oft nicht mehr die Bezeichnung „Lebensmittel". Ob Medikamente oder multiresistente Keime, ob mit Angsthormonen oder Wasser durchsetzt, in der Pfanne und auf dem Teller will keine rechte Freude aufkommen. Wenn unser selbst produziertes Hackfleisch zur Neige geht und wir wieder einkaufen müssen, fällt uns auf, wie sehr es beim Anbraten stinkt und wie viel Wasser austritt. Artgerecht gehaltene Tiere, die langsam und ohne Mastbeschleuniger aufgewachsen sind, die Wind und Wetter erlebt haben, setzen ganz andere Muskeln an. Das kann man tatsächlich schmecken. Und dann wären da ja noch die Tiere selbst. Bei ihnen entfallen lange Transporte, ebenso der Stress im Schlachthof. Zudem erhalten sie auf Ihrem kleinen Hof eine Chance, ein schönes Leben zu führen, selbst wenn es nur einige Monate dauert. Das ist in der Natur auch nicht anders, wo rund 80 % der Jungtiere schon im ersten Lebensjahr Raubtieren zum Opfer fallen.

Der erste Raureif glitzert auf dem Zaun, und nun ist der ideale Schlachtzeitpunkt gekommen.

Leicht ist es nie! Trotzdem bleibt bei uns ein Unbehagen, wenn es so weit ist. Wenn die Lämmer und Kaninchen unter unserer Hand sterben, kommt es uns immer wie ein Vertrauensbruch vor. Doch falls wir das eines Tages nicht mehr übers Herz bringen sollten, dann wollen wir auch kein Fleisch mehr kaufen. Schließlich möchten wir nicht, dass andere diese Last auf sich laden und die Tiere schlecht behandelt werden. Doch momentan, da sind wir ehrlich, schmeckt uns ein gutes Stück Fleisch. Und wenn es Ihnen genau so geht, dann erfahren Sie nun, wie es vom Stall auf Ihren Tisch kommt.

Schauen wir zunächst auf den Zeitpunkt. In den modernen Schlachthöfen wird rund um die Uhr und das ganze Jahr über geschlachtet, weil wir ständig mit frischem Fleisch versorgt werden wollen. Das war früher aus gutem Grund völlig anders. Geschlachtet wurde in der Regel nur im Herbst, denn dann war die Weidesaison zu Ende. Der Nachwuchs von Schweinen, Rindern, Ziegen oder Kaninchen kommt im Frühjahr zur Welt und hat kurz vor dem Winter fast schon sein Maximalgewicht erreicht. Das Verhältnis Futter zu Gewichtszunahme ist in diesem Zeitraum am günstigsten, danach fällt es rapide ab.

Zudem beginnt nun die Zeit der Stallhaltung, da die Weiden nichts mehr liefern. Das bedeutet viel Arbeit bei der Versorgung der Tiere, weil jetzt mehrmals täglich gefüttert werden muss. Heu und Getreide müssen zugekauft werden und belasten die Haushaltskasse mehr als die Pacht für die Wiesen. Schließlich fallen auch große Mengen an Mist an, die zumindest einmal pro Woche entfernt werden müssen. Je mehr Tiere, desto mehr an Arbeit und Kosten. Kein Wunder, dass die Gesamtbilanz lautet: Alle überflüssigen Tiere werden nun entweder geschlachtet oder verkauft.

Wann schlachten? Eine kurze Bemerkung zum Verkauf: Da dies alle anderen Tierhalter ähnlich sehen, sind die erzielbaren Preise für Kleinvieh nun am geringsten – manch einem fällt erst jetzt ein, dass er noch kein Heu eingelagert hat oder kaum noch Platz hat im Winterstall. Für das Schlachten spricht dagegen viel. Falls Sie Fleisch verkaufen möchten (das erfordert allerdings ein den Rahmen dieses Buches sprengenden Aufwand), dann ist die Vorweihnachtszeit ideal. Für die Festtage wird häufig ein besonderer Braten gekauft, und daher ist die Nachfrage nach solchen Spezialitäten jetzt hoch. Und noch etwas viel Wichtigeres kommt hinzu. Die Außentemperaturen sind kräftig gefallen, morgens gibt es oft schon Frost. Falls Sie wie wir draußen in der Scheune schlachten, dann kommen nun keine Fliegen mehr, und das Fleisch kann außerdem draußen ein wenig abkühlen, bevor Sie es zerlegen. Ein letzter, interessanter Punkt bleibt noch: Waren die Tiere auf der Weide oder wurden mit viel frischem Grün gefüttert, dann ist die Fleischqualität besser als wenn nur mit Heu und Kraftfutter gefüttert worden wäre. Wie auch immer, der Herbst ist die ideale Schlachtzeit.

{ **Rechtliche Vorschriften für die Hausschlachtung** }

• *nur für eigene Tiere*

• *nur für Eigenbedarf und bei Verwendung des Fleisches im eigenen Haushalt*

• *selbst das Verschenken von Fleischwaren an Verwandte ist nicht erlaubt!*

• *notwendige Kenntnisse und Fähigkeiten erforderlich*

• *Schafe, Ziegen, Schweine und andere größere Tiere müssen amtlich beschaut werden*

Der Fleischbeschauer muss bei Ziegen und Schafen sein OK geben.

Sachkunde und Fleischbeschau. Bevor Sie das erste Mal schlachten, müssen Sie sich sachkundig machen. Schauen Sie bei benachbarten Kleintierhaltern zu oder helfen Sie bei der Schlachtung mit. Umgekehrt empfiehlt es sich, bei der ersten eigenen Hausschlachtung eine erfahrene Person hinzuzuziehen. Diese Sachkunde ist gesetzlich vorgeschrieben und ist im Sinne des Tierschutzes und der Hygiene auch dringend geraten.

Kaninchen und Geflügel können Sie ohne Fleischbeschau schlachten. Alle größeren Tiere, also auch Ziegen- und Schaflämmer, müssen amtlich untersucht werden. Sind Sie dem Beschauer als zuverlässiger und kompetenter Tierhalter bekannt, so verzichtet er oft auf die Lebendbeschau. Sichtbar kranke Tiere schlachtet kein verantwortungsvoller Halter, schließlich will man das Fleisch mit Genuss und ohne Gesundheitsrisiken verzehren. Unmittelbar nach der Schlachtung ist allerdings eine Kontrolle unumgänglich; dazu halten Sie bitte neben dem Schlachtkörper auch die Innereien in einem separaten Behälter bereit.

Betäuben ist Vorschrift. Zunächst einmal brauchen Sie anständiges Werkzeug, und das fängt bei der Tötung der Tiere an. Gerade bei Kaninchen gilt immer noch der Schlag hinter die Ohren als ausreichend, was nicht stimmt. Besorgen Sie sich lieber ein Bolzenschussgerät, welches in verschiedenen Ausführungen angeboten wird.

Bei den kleinen Geräten für Kaninchen wird eine Feder aufgezogen, das Gerät vor die Ohren auf den Schädel gesetzt und dann abgedrückt. Sofort fällt das Tier betäubt um und zappelt nur noch reflexartig. Bei Ziegen und Schafen ist der Apparat ähnlich aufgebaut, nur wird hier der Bolzen durch eine Platzpatrone nach vorn gefeuert.

Das nächste wichtige Werkzeug ist ein Messer, besser zwei oder drei. Denn beim Schlachten ist eine saubere Schnittführung das A und O, und mit unscharfen Schneiden kommt nur Murks heraus. Da man immer wieder auf Knochen stößt, welche die Klinge schnell stumpf werden lassen, muss das Messer zwischendurch ausgetauscht werden. Das Nachschleifen erledigen Sie am besten mit einem Messerschleifer, der einfach nur über die Klinge gezogen werden muss. So ein Teil kostet um 10 € und hält viele Jahre.

Zum Aufhängen des Körpers benötigen Sie S-Haken, die es in passenden Größen für kleine und große Tiere gibt. Und diese Haken müssen nach der Befestigung an den Beinen an einem Querbalken eingehängt werden. Das kann ein eigens gebautes Gestell sein, ein Schaukelgerüst oder der Balken eines Schuppens. Daran werden dann Ringe befestigt, an welchen Sie die Haken einsetzen.

Um die Innereien und das Fell aufzufangen, hat sich ein untergestellter Maurerkübel bewährt.

Für Ziegen oder Schafe ist eine Knochensäge hilfreich, mit der sich der Schlachtkörper besser zerteilen lässt. Und nicht zuletzt brauchen Sie sauberes Wasser – am besten in Eimern, die Sie neben sich stellen können, um ab und zu die Hände und die Messer zu waschen.

So wird das Bolzenschussgerät richtig aufgesetzt.

Ein Bolzenschussgerät sowie zwei scharf geschliffene Messer sind die Werkzeuge beim Kaninchenschlachten.

Jetzt wird es ernst. Wenn es losgeht, pocht unser Herz schon heftiger – schließlich beenden wir jetzt das Leben der ausgesuchten Tiere. Wichtig ist, dass diese keinen Stress bekommen. Zum einen ist dann der Tod überraschend und plötzlich, zum anderen ist es für die Fleischqualität besser. Aus dem Fleisch von Tieren, die kurz vorher noch viel Angst hatten, kann man keine Rohwaren wie Salami oder Schinken herstellen, da es aufgrund der Hormone verdirbt.

Das ausgewählte Tier wird also gegriffen und das Bolzenschussgerät bei Ziegen direkt hinter die Hörner, bei Schafen in die Mitte zwischen Augen und Ohren, bei Kaninchen vor den Ohren mitten auf den Schädel gesetzt und fest angedrückt.

Dann drücken Sie auf den Auslöser, der Bolzen schnellt durch die Schädeldecke ins Gehirn, und das Tier fällt um. Tot ist es dann noch nicht, sondern nur betäubt. Nun kommt ein beherzter Kehlschnitt, der die Halsschlagadern öffnet und das Blut hinauspulsieren lässt. Das Tier stirbt erst jetzt, und der Körper blutet vollständig aus.

Das ist für uns der unangenehmste Teil des Schlachtens. Wir erledigen diesen Punkt meist draußen vor dem Stall und ziehen den Körper von Weidetieren danach unter dem Elektrozaun nach außen. Anschließend wird er im Schuppen an einem Querbalken aufgehängt. Dazu durchstoßen Sie mit dem Messer an den Hinterbeinen kurz unter dem Gelenk die Haut und führen dort hindurch die S-Haken. Am Querbalken haben Sie zuvor entsprechende Ösen befestigt, in die das Tier mit den Haken eingehängt wird. Achten Sie darauf, den Abstand zwischen den Haken so groß zu wählen, dass die Beine auseinandergespreizt werden. Danach wird begonnen, das Fell abzuziehen. Dazu entfernen Sie bei männlichen Ziegen und Schafen die Geschlechtsorgane, indem der Penis mit dem Messer nach hinten freigelegt wird und zusammen mit den Hoden abgeschnitten wird. Bei weiblichen Ziegen, Schafen und bei Kaninchen beiderlei Geschlechts zwicken Sie mit einer Hand in die Bauchdecke, heben diese an und bringen einen Querschnitt an. Durch das Anheben verletzten Sie nicht die Gedärme, die ansonsten das Fleisch verunreinigen könnten.

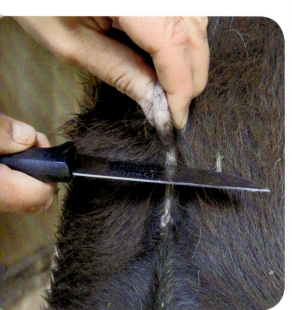

So heben Sie die Bauchdecke an, …

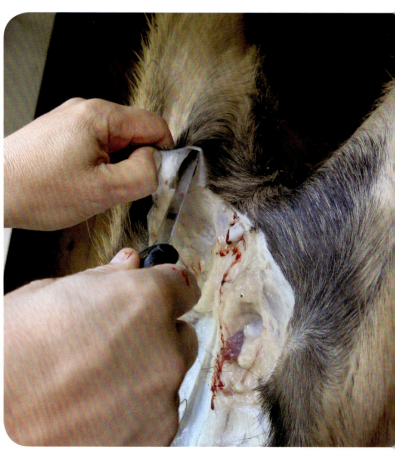

… um danach mit der Klinge nach oben das Fell auf der Beininnenseite aufzutrennen.

Nun führen Sie mit zwei vorschiebenden Fingern und der nach oben gerichteten Messerklinge einen Schnitt von der Öffnung zu den Fußgelenken, um das Fell aufzuschneiden. Achten Sie dabei darauf, nicht ins Fleisch zu schneiden. Anschließend ringeln Sie die Haut an den Gelenken, indem Sie sie mit zwei Fingern anheben und schrittweise durchtrennen.

{ **Ganz wichtig** }

Eine Hand, die am Fell war, darf nicht ohne Wäsche wieder ans Fleisch, da sonst der Geschmack leidet.

Nun können Sie, von den Gelenken beginnend, das Fell in Richtung Bauch herunterziehen. Je wärmer und je jünger das Tier ist, desto leichter tut man sich. Bei Ziegen und Schafen müssen Sie schon ordentlich ziehen – da muss die Aufhängung für die Haken stabil sein und einiges aushalten. Will das Fell nicht weiter, so zieht es eine Hand, während die andere als Faust zwischen Fell und Fleisch drückt.

Das Fell wird bis zum Hals abgezogen und dabei werden auch die Vorderbeine bis zum Vorderwurzelgelenk (quasi das Kniegelenk am Vorderbein) freigelegt. Nun wird der Kopf abgetrennt. Dazu schneiden Sie mit dem Messer die Muskulatur zwischen den Halswirbeln durch. Das ist nicht ganz einfach, und im Zweifelsfall nehmen Sie einfach die Knochensäge und sägen die Wirbelsäule durch. Nun hängt das Fell nur noch an den Vorderbeinen, die jetzt am freigelegten Gelenk

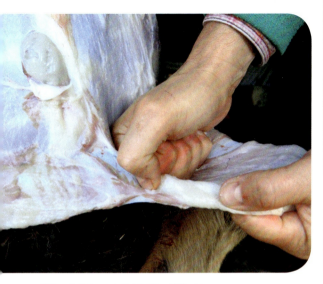

Wenn's kaum weitergeht, hilft das Drücken mit der Faust.

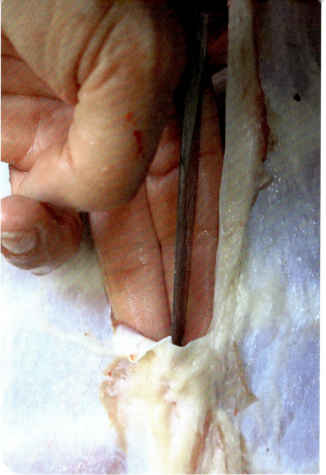

Das Messer wird vorsichtig zwischen den vorschiebenden Fingern geführt, um Därme und Magen nicht zu verletzen.

durchtrennt werden. Das Fell liegt im Bottich, und jetzt wird der Bauchraum geöffnet. Dazu zwicken Sie vor den Oberschenkeln in das Bauchfell (die dünne Schicht über den Gedärmen), heben sie an und machen einen kleinen Schnitt hinein. Das Anheben ist notwendig, um nicht in die Därme oder die Mägen zu stechen. Passiert dies, so ergießt sich deren Inhalt in den Bauchraum und „würzt" das umgebende Fleisch und macht dieses ungenießbar.

In den kleinen Schnitt schieben Sie als Rechtshänder Zeigefinger und Mittelfinger der linken Hand, die eine Führung für das Messer bilden. Dieses wird mit der Schneide nach oben zwischen die Finger gesetzt, aber so, dass die Spitze nicht über die Fingerkuppen hinausragt. Nun können Sie die linke Hand mit dem Messer in Richtung Hals vorschieben und dabei das Bauchfell auftrennen. So werden keine inneren Organe verletzt.

Kurz vor dem Brustbein, wo die Rippen zusammenlaufen, kommt das Zwerchfell. Es trennt den Verdauungsapparat von Herz und Lunge. Hier angekommen fallen nun langsam Magen und Därme aus dem Schnitt, und Sie können das Ganze vorsichtig hinunterziehen. Zuvor trennen Sie den Darm kurz vor dem Ende zwischen den Beinen ab. Damit keine Kötel hinaus und aufs Fleisch fallen, schieben Sie sie vorher wie in einem Schlauch ein wenig von der Schnittstelle weg. Hängt alles heraus, dann können Sie den Magen oberhalb des Eintritts der Speiseröhre abschneiden und die Innereien fallen in den Kübel.

Jetzt können Sie das Messer mit voller Kraft einsetzen, um mit nach unten gerichteter Schneide durch Knochen und Knorpel hindurch den Brustraum aufzutrennen. Passieren kann nicht mehr viel, denn bei Lunge und Herz ist es egal, wenn sie angeschnitten werden.

Die inneren Organe hängen heraus, und nun können Sie beispielsweise nachschauen, ob die Leber (oben rechts) weiße Punkte und damit Wurmbefall zeigt.

Das war es schon fast – doch Halt! Nun kommt noch ein winziger, etwas kniffeliger Rest zwischen den Beinen. Es ist vor allem die Blase, die noch entfernt werden muss. Sie liegt halb versteckt im Becken, und daher muss die knöcherne Naht zwischen den Beinen aufgetrennt werden. Diese können Sie sehen und mit untergeschobenem Finger auch gut ertasten. Das Messer wird genau auf der Naht aufgesetzt und mit leichter Hebelbewegung hinuntergedrückt. Bei jungen Tieren hilft ein kräftiges Auseinanderdrücken der Beine, um diese bei Jägern auch „Schloss" genannte Verbindung aufzubrechen. Jetzt liegt die Blase frei und muss nur noch vorsichtig von einigen Häutchen links und rechts befreit werden. Danach kann sie vorsichtig und unter Abdrücken der Harnröhre herausgezogen werden. Falls doch einmal ein Malheur passiert und die Blase platzt oder ausläuft, dann spülen Sie den Schlachtkörper sofort ordentlich mit Wasser ab.

Geflügel schlachten – old style. Ein eigenes Kapitel sind Hühner und Puten. Es geht schon mit der Tötung los, bei der Sie ein bisschen Scharfrichter spielen müssen. Denn hier kommt jetzt kein Bolzenschussgerät, sondern gleich die Axt zum Einsatz. Neben dieser brauchen Sie einen Hackklotz sowie einen alten Korb. Das Huhn/die Pute wird nun an den Beinen gepackt und kreisförmig durch die Luft gewirbelt. Das lässt das Blut in den Kopf schießen und macht die Tiere benommen. Dadurch können Sie den Kopf widerstandslos auf den Klotz legen. Nun wird beherzt zugeschlagen, der Kopf damit abgetrennt. Jetzt beginnen heftige Reflexe, mit denen der tote Körper sogar noch fliegen kann. Daher wird er unmittelbar nach dem Kopfabschlagen in den Korb gesteckt und darin festgehalten, bis die Reflexe abebben. Nebenbei vermeiden Sie so eine Blutorgie, denn das umherflatternde Tier verspritzt aus dem Halsstumpf jede Menge Lebenssaft. Bei Puten ist das Umherwirbeln zugegebenermaßen nicht ganz einfach, da die Tiere locker 20 kg und mehr wiegen können. Bleiben sie ruhig, dann geht es auch ohne, ansonsten sollten Sie sich Hilfe von jemandem holen, der solche Gewichte gut bewegen kann.

Aufgetrennt wird bis zum Hals, und nun können Sie hineingreifen und die restlichen Organe beherzt hinausziehen. Dabei ist es hilfreich, auch das Zwerchfell gleich mit abzutrennen.

Rupfen. Früher haben wir Hühner und Puten, wie es einst üblich war, mit kochendem Wasser übergossen, damit sie sich einfacher rupfen ließen. Das Rupfen wird übrigens mit noch intaktem Körper, also mit Innereien durchgeführt. Trotz aller Sorgfalt bleiben immer einige Federn, vor allem jedoch Kielreste in der Haut stecken. Das sieht nicht besonders appetitlich aus und macht sehr viel Arbeit. Einfacher ist es, analog zu Kaninchen und Ziegen einfach die Haut abzuziehen. Dabei bleibt wieder nur das pure Fleisch übrig und die lästigen Federn sind Ruck-Zuck verschwunden. Falls Sie allerdings auf knusprig-würzige Haut stehen, müssen Sie wohl oder übel in den sauren Apfel beißen und rupfen.

Fleischbeschau. Ziegen und Schafe werden nun für die Fleischbeschau aufgehängt. Dazu haben wir in einem Kellerraum Haken in die Decke gedreht, wo der Schlachtkörper frei von Fliegen und relativ kühl aufgehängt wird.

Man könnte sich die Frage stellen, warum wir nicht gleich im Keller schlachten, doch spätestens nach dem ersten Mal wird klar warum: Es spritzt doch ganz schön und würde Wände und Decke beschmutzen, zudem zöge der Geruch von Innereien vom Keller hinauf in die Wohnräume. Der Fleischbeschauer möchte auch einen Blick auf die Innereien (Lunge, Herz, Leber, Nieren) werfen, die wir dazu in einem Eimer daneben bereitstellen.

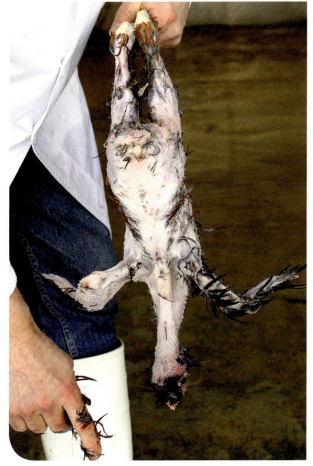

Das Rupfen dauert uns zu lange, daher ziehen wir mittlerweile lieber die ganze Haut ab.

Vor dem Einfrieren entfernen wir gleich überflüssiges Fett.

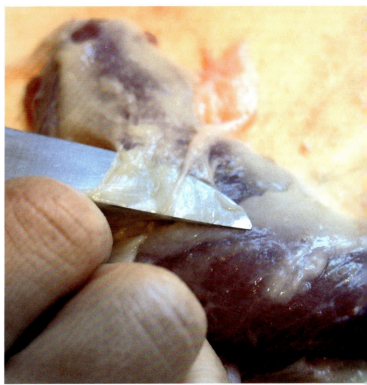

Kaninchen und Hühner, die ja nicht beschaut werden müssen, bringen wir gleich in die Küche. Dort werden letzte anhaftende Haare oder Federn entfernt, überflüssiges Fett abgeschnitten und alles noch einmal mit Wasser gespült. Nach dem Wiegen, Verpacken und Beschriften geht es sofort ab in die Gefriertruhe.

Zerlegen muss man lernen. Puten sind als Einmalportion zu groß, daher werden sie wie die beschauten Ziegen und Schafe nun zerlegt. Dabei ist noch kein Meister vom Himmel gefallen, und selbst bei uns ist die Schnitttechnik nicht immer optimal. Im Zweifelsfall können Sie sich das einmal von einem Metzger zeigen lassen. Bei den Puten lassen sich aus dem Brustfleisch große Steaks schneiden. Alles andere (Flügel, Keulen, Reststücke) schnippeln wir ohnehin klein und drehen das ganze durch den Fleischwolf. Ähnlich handhaben wir dies bei Ziegen und Schafen. Größere Muskelpartien aus den Keulen und dem Rücken (z. B. die Filets) lösen wir als Ganzes aus, der Rest wird in kleinen Stücken herausgeschnitten und später durch den Fleischwolf gedreht. Falls Sie sowieso alles zu Hackfleisch verarbeiten möchten, brauchen Sie nicht so akribisch vorzugehen. Möchten Sie jedoch einen ansprechenden Braten oder gar Schinken herstellen, dann lohnt sich eine sorgfältige Schnittführung.

Wohin mit den Abfällen? Ist alles erledigt, so geht es ans Aufräumen. Größter Posten hierbei sind die Schlachtabfälle. Vor 20 Jahren haben wir selbst die Reste von Lämmern im Komposthaufen entsorgt. Das kam uns unverdächtig vor, denn erstens ist das eine verbreitete Praxis im ländlichen Raum, und zweitens ergab das auch noch guten Dünger – ein perfekter Kreislauf. Mittlerweile wissen wir, dass dies illegal ist. Zudem schlachten wir unsere Lämmer im Sommerhalbjahr, weil wir zumindest die Bocklämmer noch vor Eintreten der Geschlechtsreife und der damit einhergehenden Geschmacksveränderung verwerten wollen. Schlachtabfälle, die in der Sommerhitze braten, verströmen rasch ein Aroma, welches penetrant den ganzen Garten durchwabert. Zwar können dicke Lagen von Kompost den Gestank etwas mildern, gesellschaftskompatibel wird er dadurch aber immer noch nicht. Kleintiere bis zur Kaninchengröße können Sie so offiziell und halbwegs nasenverträglich beseitigen, aber alles Größere (also auch Ziegen- und Schaflämmer) muss fachgerecht entsorgt werden.

Dazu bieten viele Tierkörperbeseitigungen einen guten Service an. So kann man 240 l große Abfalltonnen erwerben (um 35 €), die dann auf Bestellung von einem auf den anderen Tag geleert werden. Solch eine Leerung kostet gut 30 € für die Anfahrt plus ein paar € pro geschlachtetem Tier. Ihre Gartenluft bleibt atembar, Ihr Grundwasser, welches Sie vielleicht mit einem eigenen Brunnen nutzen, unverschmutzt. Wenn Sie sich mit gleichgesinnten Nachbarn absprechen, können Sie sich sogar Tonne und Anfahrtskosten teilen.

Eine solche Tonne der Tierkörperbeseitigung hält den Gestank im Garten in Grenzen.

Die Alaungerbung ist nicht so aufwändig, doch wenn das Produkt niemand haben mag, ist jede Minute zu schade ...

Das Fleisch aus der Hausschlachtung darf wie erwähnt nur für den Eigenbedarf verwendet werden. Sobald es verkauft werden soll, gelten strengere Anforderungen an die Räumlichkeiten, an die Sachkunde sowie die Fleischbeschau. Das wird schnell sehr aufwändig und teuer. Möchten Sie Fleisch verkaufen oder ist Ihnen die Hausschlachtung nicht ganz geheuer, so bietet sich noch die Lohnschlachtung durch einen Metzger an. Die Kosten sind natürlich Verhandlungssache, aber Sie bekommen die Tiere vorschriftsmäßig geschlachtet, abgepackt und küchenfertig portioniert zurück.

Gerben. Und was macht man mit der Haut? Wenn geschlachtet wird, dann fallen ja auch Felle an. Diese sind nur dann zu gebrauchen, wenn die Tiere nicht gerade im Fellwechsel waren. Ideal ist der Winter, weil dann viel weiche Unterwolle mit dabei ist und die Haare flauschiger und voluminöser sind. Zudem muss das Fell draußen bearbeitet werden – bei niedrigen Temperaturen verdirbt es nicht so schnell. Gerben kann man in vielen, meist sehr aufwändigen Verfahren. Wollen Sie es schonend machen, dann kommt die Hirngerbung in Frage, bei der das Gehirn des Schlachttiers in die Haut einmassiert wird. Zuvor muss diese mit Bädern und Asche aufgeschlossen werden – das war uns zu umständlich und langwierig.

Wir haben uns bei unseren Versuchen an ein einfaches Rezept aus dem Buch „Gerben" von H. Ottiger und U. Rebe (Verlag Eugen Ulmer) gehalten, nämlich die Alaungerbung. Bei ihr gibt es nur wenige Schritte und sie ist in wenigen Tagen beendet. Allerdings ist das so erzeugte Leder nicht wasserfest, es eignet sich daher eher für Verwendungen im Haus. Die ersten Kaninchenfelle gelangen uns auf Anhieb, und sie wurden gleich zu einer Wintermütze für die Kinder verarbeitet. Doch bei diesen gab es lange Gesichter, tragen mochte so etwas niemand. Daher haben wir diesen letzten Verwertungsschritt wieder zu den Akten gelegt ... Manchmal muss man Kompromisse machen.

Vorratshaltung

Bei der Selbstversorgung mit Lebensmitteln kommt es im Jahreslauf zu erheblichen Schwankungen. Während es den Winter über praktisch nichts zu ernten gibt, laufen vom Frühjahr bis zum Herbst regelrechte Erntewellen durch den Garten. Da gibt es im Frühjahr eine Salatflut, gefolgt von Beeren, Zucchini, Kartoffeln, Gurken, Kohl oder Rüben. Das kann alles gar nicht auf einmal gegessen werden. Die Kunst der richtigen Vorratshaltung ist es daher, den Segen so zu strecken, dass er möglichst bis zur Ernte im nächsten Jahr reicht.

Der Lagerkeller

Wir haben in unserem Forsthaus einen Keller, der uns anfangs nicht viel Freude bereitete. Er hat eine niedrige Decke, und seine Außenwände sind so feucht, dass daran keine Farbe und kein Putz dauerhaft halten.

Unser Gartenkram wie etwa Jacken oder Stuhlauflagen fängt vor allem im Sommer manchmal an zu schimmeln, da die Luft ebenfalls sehr feucht ist. Nur im Winter trocknet die Luft durch den benachbarten Heizungskeller so weit ab, dass nichts Schaden nimmt.

Wie sich im Rahmen unserer Selbstversorgung aber gezeigt hat, ist dieser Keller letztendlich doch ein Segen. Denn in ihm lassen sich Kartoffeln, Pastinaken oder Winterrüben ganz hervorragend lagern. Eine hohe Luftfeuchtigkeit, gepaart mit Temperaturen unter 10 °C bewirken, dass die Vorräte fast so gut wie in frostfreiem Boden überwintern. Das hat zur Folge, dass wir etwa Kartoffeln bis in den Sommer des kommenden Jahres genussfähig vorhalten können – ohne jeglichen Einsatz von Energie. Genau dies war ja auch die Aufgabe der ursprünglichen Vorratskeller alter Häuser.

Unser 80 Jahre alter Keller ist ideal für Einmachgläser ...

... und in Sand eingelegtes Wurzelgemüse, hier Pastinaken, die gegen Winterende wieder austreiben.

der Vorratshaltung bei zu warmen Kellern gut geeignet. Davon abgesehen macht es sogar Spaß, auch im Winter noch im Garten zu ernten.

Vorzeitig ernten. Eine andere Möglichkeit ist es, die Ernte vorzuziehen. So können Sie beispielsweise schon Anfang Juli die ersten Kartoffeln ausgraben. Dazu entfernen Sie vorsichtig etwas Erde und entnehmen ein paar Knollen, so dass die Pflanze ansonsten einfach weiter wachsen kann. Der Gesamtertrag wird dadurch kaum gemindert, weil das Kraut die Kraft nun in die verbleibenden Kartoffeln steckt und diese dadurch größer werden. Sind diese Maßnahmen ausgeschöpft, dann kann der nun etwas kleinere Rest der Ernte im nicht ganz so kühlen Keller gelagert werden. Die verminderte Lagerdauer passt dann zur Vorratsgröße.

Kein Sonnenlicht. Ganz wichtig sind dunkle Räume. Licht ist für lebendes Gemüse ungünstig, weil es dann einfach wachsen will. Kartoffeln werden grün und giftig, Pastinaken schieben bleich-grünes Laub hervor und verlieren dadurch wertvolle Nährstoffe. Auch Eingemachtes wird unappetitlich und kann sogar verderben. Zumindest einen Kellerraum sollten Sie für Ihre Vorräte entsprechend präparieren. Ist im Haus keine geeignete Möglichkeit vorhanden, so bietet sich noch der Erdkeller an. Das ist ein draußen im Gartenboden versenkter Raum, durch dessen Wände eine gewisse Feuchtigkeit eindringen kann, die das Lagergut vor dem Austrocknen schützt. Zudem bleibt die Temperatur durch die Lage unter der Erde oberhalb des Gefrierpunkts und Mäuse werden durch die dichtschließende Türe draußen gehalten.

Einfach gar nicht ernten. Wenn es im Untergeschoss Ihres vielleicht etwas moderneren Heims trockener und wärmer ist, dann könnten Sie anders vorgehen. Wie erwähnt können viele Gemüsesorten sehr lange in den Beeten verbleiben. Erste leichte Fröste machen Kartoffeln bei einer Erdbedeckung wenig aus, und auch Kohl und Winterrüben können bis Dezember draußen bleiben. Pastinaken und Möhren halten sogar den ganzen Winter in der Erde aus, so dass Sie sich hier eine Lagerung komplett sparen können. Oder könnten. Denn es ist nicht nur der Frost, der dem Wurzelgemüse zu schaffen macht, sondern auch die Mäuse. Und die haben im Winter ganz besonders wenig zu beißen und freuen sich über jede milde Gabe, die Sie in den Beeten lassen. Können Sie dagegen mit Fallen etwas unternehmen oder hält sich der Mäusebesatz im Rahmen, dann ist diese Methode

Wenn Sie nur Kleinstmengen über den Winter bringen wollen, dann tut es auch eine alte Waschmaschinentrommel, die im Beet eingegraben wird. Möhren und Co. werden hineingegeben, mit Erde aufgefüllt und die Öffnung anschließend mit mäusedichtem Draht verschlossen. Dann muss abschließend noch eine Stroh- oder Kompostdeckung darüber. So lässt sich das Gemüse bei Bedarf leichter herausholen und ist trotzdem frostfest abgedeckt.

Viele Kohlarten können den ganzen Herbst bis in den Frühwinter hinein frisch aus dem Beet geerntet werden.

Von einer Miete, also einem Erddepot, welches mit Stroh und Erde abgedeckt wird, raten wir ab. Haben dorthinein erst einmal Mäuse ihren Weg gefunden, dann ist es mit den schönen Vorräten vorbei.

Ein Erddepot ist etwas umständlich und nur zu empfehlen, wenn Ihr Keller zu warm und die Erntemenge zu groß ist.

Milchsäuregärung

Die Gärung unter Luftabschluss ist eine uralte Methode, Lebensmittel schonend haltbar zu machen. Sie lässt sich mit verschiedenstem Gemüse anwenden. Der Klassiker schlechthin ist Sauerkraut, dessen Herstellung wir uns als Beispiel genauer ansehen wollen.

Das Rezept ist denkbar einfach: Sie brauchen lediglich Weißkohl, 20 g Salz je kg Kohl sowie je nach Geschmack Lorbeerblätter und Wacholderbeeren, Pfeffer, Kümmel oder andere Gewürze.

Als Gefäß empfehlen wir einen speziellen Sauerkrauttopf. Ein 10 l-Topf kostet 30–40 €, darin sind bereits Beschwerungssteine und ein spezieller Deckel enthalten. Oft gibt es den Topf im Set mit einem Krauthobel und einem Holzstampfer zusammen.

Vor dem Einlegen werden Topf, Steine und Holzwerkzeuge mit kochend heißem Wasser gespült und bereitgelegt.

Nicht waschen! Der Weißkohl wird von den äußeren, nicht so saftigen Blättern befreit und die Strünke herausgeschnitten. Waschen Sie den Kohl bitte nicht ab, denn auf ihm leben Milchsäurebakterien. Diese sollen später im Topf die Gärung bewirken, daher müssen sie auf dem Kohl in möglichst großer Zahl erhalten bleiben. Schneiden Sie den Kohl nicht zu klein (maximal vierteln), damit Sie ihn gleich auf dem Krauthobel noch gut packen und hobeln können. Zu kleine Stücke zerplatzen sonst im Handgriff und lassen sich kaum noch verarbeiten. Nun werden die Stücke mit dem Krauthobel in Streifen geschnitten. Am besten stellen Sie dazu eine große Wanne auf und den Hobel schräg hinein. In die bewegliche Schublade (oder den Schlitten) werden die Kohlviertel gepackt und durch Hin- und Herschieben gehobelt. Um den Krauttopf zu füllen, muss die Wanne fast voll werden! Manchmal scheint der Hobel nicht mehr richtig zu funktionieren. Dann ist meist von unten ein Krautberg gegen ihn gewachsen und verstopft die Schlitze. Räumen Sie den Berg am besten nach jedem gehobelten Stück ein wenig beiseite.

Das Krauthobeln erspart das Fintnessstudio.

Jetzt wird gestampft. Ist der Kohl zerkleinert, so wird eine erste Schicht etwa 10 cm hoch in den Topf gefüllt, mit etwas Salz und Gewürzen bestreut und mit dem Stampfer kräftig zerkleinert. Leicht drehende Bewegungen beschleunigen den Vorgang, bei dem es darum geht, die Zellstruktur des Kohls zu zerstören, damit Flüssigkeit austritt. In vielen Rezepten ist zu lesen, dass erst weiter geschichtet werden soll, wenn der Kohl mit Wasser bedeckt ist. Gerade bei der ersten Schicht gelingt das oft nicht, es reicht zu diesem Zeitpunkt aber aus, wenn alles fein zermatscht ist. Nun kommen die nächsten 10 cm Kohl darüber, ebenso Salz und Gewürze, und das schweißtreibende Zerstampfen geht weiter. Spätestens nach der dritten Schicht sollte etwas schaumige Flüssigkeit über dem Kohl stehen. Die Prozedur wird so lange weitergemacht, bis der Topf zu ¾ gefüllt ist. Das entspricht ungefähr 7,5 kg gehobeltem Weißkohl. Falls Sie Lorbeerblätter einlegen möchten, kommen diese nun oben drauf. Würden sie zwischen die einzelnen eingestampften Kohllagen gelegt, so würden sie mit zerkleinert und ließen sich nachher beim Verzehr nicht mehr herausnehmen.

Sauerkraut gärt, und gärt, und … Nun werden die zwei halbkreisförmigen Beschwerungssteine daraufgelegt und etwas festgedrückt, so dass das Kohlwasser ein wenig darübersteht. Abschließend füllen Sie die Rinne am Topfrand

Fertig! Der Topf ist voll, das Wasser steht über dem Kohl, welcher mit Wacholder und Lorbeerblättern gewürzt wurde.

Jede Schicht wird eingestampft, bis das Kohlwasser austritt.

mit kochendem Salzwasser (um sie zu desinfizieren) und setzen den Deckel darauf. Dadurch kann keine Außenluft mehr in den Topf gelangen, umgekehrt jedoch austretendes Kohlendioxid hinaus. Das Ganze kann jetzt 14 Tage bei Zimmertemperatur vor sich hingären. Die Kontrolle des Prozesses ist einfach: Es muss regelmäßig „Blubb" aus der Rinne machen, denn wenn die Milchsäurebakterien korrekt arbeiten, entweicht ständig Gas. Wird das Geblubber deutlich weniger, dann stellen wir den Topf noch einmal 14 Tage in den kühleren Keller. Danach ist das Sauerkraut verzehrbereit. Der Gärprozess ist nun fast abgeschlossen. Fast nur deshalb, weil er langsam ständig weitergeht. Das können Sie sogar schmecken: Am Anfang ist das Sauerkraut mild-sauer, es schmeckt so, wie Sie es im Geschäft nicht kaufen können – einfach lecker! Je länger das Sauerkraut im Topf lagert, desto saurer wird es, bis es schließlich den kommerziellen Produkten ähnlich wird.

Nach der ersten Phase bleibt der Topf übrigens im Keller, weil sich das Sauerkraut so über ein halbes Jahr lang hält. Sie sollten nur darauf achten, dass das verdunstende Wasser der Topfrinne immer wieder aufgefüllt wird, denn sonst verdirbt eindringende Luft den Inhalt, der dann fault. Das kurze Öffnen zur Entnahme einer Portion schadet allerdings nicht.

Einkochen

Das Einkochen hat einen großen Vorteil gegenüber dem Einfrieren: die Lebensmittel halten sich nahezu unbegrenzt. Zudem gehen Sie so bei Stromausfällen kein Risiko ein und haben nebenbei fertig gekochte Portionen, die nur noch aufgewärmt werden müssen.

Wir benutzen ausschließlich das „Weck-Rundrandglas", da hier durch die besondere Form das Einfüllgut bis zur Unterkante des Randes eingefüllt werden kann. Bei breiartigem Einkochgut wie Rhabarber, Wurstmasse oder Kuchenteig sollten Sie allerdings 1–2 cm Luft lassen. Bei Obstsorten und Gemüsearten kommt es durch die komplette Befüllung nicht mehr zur Oxydation im oberen Teil des Glases. Bei den „alten" Einkochgläsern mit gewölbtem Deckel führte der Freiraum dazu, dass sich das Eingekochte im oberen Bereich verfärbte und auch geschmacklich litt.

Kleinere Mengen können Sie gut im Backofen oder in einem großen Topf einkochen. Wir bevorzugen den großen Einkochautomaten mit Thermostat, da wir immer sehr große Mengen verarbeiten.

Die Gläser werden randvoll gefüllt …

Wir kochen ein: Rotkohl, Kürbis, Pastinaken, Kohlrabi, Buschbohnen, Rote Beete, Rhabarber, Kuchen.

Das Einkochgut bereiten Sie nach Rezeptangabe zu und füllen es in die Gläser. Der Glasrand muss sauber abgewischt werden (hier ist ein Einfülltrichter sehr praktisch, so vermeidet man das Verschmieren des Glasrandes). Danach geben Sie den Einkochring auf den Deckel und legen diesen auf das Glas. Jedes Glas wird mit zwei gegenüberliegenden Einweck-Klammern verschlossen. Die Einweck-Klammern setzen Sie in der Vertiefung des Glasdeckels an und drücken sie nach unten, bis sie einrasten.

In den Einkochtopf kommt eine Drahtunterlage, auf welche die fertig befüllten Gläser gestellt werden. Jetzt füllen Sie so viel Wasser in den Einkochtopf, bis die Gläser zu ¾ bedeckt sind. Wenn zwei oder mehr Gläserschichten übereinander gestapelt werden, dann richtet sich die Wasserhöhe stets nach dem höchsten Glas.

Wichtig vor dem Einkochen

- ✓ Gläser und Deckel nach eventuellen Beschädigungen überprüfen.
- ✓ Gläser und Deckel stets mit Spülmittel in heißem Wasser spülen.
- ✓ Zusätzlich mit dem Wasserkocher Wasser zum Kochen bringen und die Gläser und Deckel damit Ausschwenken.
- ✓ Neue Einkochringe verwenden, damit durch beschädigte Ringe nicht das Risiko besteht, das Gemüse noch einmal einkochen zu müssen.
- ✓ Die Einkochringe in kochendem Wasser unter Zugabe eines Schuss Essig ca. 3 Minuten kochen, danach in einem Sieb abtropfen lassen und bis zur Verwendung dort belassen.
- ✓ Die Gläser, auf ein dickes Küchenhandtuch gestellt (Hitzeisolierung für den Tisch), sind jetzt fertig zum Befüllen.

Wichtig

Zu Beginn des Einkochens muss die Temperatur des Wasserbades und des Gläserinhalts in etwa gleich sein!

… das Füllgut verliert durch das Einkochen ohnehin etwas Volumen.

Der Einkochtopf wird mit dem dazugehörigen Deckel verschlossen und das Thermostat entsprechend der Rezeptangabe auf die erforderliche Temperatur eingestellt. Die Einkochzeit beginnt erst, wenn die im Rezept angegebene Temperatur erreicht ist. Nach Zeitablauf kommen die Gläser aus dem Einkochtopf heraus. Gute Dienste leistet beim Herausnehmen der wirklich sehr heißen Gläser ein Glasheber. Damit unser Holzküchentisch durch die Hitze der Gläser keinen Schaden nimmt, legen wir zwei übereinanderliegende Frotteehandtücher auf den Tisch. Darauf stellen wir die fertig gekochten, heißen Gläser.

Die Einweck-Klammern müssen so lange am Glas bleiben, bis dieses erkaltet ist. Danach ist es jedoch wichtig, diese zu entfernen, weil Sie nur so feststellen können, ob das Einkochen gelungen ist und das Glas wirklich geschlossen ist. Jedes Glas wird nach dem Erkalten durch Anfassen und leichtes Hochheben am Deckel dahingehend überprüft. Falls es bei einem einzelnen Glas einmal nicht geklappt hat, kann das Einkochgut selbstverständlich direkt nach dem Einkochen noch verwendet werden. Wenn es mehrere Gläser sein sollten, werden diese überprüft, neue Gummiringe verwendet und dann noch einmal eingekocht. Wir handhaben es so, dass wir die Klammern am nächsten Morgen von den Gläsern entfernen und diese in unser Vorratsregal in den Keller bringen. Der optimale Lagerraum sollte dunkel und frostfrei sein. Dort werden die Gläser so gestapelt, dass man die Zuglasche des Einkochrings noch sieht. Bei den anfangs sehr regelmäßigen Kontrollen braucht man nur einen Blick auf die Zuglasche zu werfen. Daran erkennt man, ob das Glas wirklich verschlossen ist.

Einkochgläser werden geöffnet, indem man die Zuglasche des Einkochrings so weit herauszieht, bis sich nach einem kleinen „Plopp" der Deckel ganz einfach hochheben lässt.

{ **Vorsicht!** }

Falls ein Glas zu einem späteren Zeitpunkt im Kellerregal aufgehen sollte, entsorgen Sie bitte den Inhalt, da sich hier schon unbemerkt und fürs Auge nicht sichtbar Schimmel eingenistet haben könnte!

Nach dem Einkochen werden die Klammern entfernt – nur so sieht man, ob es geklappt hat und der Deckel hält.

Ein Blick: Laschen nach unten – alles in Ordnung.

Entsaften

Manche Früchte halten sich nicht lange und lassen sich auch nicht gut einfrieren. Ein typischer Kandidat ist die Erdbeere. Kommt sie aus dem Gefrierschrank, so ist sie matschig, sauer und optisch eher abstoßend. Ganze Früchte eingekocht ergeben geschmacklich ein ähnliches Ergebnis. Wenn sämtliche Marmeladengläser gefüllt sind und den Bedarf auf Jahre hinaus abdecken, dann ist die Entsaftung eine Alternative.

Mit Volldampf entsaften. Um die Früchte zu verflüssigen, gibt es verschiedene Methoden. Die eine zerraspelt die Früchte und schleudert den Saft über eine Zentrifuge aus – das schmeckt besonders gut, da ein Teil des Fruchtfleischs in pürierter Form enthalten ist. Allerdings müssen solche Säfte sofort verzehrt werden, da sie Pilzen und Bakterien eine viel größere Angriffsfläche bieten als die frischen Früchte. Um den Saft über Jahre hinweg haltbar zu machen, wird er mit einem Dampfentsafter hergestellt. Moderne Geräte sind aus Edelstahl, ältere meist aus Aluminium gefertigt. Wir möchten nicht unnötig viel Aluminium in unseren Lebensmitteln haben und besitzen daher die Variante aus Edelstahl.

Der Dampfentsafter ist ein System aus drei ineinander gestapelten Töpfen. Der Untere wird zu ¾ mit Wasser gefüllt. Darauf kommt der Nächste, der in der Mitte ein Loch hat, welches in dem trichterförmig nach oben gewölbten Boden sitzt. Darauf kommt der letzte Teil, der siebartig durchlöchert ist und in den die gewaschenen und zerkleinerten Früchte gefüllt werden. Auf der Herdplatte erhitzt sich nun das Wasser, und heißer Dampf steigt durch das Loch im mittleren Teil nach oben durch den durchlöcherten Boden und erhitzt die Früchte. Die Zellstruktur wird zerstört, und der Saft tritt aus. Er tropft zurück in den mittleren Teil und kann nun über einen dort angebrachten Schlauch abgezapft werden.

Kurz vor Ende der Entsaftung, je nach Fruchtart dauert das 30–45 Minuten, sollten Sie einen halben Liter Saft abzapfen und noch einmal über die Früchte gießen. Dadurch mischt sich der Saft besser und enthält überall die gleiche Konzentration.

Dieses Verfahren ergibt die höchste Saftausbeute, zudem sind solche Flaschen viele Jahre haltbar, da sie durch die hohen Temperaturen des Safts sterilisiert werden.

Entsaften kann man fast alles. Entsaften können Sie alles, was bei drei nicht auf den Bäumen ist. Ob Gurken, Kürbis, Äpfel oder Beeren, es zählt allein Ihr Geschmack. Ähnlich ist es übrigens mit der Sorgfalt der Vorbereitung. Manch einer schwört darauf, Johannisbeeren z. B. mitsamt den Stängeln in die Töpfe zu füllen – das geht tatsächlich unproblematisch, da der Saft immer klar und rein wird.

Die Erdbeeren sind entsaftet und entfärbt ...

Der ganze Charme der Erdbeeren steckt nun in diesen Baby-Saftflaschen.

Dennoch extrahiert der Dampf auch die Bestandteile der Stängel, was sich geschmacklich geringfügig auswirkt. Entscheiden Sie selbst, wie viel Zeit und Mühe Sie in das Endprodukt investieren möchten.

Ein Wort zum Thema „Saftflaschen": Da wird inzwischen viel angeboten, aber leider oft zu teuer. Leere Saftflaschen kosten häufig doppelt so viel wie gefüllte, die es meist im Regal mit Babykost gibt. Der Deckel hat in der Mitte eine Delle, die sich beim Abkühlen des Safts wieder schön nach innen zieht. Beim späteren Öffnen ploppt es, was dann wie beim gekauften Saft ein Zeichen der Unversehrtheit und Frische ist. Den Saft können Sie später vielseitig verwenden. Er lässt sich zu Sirup oder Gelee verarbeiten oder einfach mit Wasser verdünnt trinken.

Trocknen

Das Trocknen von Lebensmitteln ist eine der ältesten Methoden, Vorräte zu konservieren. Ein typischer Fall, bei dem dies bis heute im großen Maßstab angewendet wird, ist Getreide. Es trocknet noch am Halm bis zur Lagerreife und ist nach dem Dreschen fast unbegrenzt haltbar. Lagerreife heißt, dass die Feuchtigkeit auf 14 % zurückgegangen ist. Die Prüfung am Halm gelingt mit den Zähnen: Die Körner müssen hart wie ungekochte Nudeln sein. So können sie eingelagert werden. Wichtig ist, dass Schädlinge nun keinen Zutritt mehr haben. Wir nutzen dafür Regentonnen, deren Deckel mit doppeltem Rand für den nötigen Abschluss sorgen. Diese Tonnen können in die Garage oder Scheune gestellt werden, und erstaunlicherweise haben sich in den vielen Jahren noch nie Mäuse durch den Kunststoff durchgenagt. Unser ältestes so gelagertes Getreide ist 5 Jahre alt und noch einwandfrei.

Ein Anzeichen für Schädlingsbefall ist grau-roter Staub (der stammt von Milben) und natürlich Schimmel. Das Auftreten ist an eine Erhöhung der Getreidefeuchtigkeit gebunden, und im Extremfall beginnt dieses sogar zu keimen.

Trocknung heißt das Zauberwort. Auch Bohnen kann man sehr schön trocknen. Das Einfachste ist es, sie wie das Getreide noch an der Pflanze abwelken zu lassen. Da wir aber noch im Sommer eine Folgekultur anlegen möchten und dafür das Beet bereits Ende Juli räumen, ernten wir die nassen Samen. Dazu brauchen wir einen sonnigen Tag, und dann breiten wir die Bohnen auf der Holzterrasse breit gefächert aus. Zumindest die äußerliche Feuchtigkeit verschwindet schon am ersten Nachmittag, danach kommt die Ladung auf ein altes Tischtuch im Haus. Am nächsten Tag schlagen wir einfach die Zipfel

Ist das Wetter unsicher, so hilft ein altes Betttuch, welches schnell zusammengeschlagen werden kann.

Getrocknete Apfelringe sind ein schöner Snack und ersetzen so manche Tüte Chips.

zusammen und breiten die mittlerweile schon geschrumpfte Ladung wieder auf der Terrasse aus, jetzt auf dem Tuch. Der Vorteil: Kündigt sich ein Regenschauer an, dann haben Sie die Bohnen schnell wieder im Trockenen, ohne sie zusammenklauben zu müssen. Dieses Spiel wiederholt sich über mehrere Tage so lange, bis die Bohnen hart, flach und verschrumpelt sind. Nun können sie in Behälter oder kleine Säcke aus Papier abgefüllt und für einige Jahre gelagert werden. Zugleich haben Sie so einen Vorrat für die Aussaat in der kommenden Saison.

Für Obst, z. B. für Apfelringe, gibt es im Handel verschiedene Trockenautomaten. Wir haben damit keine Erfahrung gesammelt, weil wir keine weitere größere Maschine in der Küche herumstehen haben wollen. Zudem ist der Energieverbrauch bezogen auf die konservierte Menge recht hoch. Dennoch ist es eine Alternative, falls Ihre Oststiegen, Einmachgläser und Gärballons (für Wein) schon voll sind oder einfach, weil es gut schmeckt.

Ein Dörrautomat für Obst oder Pilze – praktisch, verbraucht aber viel Strom.

Ohne Kühlung und Konservierung

Manche Früchte muss man überhaupt nicht konservieren oder anderweitig behandeln, um sie länger zu lagern. Zu diesen Kandidaten zählen Kürbisse, zumindest manche Sorten. Hokkaido-Kürbisse oder Butternut sowie ausgereifte Zucchini können Sie einfach im Wohnbereich lagern, sofern keine pralle Sonne auf die Früchte scheint. Gewaschen und leicht mit Salatöl abgerieben halten sie sich über ein halbes Jahr ohne spürbare Qualitätsänderungen. Nebenbei kann man die Kürbisse auch als Dekoration einsetzen, die dann irgendwann verzehrt wird.

Ähnlich ist es mit Walnüssen. Diese sollten gleich nach dem Sammeln ins Trockene gebracht werden, da sie sonst rasch Schimmel ansetzen. Ist die Feuchtigkeit der frischen Nüsse im Inneren verdunstet, dann lassen sie sich ebenfalls viele Monate halten.

Haben Sie einen kühlen Keller mit relativ hoher Luftfeuchtigkeit (oder alternativ einen Erdkeller), dann können Sie wesentlich mehr Gemüsearten ohne weitere Behandlung lagern. Kohl wird an den Strünken kopfüber an einer Schnur aufgehängt.

{ **Kein Mitleid!** }

Grundsätzlich gilt für alles Lagergut: Es muss einwandfrei sein, d.h. ohne Faul- und Fraßstellen. Kommt Ihnen irgendetwas verdächtig vor, dann sortieren Sie es sofort konsequent aus. Wir haben das nicht immer so gemacht – oft hat es uns leidgetan, Gemüse nur wegen kleiner Mängel nicht einzulagern.

Da wir aufgrund der Erntemengen unmöglich alles frisch verzehren können, bedeutet dies entweder einen Fall für unsere Tiere (als Futter) oder für den Komposthaufen. Dafür ist die ganze Arbeit aber zu schade, und so haben wir manchmal wider besseres Wissen auch Schadhaftes in Stiege und Bottiche getan.

Die Konsequenzen waren jedes Mal gleich: Schon nach wenigen Wochen begannen solche Kartoffeln, Pastinaken oder Rettiche zu faulen und steckten auch noch gesunde Exemplare an. Trennen Sie sich also lieber gleich davon, auch wenn es schwerfällt.

Dazu muss es aber eine späte, lagerfähige Sorte sein. Kartoffeln werden offen in einer Schütte aufbewahrt. Auch Äpfel bleiben unter solchen Bedingungen länger frisch, wenn sie auf Stiegen schön geordnet und ohne gegenseitigen Kontakt gelegt werden.

Wurzeln im Sandbett. Wurzelgemüse lässt sich in Maurerkübeln aufbewahren, die mit feuchtem Sand gefüllt wurden. Hier hinein werden sie Schicht um Schicht gestapelt und dann jeweils die Zwischenräume mit Sand bedeckt. Das ist auch eine gute Methode, diese in der Regel zweijährigen Arten bis zum Frühjahr frisch zu halten, dann wieder ins Beet zu setzen und zum Blühen zu bringen (falls Sie Ihr eigenes Saatgut nachziehen möchten).

Kürbisse schlagen zwei Fliegen mit einer Klappe, wenn sie im Wohnbereich lagern.

Auch wir können uns manchmal von suboptimalen Kartoffeln schlecht trennen und müssen dann im Winter verfaulte Knollen aussortieren ...

Gefriergut hat im hohen Norden Tradition – auch ohne Strom.

Einfrieren

Das Benutzen eines Gefrierschranks scheint nicht ganz zur ökologischen Bewirtschaftung eines Gartens zu passen und klingt auch wenig traditionell. Das täuscht allerdings, wie ein Blick in den hohen Norden zeigt.

Dort werden bis heute Fleisch und Früchte in speziellen Vorratshütten bei winterlicher Kälte bis ins Frühjahr hinein bevorratet. Und für bestimmte Produkte erleichtert das Einfrieren die Lagerung ungemein. Ein eher ungewohntes Beispiel hierzu sind Walnüsse. Falls Sie sie nicht, wie zuvor beschrieben, nach der Ernte trocknen können, so sollten Sie sie unverzüglich einfrieren. Dann schimmeln die Nüsse nicht und werden auch nicht ranzig, sondern schmecken im Gegensatz zu vielen Früchten nach dem Auftauen erntefrisch.

Honig einfrieren? Ähnlich ungewöhnlich ist das Einfrieren von Honig. Zwar hält er sich auch jahrlang im Keller, doch viele Genießer stört das Hartwerden, welches je nach Nektarsorten einige Tage bis einige Monate nach der Schleuderung einsetzt. Dieses Aushärten (eigentlich ein Qualitätsmerkmal) können Sie erheblich verzögern, indem Sie den Honig tiefkühlen. Dazu können Sie die fertig abgefüllten Gläser nehmen, denn durch den hohen Zuckergehalt friert der Honig nicht durch, und die Gläser können nicht platzen.

Wenn Sie größere Mengen einfrieren möchten, dann denken Sie daran, den Gefrierschrank zuvor auf „Schnellgefrieren" einzustellen. Dadurch wird er besonders tief gekühlt, und es besteht nicht die Gefahr, dass anderes Gefriergut durch die Befüllung mit zimmerwarmer Ware auftaut.

Fleischkonservierung

Fleisch ist ein besonders heikles Lebensmittel. Es verdirbt schnell, und dann ist es nicht nur ungenießbar, sondern auch hochgefährlich. Andererseits fällt es bei der Schlachtung in solchen Mengen an, dass es nicht komplett frisch verzehrt werden kann. Und noch eine weitere Hürde kommt hinzu: Um zarter zu werden, sollen die Schlachtkörper abhängen. Je nach Tierart bleiben sie bis zu einer Woche im Kühlraum. Dabei wird das Fleisch durch enzymatische Prozesse mürber und geschmacklich runder. Falls Sie so einen Kühlraum oder eine Kühlzelle besitzen (Kosten um 1.000 €), dann bietet sich eine solche Fleischreifung an. Bei den geringen Mengen für eine Selbstversorgung ist uns das zu teuer. Wir verarbeiten das Fleisch sofort nach der Schlachtung weiter und frieren das meiste direkt ein. Geschmacklich und von der Konsistenz her entspricht das Ergebnis voll unseren Erwartungen, so dass wir diese Vorgehensweise nur empfehlen können.

Lammhackfleisch. Da wir von unseren zeitlichen Kapazitäten her ohnehin keine Vollversorgung erreichen können und wollen, nutzen wir die anfallenden Schlachtlämmer überwiegend für die Hackfleischerzeugung. Dazu wird das Fleisch gleich nach der Schlachtung vom Knochen gelöst und in der Küche noch einmal gesäubert und von Sehnen und Häuten befreit. Danach schneiden wir es in Würfel, die gut in den Trichter eines

Ein elektrischer Fleischwolf in Profiqualität erleichtert die Hackfleischherstellung enorm.

Fleischwolfs passen. In den ersten Jahren benutzten wir solch ein Gerät mit Handkurbel. Das klingt nostalgisch und funktioniert gut, ist aber ziemlich schweißtreibend. Daher gönnten wir uns den Luxus und kauften ein elektrisches Gerät, mit dem der ganze Berg im Nu durchgedreht ist. Die Feinheit des Hackguts können Sie über die Größe der Lochscheiben steuern, die vorne aufgesetzt werden. Die Flügelmesser, die das Fleisch durch die Scheibe treiben und abschneiden, halten einige Jahre und lassen sich dann problemlos austauschen. Ein Nachschleifen lohnt sich nicht, denn wenn Sie das nicht ganz akkurat gleichmäßig bei allen vier Flügelteilen hinbekommen, schneidet der Wolf nicht mehr richtig. Aus der Schüssel füllen wir küchenfertige Portionen in Gefrierbeutel ab, die dann sofort in die Truhe wandern.

Kaninchen am Stück oder im Glas? Mit den Kaninchen verfahren wir anders: Sie werden im Ganzen eingefroren, nachdem auch sie in der Küche noch einmal gesäubert, nachgeschnibbelt und gewogen wurden. Da sie bei der Verwendung im Dampfkochtopf gegart und erst danach weiter gekocht oder gebraten werden, sind sie immer sehr zart.

Eine weitere Variante ist das Einkochen. Weil das Fleisch gleich fertig gewürzt in die Gläser gegeben wird, haben Sie anschließend ein schnelles Gericht im Keller stehen, welches nur noch aufgewärmt werden muss. Da das Fleisch im Einmachglas richtig gut und lange durchzieht, kann etwas milder gewürzt werden, als man es bei direktem Verbrauch machen würde.

Rote Beete-Hackfleischsoße

Zutaten:
- 500 g Hackfleisch
- 1 Glas selbsteingekochte gestiftete Rote Beete
- 1 Zwiebel
- Suppengrün (frisch oder getrocknet)
- ½ Tube Tomatenmark
- 250 ml Rotwein
- 400–500 ml Brühe
- 1 Lorbeerblatt
- Brühpulver
- Salz
- Pfeffer
- Thymian
- evtl. Ziegenfrischkäse (sonst Fetakäse)

Öl in einer großen Pfanne erhitzen. Zwiebel gewürfelt dazugeben und glasig dünsten. Hackfleisch ebenfalls hinzufügen und krümelig anbraten.

Tomatenmark dazufügen, mit 2–3 EL Mehl bestreuen und mit der Brühe und dem Rotwein ablöschen.

Suppengrün, Brühpulver, Salz, Pfeffer, Thymian und das Lorbeerblatt dazugeben. Etwa 10 Minuten bei kleiner Hitze und geschlossenem Deckel köcheln lassen.

Rote Beete-Stifte würfeln und hinzufügen. Nochmals einige Minuten weiterschmoren.

Dazu: Spaghetti (ggfs. Käse über die Soße bröckeln)

Knuspriges Kaninchen und Kaninchensuppe

Zutaten:
- 1 Kaninchen
- 1 l Brühe
- Suppengrün (frisch oder getrocknet)
- Salz
- Pfeffer
- Paprikapulver
- Chilipulver

Kaninchen im Schnellkochtopf gar kochen. Bei etwa 1,7 kg etwa 40 Minuten, ein kleineres Kaninchen benötigt etwa 30 Minuten Garzeit.

Das Kaninchen aus dem Topf nehmen, etwas abkühlen lassen und dann das Fleisch von den Knochen in kleinen Stücken lösen.

Die Kaninchenteile in einer Pfanne mit heißem Öl kross anbraten. Danach mit Pfeffer, Salz, Paprika- und Chilipulver würzen.

Dazu: Kartoffelgratin und Rotkohl

Die Brühe kann als „Kaninchensuppe" mit Suppennudeln, verquirlten Eiern oder Käsestückchen angereichert werden. Entweder am gleichen Tag als Vorspeise oder als separate Mahlzeit servieren.

Selbstgemachte Wurst im Glas schlägt jedes Supermarktprodukt.

Wurst im Glas. Eine besondere Form des Einkochens ist die Herstellung von Wurst in Gläsern. Um eine spätere Entnahme beim Verbrauch zu erleichtern, eignet sich Streichwurst besonders gut. Dazu wird das gekochte Fleisch gewürzt und zusammen mit Speck durch den Wolf gedreht. Fett ist notwendig, um eine weiche Konsistenz zu erzielen. Uns widerstrebt es, Speck aus dem Handel zu verwenden, weil wir da nie sicher sind, was dieser alles an Schadstoffen enthält. Zudem schmeckt es einfach besser, wenn möglichst viele Zutaten aus dem eigenen Garten kommen. Eine schöne Alternative sind Zwiebeln. Sie werden gewürfelt und in Pflanzenöl glasig angebraten. Danach können Sie sie wie den Speck unter das Fleisch mischen und das ganze dann in Gläser abfüllen.

Wurst und Schinken selber machen. Die schwierigste Variante der Haltbarmachung ist zugleich auch die älteste: Die Herstellung von Schinken und Würsten. Zunächst brauchen Sie dazu absolut einwandfreies Fleisch. Die Tiere müssen angstfrei geschlachtet werden, denn ansonsten sorgen Stresshormone dafür, dass das Fleisch fault. Zudem sind ältere Tiere vorteilhaft, weil sie festeres Muskelgewebe aufweisen. Spätestens jetzt macht sich die ohnehin vorgeschriebene Fleischbeschau bezahlt, denn Schinken und Salami sind nichts anderes als rohes Fleisch, welches mit Salz und Rauch behandelt wurde. Gefährliche Erreger werden dadurch höchstens teilweise abgetötet, und mit Appetit kann man solche Produkte nur essen, wenn sie sachgemäß kontrolliert worden sind.

Für Schinken eignet sich nur bestes Fleisch.

Beginnen Sie zu Anfang mit Schinken, denn dieser ist relativ einfach herzustellen. Voraussetzung: Es ist die kalte Jahreszeit und damit draußen unter 8 °C kühl. Das Fleisch können Sie, falls nicht frisch geschlachtet, auch bis zu diesem Zeitpunkt einfrieren. Zu Beginn legen Sie es in eine Salzlake ein, die pro Liter Wasser mit 120 g Pökelsalz hergestellt wird. Pökelsalz enthält Nitrit, das desinfizierend wirkt und dem Fleisch eine rötliche Farbe gibt. Prinzipiell geht's auch ohne, doch dann muss noch pingeliger auf die Hygiene und die Temperatur geachtet werden. Das Fleisch wird dann übrigens braun anstatt rot.

In dieser Lake verbleibt der Schinken 14 Tage, danach wird er abgewaschen und 1–2 Tage auf einem Brettchen getrocknet. Sie können ihn aber auch gleich in den Räucherschrank hängen, denn dorthin kommt er ja ohnehin. Ist die Zeit verstrichen, dann wird geräuchert. Dazu wird Sägemehl in die untere Schublade gefüllt, leicht festgedrückt und zum Glimmen gebracht. Anzünden können Sie entweder mit Spiritus oder Eierkarton, niemals jedoch mit Grillanzündern – die würden den Schinken geschmacklich verderben. Je höher Sie das Sägemehl in die Schublade füllen, desto heißer wird es innen. Über 30 °C sollte es nicht werden, da das Fleisch sonst anfängt zu garen. Ein Räuchergang zieht sich je nach Füllmenge 1–5 Stunden hin und wird einmal täglich wiederholt. Nach einer Woche ist der Schinken fertig. Soll er fester werden, so dehnen Sie den Vorgang auf zwei Wochen aus und räuchern nur jeden zweiten Tag.

Das wichtigste Utensil zur Schinkenherstellung ist der Räucherofen. Er hat die Aufgabe, das Fleisch durch wiederholte Rauchgaben haltbar und schmackhafter zu machen. Allerdings soll er den angehenden Schinken nicht kochen, und daher darf er nicht zu heiß werden. Falls Sie sich so einen Ofen anschaffen möchten, dann schauen Sie zuerst nach alten Gebrauchtgeräten. Diese dämmern oft in Scheunen vor sich hin, und auch wenn sie von außen schon ein wenig unansehnlich geworden sind, ist das nicht schlimm. Innen hat sich durch jahrzehntelangen Gebrauch eine schwarze, lackartige Rußschicht abgesetzt, die desinfizierend wirkt.

Neue Räucheröfen sind meist zu klein. Was bei den großen Internet-Plattformen angeboten wird, sind Geräte mit einer Höhe um einen Meter. Sie sollen sowohl dem Heißräuchern von Fisch oder Geflügel dienen (dann soll es so heiß werden, dass das Fleisch durchgart) als auch das Kalträuchern ermöglichen. Bei so kleinen Räumen steigt die Hitze der Glut bis ans Fleisch und steigt hier schnell über 25 °C. Diese Temperatur stellt die absolute Obergrenze dar, die nicht überschritten werden darf. Wird wärmer geräuchert, dann verändert sich das Fleisch und ist nicht mehr lange haltbar. Achten Sie daher darauf, möglichst größere Öfen zu erwerben.

Zum Starten brauchen Sie Sägemehl. Falls Sie mit Holz heizen, dann können Sie die Abfälle vom Kleinsägen verwenden, ansonsten gibt es auch Mischungen zu kaufen. In der unteren Schublade wird eine Ladung davon angehäuft und mit etwas entzündeter Pappe zum Glühen gebracht.

Solche kleinen Räucheröfen eignen sich eher für Forellen, die gleich verzehrt werden sollen.

Alkohol – Obstwein selbst herstellen

Eine letzte, schmackhafte Form der Konservierung ist die Herstellung alkoholischer Getränke. Wir verarbeiten so Überschüsse von Obst oder auch Honig. Überschüssiger Honig? Spätestens nach zwei Jahren sollte dieser verzehrt sein, denn sonst verliert er deutlich an Qualität. Vielleicht haben Sie auch Backhonig gewonnen, der nun in ein hochwertiges Produkt umgewandelt werden kann.

Für Obstwein frieren wir Jostabeeren ein, da wir diese nicht alle frisch verzehren können. Ebenso gut funktionieren mit dem nachfolgenden Rezept Rote / Schwarze Johannisbeeren oder Stachelbeeren; grundsätzlich kann man aber auch andere Früchte nach dem gleichen Schema verarbeiten. Spülen Sie die Glasballons zur Vorbereitung bitte nur mit lauwarmem Wasser – sonst platzen sie.

Äpfel werden zerkleinert in einer Presse entsaftet ...

Ausrüstung zur Obstweinherstellung

- 2 Gärballons (zünftigerweise aus Glas), für den Anfang 15 l
- Gummistopfen und Gärröhrchen
- Weinheber (Schlauchset zum Abziehen und Umfüllen)
- Flaschen zur Endabfüllung

Weiteres Zubehör:

- Weinhefe
- Hefenährsalz
- Antigel
- Kaliumpyrosulfit

Obstwein

Zutaten für 10 Liter Wein:
- 6 kg Früchte
- 1,5 kg Zucker
- Hefe
- Nährsalz
- Antigel

Zunächst werden die Früchte aufgetaut und zerstampft. Danach geben Sie den Zucker hinzu und rühren alles gut durch.

Nun füllen Sie die Masse mit einem Trichter für Einmachgläser (diese haben einen besonders großen Auslauf) in den Gärballon ein.

Anschließend wird der 15-l-Ballon auf 10 l aufgefüllt (also ca. 3 l Wasser hinzugeben). In dieses Gemisch geben Sie die Hefe, das Nährsalz sowie das Antigel und vermischen alles durch kreisende Bewegungen des Ballons. Nun kommt noch der Stopfen obendrauf, in das kleine Loch wird der Gäraufsatz gesteckt und mit Wasser gefüllt.

... während kleinere Mengen Beeren auch in einer Schüssel zerstampft und als Maische in den Gärballon gegeben werden können.

Kontrollieren Sie regelmäßig, ob noch genügend Flüssigkeit im Gäraufsatz ist, denn nun wird es heftig. In den nächsten Tagen beginnt es im Ballon zu brodeln, und der aufsteigende Schaum braucht den freien Raum, um nicht oben herauszuquellen. In seltenen Fällen kann das trotzdem einmal passieren, daher empfiehlt es sich, das Ganze auf eine wasserfeste Unterlage zu stellen.

Im Ballon baut nun die Hefe den Zucker ab und scheidet dabei Alkohol und CO_2 aus. Dieses CO_2 blubbert schließlich oben aus dem Gäraufsatz, der verhindert, dass Sauerstoff zurückströmt und den Fruchtbrei faulen lässt. Das klappt aber nur, wenn im Röhrchen stets genug Wasser ist.

Die Hefe bringt sich selbst um. Mindestens einmal täglich sollten Sie den Balloninhalt in eine kreisende Bewegung versetzen und ihn so durchmischen. Nach einer Woche wird der Inhalt in einen Handpressbeutel gefüllt und über einer großen Schüssel kräftig ausgewrungen. So trennt sich der angegorene Saft von der Maische.

Der Saft kommt nun wieder in der Gärballon zurück und kann nochmals bis auf 10 l aufgefüllt werden (so wird das Volumen der ausgefilterten Maische ersetzt). Der weitere Verlauf verlangt ein wenig Fingerspitzengefühl. Die Hefe soll so lange arbeiten, bis sie am eigenen Alkohol eingeht. Das ist bei 10 % bis 15 % Alkoholgehalt der Fall.

Der Gäraufsatz mit Röhrchen bewirkt, dass kein Sauerstoff in den Weinansatz gelangt, Kohlendioxid jedoch herausblubbern kann.

Mit einem Handpressbeutel wird die Maische ausgewrungen.

Wenn Sie Backhonig übrig haben, können Sie diesen zu Met veredeln.

Die Kunst liegt nun darin, dass nicht zu viel Zucker übrig bleibt, damit der Wein nicht zu lieblich wird. Daher zuckern Sie am besten regelmäßig in kleinen Schritten nach (50–100 g), bis das Blubbern schließlich aufhört. Dann ist die Hefe mit ihrem Latein am Ende und der Wein fast fertig. Kosten Sie, ob der Wein noch zu herb ist und süßen Sie bei Bedarf vorsichtig nach – dieser Zucker bleibt ja jetzt auf Dauer erhalten. Damit Ihnen nicht irgendwann die Flaschen im Keller explodieren, weil Sie vielleicht zu früh abgefüllt haben, können Sie den Wein sicherheitshalber kurz auf 70 °C erhitzen, denn dann stirbt jeder eventuell übrig gebliebene Heferest. Dabei kann es zu leichten Geschmacksveränderungen kommen.

Schwebstoffe absetzen lassen. Zuvor sollen sich allerdings die Schwebstoffe im Ballon absetzen. Das kann einige Wochen dauern. Ist der Wein klar, dann wird er mittels Schlauch abgezogen und in einen anderen Ballon umgefüllt. Dies wird wiederholt, bis sich nichts mehr am Boden ablagert. Nun kann der Wein endgültig in Flaschen gefüllt und gelagert werden.

Met wird ähnlich hergestellt, ist aber eher etwas für Fortgeschrittene. Er enthält im Vergleich zu Obst wenig Säure und muss daher von Anfang an mit Zitronensäure aufgepeppt werden. Die fehlenden Trübstoffe, an denen sich die Hefe festhalten muss, werden durch naturtrüben Apfelsaft hinzugegeben. Alle anderen Vorgänge gleichen den Schritten für Obstwein.

Im Internet finden sich auf diversen Seiten sehr gute Rezepte; vielleicht fragen Sie aber auch einfach einen befreundeten Imker, denn in diesen Kreisen ist die Metherstellung sehr verbreitet.

Dies und das

Zur Selbstversorgung kann mehr als der Anbau von Pflanzen und das Halten von Tieren gehören. Ob Wasser aus dem eigenen Brunnen, Solarstrom für den Stall oder Naturschutz im Garten, erst mit dem Komplettpaket fühlen wir uns rundherum wohl.

Eigenes Wasser

Garten und Tiere verbrauchen eine Menge Wasser. Wie viel das genau ist, hängt natürlich von der Größe der Beetfläche, von Art und Anzahl der Tiere, vor allem aber vom Wetter ab. Je trockener und wärmer, desto mehr müssen Sie mit Gießkanne und Schlauch nachhelfen.

Beim Beet klingt das noch logisch, denn die Erde trocknet an heißen Sommertagen rasch aus. Aber Tiere? Schließlich können die meisten Arten nicht schwitzen. Der Schlüssel liegt im Futter. Regnet es, so ist beispielsweise das Gras nass, so dass Ziegen oder Schafe viel Wasser über das Futter aufnehmen. Umgekehrt ist das Grünzeug bei Sommerhitze fast so trocken wie Heu, und dann muss viel dazu getrunken werden. In der warmen Jahreszeit brauchen Sie also je nach Witterung sehr viel Wasser, und in Zukunft verschärft sich die Situation noch: Der Klimawandel bringt vor allem Wetterextreme, und im Sommer sind das noch höhere Temperaturen und weniger Niederschläge als bisher.

Wasser kostet doppelt. Nun könnte man den gesamten Bedarf aus der Wasserleitung decken. Das kann jedoch schnell ins Geld gehen, wie der Kasten „Wasserverbrauch" beispielhaft zeigt. Zudem ist für jeden Kubikmeter, den Sie aus dem örtlichen Netz zapfen, auch eine Abwasserabgabe fällig, denn der Versorger kann ja nicht nachvollziehen, dass Sie einen Teil davon nicht der Kläranlage zuführen. Zwar kann man ab einer bestimmten Anzahl von Tieren eine teilweise Befreiung von der Abwassergebühr beantragen, doch das lohnt sich in der Regel erst ab Bestandsgrößen, die jenseits einer reinen Selbstversorgung liegen. Fragen Sie dazu am besten Ihr örtliches Abwasserwerk, welches die Bescheide erlässt.

Pferde und Ziegen trinken auf der Weide so viel, dass sich ein mobiles Wasserfass lohnt.

Wasserverbrauch

inkl. Austausch von verschmutztem Wasser:

Verbraucher	Wassermenge pro Tier
Hühner	0,2 l pro Tag
Kaninchen	1 l pro Tag
Schaf und Ziege	5 l pro Tag
Gartenwässerung bei Trockenheit	10 l je m² pro Woche

Eine eigene Wasserversorgung ist auf jeden Fall sinnvoll, denn damit umgehen Sie sowohl Kosten als auch Abrechnungsbürokratie. Und nicht zuletzt kann in sogenannten Jahrhundertsommern die Gartenbewässerung verboten werden – schade, wenn ausgerechnet in solchen Situationen die eigene Ernte verdorrt. Es gibt zwei Wege, unabhängig zu werden.

Im Sommer verbrauchen wir täglich mehrere Gießkannen Wasser – das summiert sich zu einer ordentlichen Menge.

Regenwasser – einfach, preiswert, gut

So kann man Regenwasser beschreiben. Selbst im kleinsten Garten sollte sich eine Gelegenheit finden, eine Regentonne aufzustellen. Ein 200-l-Gefäß ist schon ab 20 € zu haben, und mit der Haltbarkeit ist es in der Regel gut bestellt: Die älteste Tonne ist bei uns schon seit über 10 Jahren in Gebrauch. Neben dem Standplatz wird ein Anschluss zum nächsten Regenrohr benötigt, denn die Sammelfläche für das Wasser sind Haus- oder Stalldächer. Beim Stall können die Tonnen gleich unter den Auslauf der Dachrinne gestellt werden. Beim Regenrohr ist es nicht ganz so einfach, denn hier muss ein Zwischenstück eingesetzt werden, welches das Nass nach draußen umleitet. Auf der Höhe des Tonnenrands eingesetzt und mit einem Gartenschlauch verbunden funktioniert das Ganze perfekt: Bei Regen füllt sich die Tonne bis zum Rand, und weil ab da der Schlauchanschluss selbst unter Wasser steht, bleibt weiterer Nachschub außen vor und rauscht im Fallrohr in die Kanalisation. Wir haben die einfache Lösung direkt unter der Rinne gewählt: Ist das Fass voll, dann läuft weiteres Wasser einfach über und wässert die Wiese.

Regenwasser ist nicht sauber. Verwendungsmöglichkeiten: Regenwasser ist grundsätzlich verschmutzt. Die meisten Verunreinigungen stammen dabei nicht aus der Luft. Der schmutzigste Regen fällt immer am Anfang, und wenn die Atmosphäre gewaschen ist, kommt der saubere Teil. Insgesamt ist dieser Schmutz jedoch nicht so gravierend. Viel Dreck stammt vom Dach, welches durch das Wasser von Staub, Pollen, Blattresten und toten Insekten befreit wird. Das Sammelsurium landet in der Regentonne und bildet dort in der Sommerwärme schnell einen unappetitlichen Cocktail. Zudem fallen weitere Insekten, Schnecken, manchmal sogar Mäuse oder Vögel in die Tonne und sinken dort zu Boden. Durch Algen trübt sich das Wasser ein, so dass die verborgenen „Schätze" nicht zu sehen sind. Als Gießwasser für Gemüse taugt so etwas allemal, aber als Durstlöscher für Tiere ist es nicht mehr geeignet.

Regenwasser = Gießwasser. Doch gerade auf etwas weiter entfernten Weiden wäre es schön, wenn man nicht ständig Wasser bringen müsste. Abhilfe schaffen hier zwei Dinge: Zum einen sollten Sie die Regentonne in niederschlagsfreien Zeiten mit einem Deckel verschließen. Dies verhindert tierischen Beifang und vermindert die Algenbildung stark. Zum anderen sollten Sie die Tonne regelmäßig reinigen, und zwar am besten kurz vor der nächsten Regenfront. So hat das Wasser zwar keine Trinkwasserqualität, ist als Tränke für Ziegen oder Schafe jedoch grundsätzlich geeignet. Bei unseren Kaninchen und Hühnern verwenden wir nur Leitungs- oder Brunnenwasser, weil wir den Eindruck haben, dass sie empfindlicher sind.

Zum Gießen der Beete ist das Regenwasser aber in jedem Zustand gut geeignet. Selbst verschmutztes, eingetrübtes Wasser kann verwendet werden – der Ballast ist quasi unentgeltlicher Flüssigdünger.

Über das Regenrohr gelangen große Mengen Wasser in die Tonne.

Hier ist es Pollen, der das Wasser verschmutzt und später faulen lässt.

Der eigene Brunnen

Wer völlig unabhängig beste Wasserqualität in größeren Mengen haben möchte, sollte über einen eigenen Brunnen nachdenken.

Ob sich eine solche Anschaffung finanziell jemals lohnt, hängt stark von der örtlichen Gesetzeslage ab. Denn solange Sie nicht in einer Einödlage wohnen, müssen Sie meist das örtliche Trinkwassernetz nutzen. Schließlich ist diese Versorgung eine solidarische Aufgabe, die für alle anderen umso teurer wird, je mehr Nutzer sich aus dem System verabschieden. Fällt diese Nutzung flach, so bliebe immerhin noch das Brauchwasser für Toiletten, Spül- und Waschmaschine. Falls Sie das eigene Wasser nur für den Garten und die Tiere nutzen, zahlt sich ein eigener Brunnen finanziell nicht aus. Immerhin spart man mit jedem Liter nicht nur die Wasser-, sondern auch die Abwassergebühr. Aber es gibt ja neben monetären Aspekten noch ganz andere Gründe für eine Bohrung. So können Sie den Brunnen dort installieren, wo Beete und Ställe sind. Dann entfallen weite Wege mit gefüllten Gießkannen oder das ständige Ausrollen von Gartenschläuchen. Und eine in Brunnennähe aufgebaute Solardusche lässt nach einem anstrengenden Gartentag den Schweiß mit eigenem Wasserstrahl verschwinden. Das fühlt sich wie Urlaub an, wenn man sich inmitten seiner Beete mit Blick ins Grüne erfrischen kann.

Ohne Bürokratie geht nichts. Die Entscheidung ist gefallen, und jetzt wird's erst einmal bürokratisch. Je nach Bundesland wird ein Gutachten verlangt, manchmal reicht aber auch die bloße Anzeige der Inbetriebnahme. Zumindest theoretisch. In unserem Fall mussten wir vor der Anzeige die Ausnahmegenehmigung vom Trinkwasserbenutzungszwang einholen. Die erteilte der örtliche Wasserversorger, und dieses Schreiben reichten wir dann bei der Kreisverwaltung ein. Hier sprach man dann aber doch eine richtige Genehmigung aus, und zwar mit Auflagen. In unserem Fall hieß das die Installation einer Wasseruhr und die Beschränkung der Entnahmemenge auf 500 l pro Woche. Das hatten wir uns etwas anders vorgestellt, denn die Menge ist für unseren Bedarf ziemlich knapp, zumindest in heißen Sommern.

Im Winter ruht der Brunnen, da sonst die wassergefüllten oberirdischen Teile platzen.

Unter der romantischen Verkleidung verbirgt
sich eine leistungsfähige Pumpe, die das Wasser
aus rund 50 m Tiefe fördert.

Bohrset aus dem Internet? Haben Sie alle Papiere besorgt, so geht es an die Umsetzung. Wohnen Sie in einer Gegend mit Sandboden, steht das Grundwasser gar hoch an, so können Sie mit einem preiswerten Bohrset aus dem Internet selbst Hand anlegen. Auch in diesem einfachen, erst recht in allen anderen Fällen rate ich jedoch zur Installation durch eine Fachfirma. Diese bohrt in die richtige Tiefe, dichtet alles korrekt ab und schaut, dass die Pumpe durch ein Filterrohr nicht zu viel Sand ansaugt. Vor allem aber besitzen sie gartenschonendes Spezialgerät, welches kaum Spuren hinterlässt.

Die Bohrung sollten Sie in einer möglichst trockenen Periode durchführen lassen, damit sichergestellt ist, dass wirklich eine ergiebige Grundwasserader und nicht oberflächennahes Wasser sprudelt, welches bei Trockenheit rasch versiegt. Die elektrische Zuleitung ist dann wieder Ihre Sache (oder die eines Fachbetriebs), die Gestaltung des Brunnens ebenfalls.

Wir hätten unseren Brunnen gerne mit einer Handschwengelpumpe betrieben, doch ab einer Tiefe von rund 10 m ist dies kaum mehr möglich (unser Brunnen ist 47 m tief). Zumindest der Auslauf geht durch eine solche gusseiserne Pumpe und vermittelt ein wenig Nostalgie. Und mit der elektrischen Pumpe lässt es sich gut beregnen oder auch einmal bequem ein Wasserfass für die Weide füllen.

Brunnen überwintern. Wenn die Gartensaison zu Ende geht, sollte auch der Brunnen winterfest gemacht werden, es sei denn, Sie haben die Anlage ohnehin gegen sehr tiefe Temperaturen isoliert. Bei Minusgraden brauchen die Tiere allerdings sowieso warmes Wasser, der Garten hingegen gar keins – der Brunnen ist also arbeitslos. Daher wird der frostempfindliche Druckschalter abgeschraubt und im Keller verstaut, der Brunnenkopf mit Isoliermaterial (etwa Noppenfolie) eingepackt und anschließend der Deckel auf die Anlage aufgesetzt. Der Strom bleibt sicherheitshalber den ganzen Winter über abgeschaltet.

Energie aus dem Garten

Wo ist die Grenze der Selbstversorgung erreicht? Ist die Energiegewinnung auf der eigenen Scholle nicht ein wenig übertrieben? Soviel vorneweg: Wenn Sie auf diesem Sektor produzieren wollen, lohnt sich ein eigenes Waldstück.

Ein Hektar, für 10.000–20.000 € zu haben, erzeugt pro Jahr zwischen 10 und 20 rm Brennholz. Das entspricht 2.000–4.000 l Heizöl und reicht für ein Einfamilienhaus vollkommen aus. Zudem brauchen Sie zur Energiegewinnung außer einer Motorsäge und einem Anhänger keine aufwändige Ausrüstung. Die Holzerzeugung lohnt sich übrigens unabhängig von Fördergeldern und Marktanreizprogrammen.

Das ist bei der Stromerzeugung (noch) anders, es sei denn, Sie besitzen eine alte Wassermühle. Ob eine Solaranlage sich rentiert oder nicht, möchte ich hier gar nicht diskutieren. Denn gerade beim Strom gibt es noch andere Aspekte, vor allem diesen: Ist er dort verfügbar, wo Sie ihn brauchen? Der Klassiker ist die weit entfernte Weide, die mit einem Elektrozaun betrieben wird. Hier fließt ständig Strom, und der kann nur aus Batterien kommen.

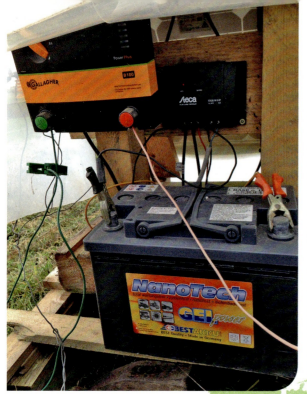

Ein Weidezaungerät mit Gelakku – ohne Solaranlage viel Buckelei.

Akku im Stall mit Laderegler: Beide Kontrollleuchten sind grün, also alles in Ordnung!

Wenn Sie nicht regelmäßig Trockenbatterien zum Wegwerfen kaufen möchten, dann bleiben nur wieder aufladbare Akkus. Doch diese halten nur zwei bis drei Wochen, bevor sie wieder ans Netz müssen. Und weil sie so schwer sind, geht der Heimtransport nur mit der Schubkarre oder mit dem Auto.

Das haben wir tatsächlich viele Jahre lang so gemacht, und neben der ganzen Buckelei besteht auch noch das Risiko, dass der Akku schlappmacht, ohne dass man dies bemerkt.

Das ständige Auf- und Entladen halten die gängigen Autobatterien nicht gut aus und sind spätestens nach zwei Jahren am Ende.

Vor einigen Jahren fielen dann die Preise für Solarmodule so stark, dass wir auf eine solche Anlage umgestiegen sind. Nun wird die Batterie täglich nachgeladen, hält dadurch viel länger und liefert zuverlässig Energie. Der regelmäßige Heimtransport entfällt ebenfalls, und es ist lediglich ab und zu eine Kontrolle des Zustands erforderlich.

Solaranlagen – Selbstbau ist billiger und besser. Fertig zusammengestellte Anlagen sind von den Solarzellen her oft zu klein dimensioniert und zudem relativ teuer. Daher empfehlen wir, das Ganze einfach selber zu bauen. Dazu brauchen Sie zunächst ein Solarmodul. Es sollte eine Leistung von mindestens 50 Watt haben, besser sogar 80 Watt. Diese Leistung wäre im Sommer viel zu groß, doch im Winter, wenn die Sonne tief steht und es viele Schlechtwettertage gibt, soll das Modul noch ausreichend Strom liefern.

Das zweite Bauteil ist ein Laderegler. Das ist ein kleines Elektronikkästchen, welches den Stromfluss zum Akku organisiert. Dieser muss je nach Ladezustand unterschiedlich schnell geladen werden, zudem muss er, wenn er voll ist, vor einer Überladung geschützt werden. Auf diesem Regler ist eine Anzeige angebracht, die über den Zustand des Akkus und der Elektronik informiert. Hier können Sie alle paar Tage einen kurzen Blick zur Kontrolle darauf werfen. Bei unserer Anlage von Steca bedeuten zwei grün leuchtende LEDs: alles in Ordnung!

Eine selbstgebaute Solaranlage für die Weide – nicht perfekt, aber praktisch.

Zur Verbindung von Modul, Regler und Akku gibt es spezielle Gleichstromkabel mit entsprechenden Steckern (z. B. MC3/MC4). Wir haben die Anlage in ein selbst gezimmertes Holzgestell eingesetzt und mit dicker Klarsichtfolie vor Regen geschützt. So ist das Ganze wetterfest, lässt sich bei einem Weidewechsel leicht transportieren und mit einem Blick durch die Folie auf die Anzeigen gut kontrollieren.

In unserem Fall hat alles in allem rund 150 € gekostet, dazu kam dann noch der Akku (ein Blei-Gel-Fabrikat) und Kabel mit Klemmen für die Batteriepole sowie für den Anschluss an den Zaun. Oft gibt es fix und fertig konfektionierte Komplettangebote, in denen alle Komponenten aufeinander abgestimmt sind.

Mit Strom ist nicht zu spaßen. Eine Solaranlage bietet sich auch für abgelegene Ställe an, in denen Sie eine Beleuchtung brauchen. Gerade wenn Sie im Winter früh morgens die Tiere versorgen müssen, können Sie dies nur bei Kunstlicht tun. Eine Stirnlampe ist da zu wenig, eine eigene Stromleitung zu teuer. Mit modernen LED-Strahlern, die pro Stück höchstens 10 Watt verbrauchen, hält sich der Energiebedarf in Grenzen. Auch hier ist es wichtig, die Module ausreichend groß zu dimensionieren. Wenn zeitgleich auch noch ein Weidezaungerät für einen kleinen Winterauslauf betrieben wird, darf die Anlage gerne deutlich über 100 Watt Leistung erzielen.

Ganz zum Schluss noch ein wichtiger Hinweis: Lassen Sie Ihre Konstruktion vor Inbetriebnahme von einem Elektriker überprüfen. Gerade mit Strom ist nicht zu spaßen, und je nach Konstruktion, vor allem wenn noch Wechselstrom mit ins Spiel kommt, kann es lebensgefährlich werden.

Die Sache mit dem Kunststoff

Wir haben die Kunststoffproblematik in verschiedenen Kapiteln schon kurz gestreift, aber sie ist es wert, dass wir noch einmal intensiver darauf eingehen.

Eigene Lebensmittel zu produzieren heißt ökologisch zu wirtschaften. Nicht nur in der Nahrung, sondern auch in der Umwelt sollten keine schädlichen Rückstände verbleiben. Und das bekommt man heutzutage kaum noch hin, wie das Beispiel Kunststoff zeigt.

Uns schreckten vor Kurzem Meldungen auf, nach denen Rückstände von Plastik sogar in Bienenhonig zu finden wären. Dazu passten die Berichte, nach denen in einigen Regionen Biogasanlagen Gärrückstände mit Kunststoff ausbringen dürfen, sodass pro Quadratmeter und Jahr 10 g in die Landschaft gelangt, das sind mehrere dünne Tüten. Davon werden EU-weit über 100 Milliarden Stück verbraucht – pro Jahr! Und wenn man dann noch weiß, dass vieles davon in die Landschaft hinausgeht, zudem viele Kunststoffarten Jahrhunderte brauchen, um sich zu zersetzen, dann wird einem ganz übel. Wir waren entsetzt und haben auf die industrielle Landwirtschaft und Kunststoffindustrie geschimpft.

Selbst schuld? Doch bei genauerem Überlegen haben wir festgestellt, dass wir selbst ebenfalls einiges an Plastik in die Umwelt befördern. In puncto Garten gibt es da etliche Dinge, wo wir ansetzen können. Fangen wir mit Banalem an: Gute Besen haben starre Borsten, damit man damit den Dreck aus jeder Ritze bürsten kann. Besonders starr ist Kunststoff, die Besen mit dem knallroten „Igel" sind fast schon ein Qualitätsmerkmal. Im Laufe der Monate werden die Haare immer kürzer, und irgendwann muss ein neuer her. Das Kürzerwerden bedeutet Abrieb, und dieser Abrieb (feinster Staub) landet im Garten. Die Alternative? Besen mit Naturfasern, etwa Reisstroh. Deren Abrieb wird im Garten einfach zu Humus.

Eine Litze schlechter Qualität zerbröselt nach 15 Jahren …

… während eine gleich alte guter Qualität kaum Kunststoff verliert.

Die Sache mit dem Kunststoff

Die Borsten eines Reisstrohbesens werden irgendwann zu Humus.

Auch Qualität hilft. Gleiches ist von Elektrozäunen zu berichten. Die Seile oder Litzen sind aus Kunststoff, weil dieser schön leicht und billig ist. In diesen Kunststoff sind dünne Metalldrähte eingeflochten, damit das Ganze Strom leitet. Im Laufe der Jahre zerfasern und zerbröseln die Plastikanteile und reichern sich in der Weide an (vielleicht sogar in den Tieren). Hier ist eine Alternative schon schwieriger zu finden. Man könnte zwar reine Metalldrähte nehmen, aber diese sind für Ziegen, Schafe und Pferde kaum zu sehen. Sie könnten hineinrennen und in Panik geraten. Aus diesem Grund sind Elektrozäune immer sehr dick, und dazu muss das Material leicht sein. Beim Kauf können Sie jedoch auf Markenware achten, die besonders UV-stabilisiert ist. Solche Litzen halten viel länger; wir haben es bei Qualitätsprodukten noch nicht erlebt, dass sie sich auflösen.

Eine „garantiert" UV-stabile Plane nach 5 Jahren.

Farbe im Garten hatten wir schon beim Thema Stallbau besprochen, doch da hört der Kunststoff noch nicht auf. Da wären etwa die Regentonnen. Auch sie Mehlen im Laufe der Zeit ab, und dieses Mehl ist nichts anderes als kleinste Kunststoffpartikel. Ebenso ergeht es den Styroporbeuten bei den Bienen, den Gießkannen oder Gartengeräten. Haben Sie die Wahl, dann setzen Sie auf natürliche Materialien wie Holz, ansonsten auf Metall.

Kunststoff zerbröselt. Ganz ungünstig ist es bei billigen, mobilen Gewächshäusern. Wir hatten uns ein solches „Tomatengewächshaus" gekauft, welches aus einem Metallgestänge und einer Gitterfolie bestand. Leider zerbröselten die zentimetergroßen Quadrate zwischen den dickeren grünen Gittern und rieselten zu tausenden ins Beet. Das war unmöglich alles zu entfernen, weshalb dieses angeblich UV-resistente Material bis heute in der Erde schlummert.

Noch schlimmer ist Gewebeplane aus dem Baumarkt. Wir haben sie zum Abdecken unseres Brennholzes eingesetzt und dafür die besonders gute, wetterfeste Qualität gewählt. Schon nach drei Jahren verabschiedete sie sich in Hunderttausenden von Einzelteilen. Sie wurde von Mäusen zerraspelt, vom Frost und Sonnenlicht versprödet und zerfiel beim Anfassen. Diese Kleinsteile bekommt man nie wieder aus dem Gras oder dem Boden, aber sie begegnen einem immer wieder bei der Gartenarbeit und erzeugen ein schlechtes Gewissen. Die Alternative sind verzinkte Trapezbleche aus Stahl, die Jahrzehnte lang halten und nach ihrer Verwendung recycelt werden können.

{ Das Fazit }

Verwenden Sie lieber natürliche, mindestens aber sehr langlebige Produkte. Diese passen auch optisch viel besser zu Ihrem Garten und sparen auf Dauer sogar Geld.

Naturschutz

Selbstversorgung und Naturschutz gehen Hand in Hand. Die Lebensmittel aus dem eigenen Garten schmecken ja nicht nur deshalb so gut, weil sie frisch und unbelastet sind, sondern auch, weil sie im Einklang mit der Umwelt hergestellt werden. Über einige Aspekte haben wir ja schon gesprochen: Kunststoffe und synthetische Farben sollten kaum, chemische Bekämpfungsmittel gar nicht verwendet werden. Es gibt daneben eine ganze Reihe von Dingen, die Sie aktiv machen können, um Pflanzen und Tieren eine Chance zu geben.

Wozu das Ganze? Ein Ökosystem ist um so widerstandsfähiger, je artenreicher es ist. Auf den Wald bezogen gibt es dazu gute Untersuchungen, die eine Erhöhung der Artenvielfalt in direkten Zusammenhang mit den finanziellen Erträgen bringen.

Das bekannteste Beispiel für solche Zusammenhänge im Garten sind Nistkästen. Mit ihrer Hilfe lassen sich beispielsweise Blau- und Kohlmeisen ansiedeln. Sie suchen anschließend für ihre Brut Nahrung, und zwar immer schön im Umkreis um ihr Nest (und in diesem Umkreis liegt Ihr Garten). Das sind im Frühjahr und Sommer überwiegend Insekten und deren Larven. Ob Raupen von Kohlweißling oder Larven des Himbeerkäfers, die geflügelten Helfer befreien unsere Nutzpflanzen von lästigen Schädlingen. Und damit endet das schöne Märchen.

In der Natur gibt es kein Schwarz und Weiß. Natürlich fressen Meisen Insekten, aber nicht immer nur Schädlinge, sondern auch nützliche oder vom Aussterben bedrohte Arten. Daneben gehen sie auch an die Knospen von Johannisbeeren, was die Ernte deutlich mindern kann. In der Natur gibt es kein Schwarz und Weiß, sondern viele Grautöne.

Ein selbstgebauter Nistkasten macht Freude, deren Bewohner helfen aber kaum bei der Schädlingsbekämpfung.

{ Nützlinge und Schädlinge }

Diese Einteilung machen nur wir Menschen, und zumindest für uns ist das in gewissem Rahmen auch in Ordnung.

Alle anderen Wesen sorgen dafür, dass es keine allzu großen Ausschläge nach einer Seite gibt. So können Meisen die Spitzen einer Raupenplage brechen, aber niemals den größten Teil von ihnen beseitigen.

Ähnliches gilt für schneckenfressende Igel, mottenvertilgende Fledermäuse oder Bussarde und Falken, die Feldmausplagen eindämmen. Je mehr Arten erhalten bleiben, desto sicherer bleiben Extremjahre aus.

Das Vogelhäuschen dient eher der Beobachtung und Freude, weniger der Schädlingsbekämpfung.

Wenn Sie also Ihren Garten mit Nistkästen ausstatten, dann bleiben Ihnen trotzdem Raupen erhalten, nur eben im erträglichen Rahmen. Ähnliches gilt für Totholz. Wir lassen abgebrochene Baumstämme im Garten stehen. Hier vergnügen sich Spechte, Baumläufer und Kleiber, die nach Borkenkäfern und Holzwespen suchen. Das machen sie anschließend natürlich auch bei unseren Obstbäumen, und so haben alle etwas davon. Totholz speichert daneben Wasser und hilft somit, in trockenen Sommern die Gartentemperatur abzusenken. Die Feuchtigkeit wird in Regenperioden aufgenommen und danach langsam wieder in die Luft abgegeben – das ist so, als würde sich Ihr Garten schwitzend abkühlen. Selbst wenn die Luft nur ein Grad kühler werden sollte, verdunsten dadurch aus den Beeten etliche Liter weniger.

Der Mäusebussard kann höchstens einen Teil der Mäuseplage beseitigen.

Mit Totholz kann Ihr Garten
besser schwitzen!

Auch lebende Biomasse, wie etwa alte Bäume, bewirkt diesen Effekt. So kann eine einzige Buche pro Tag bis zu 500 l Wasser verdunsten. In einem geschlossenen Buchenwald macht das bis zu 10 °C Temperaturdifferenz zu unbewaldetem Freiland aus. Haben wir hier einen Widerspruch? Zieht der Baum nicht mehr Wasser aus dem Boden, als er durch Kühlung zurückhält? Nein, denn er kann auch tiefere Schichten erschließen, in denen die Winterniederschläge gespeichert sind. Diese pumpt er im Sommer nach oben und veratmet sie über seine Blätter.

Nicht alles muss essbar sein. Ein Teil unseres Gartens besteht aus Nicht-Nutzpflanzen. Da wäre etwa die Hecke, der Rasen oder die Einfahrt. Um die Natur zu unterstützen, besteht die Hecke aus heimischen Buchen. So können hier nicht nur Vögel brüten, sondern das wichtige Bodenleben mit wertvollem Laub versorgt werden. Die kleinen Hornmilben und Springschwänze, die den organischen Kreislauf in Gang halten und pflanzliche Stoffe in Humus verwandeln, können mit Liguster oder Thuja nicht allzu viel anfangen. Indem Sie ihnen heimisches Laub zu fressen geben, unterstützen Sie die Leistungsfähigkeit Ihres Bodens.

Ähnliches gilt für den Rasen. Das müssten wir bei uns in Anführungszeichen setzen, da er kaum aus Gras, sondern aus bunten Kräutern und Moos besteht. Dadurch halten sich hier vielerlei heimische Kleinstlebewesen und auch Pilze, die die Artenvielfalt wiederum erhöhen.

Die Einfahrt, immerhin rund 50 m lang, besteht aus feinem Schotter. So kann Regenwasser eindringen und steht unserem Boden zur Verfügung. Wäre sie geteert, dann würde auf dieser Fläche unserem Garten jährlich 105.000 l Wasser verloren gehen (50 m lang, 3 m breit = 150 m², mal 700 l/m² ergibt die genannte Menge). Klingt unglaublich? Rechnen Sie es einfach für versiegelte Flächen mit dem Jahresniederschlag pro m² für Ihre Region nach. Da lohnt jeder Quadratmeter, der offenbleibt. Und müssen doch einmal Flächen versiegelt oder überdacht werden, dann können Sie das anfallende Wasser auf dem eigenen Grundstück versickern lassen.

Schotter statt Asphalt – so bleibt mehr Wasser im Garten.

Wichtige Adressen und Institutionen

Ökologisches und damit samenfestes Saatgut gibt es bei:

Bingenheimer Saatgut AG
– Ökologische Saaten –
Kronstraße 24
61209 Echzell-Bingenheim
www.bingenheimersaatgut.de

Dreschflegel GbR
Postfach 1213
37202 Witzenhausen
Tel. 05542 - 50 27 44
Fax 05542 - 50 27 58
www.dreschflegel-shop.de

Mag. Bernhard Gutmann
Hans Kloepfergasse 13
A-8160 Weiz
www.samenfest.at

Weidezäune finden Sie für alle Tierarten bei:

ELEFANT-Weidezaungeräte Inh. Reiner Voß e.K.
Inhaber: Herr Reiner Voß (Elektromechaniker-Meister)
Ohrstedt-Bahnhof-Nord 5
25885 Wester-Ohrstedt
www.weidezaun.info

Kleintierbedarf inklusive Glocken für Ziegen liefert:

Kleintierzuchtbedarf GbR Hans+Stefan Rhein
Siegfriedstraße 48
64646 Heppenheim
www.kleintierzuchtbedarf-rhein.de

Züchteradressen für Rassegeflügel, etwa bedrohte Landhuhnrassen, finden Sie bei den Zuchtverbänden:

Verband der Hühner- Groß- und Wassergeflügelzüchtervereine zur Erhaltung der Arten- und Rassenvielfalt e.V.
www.vhgw.de

Rassezuchtverband Österreichischer Kleintierzüchter
www.rassegefluegel.at

Kleintiere Schweiz
Henzmannstraße 18
CH-4800 Zofingen
www.kleintiere-schweiz.ch

Bei Bienen lohnt sich allein wegen der Versicherung eine Mitgliedschaft im Imkerbund. Infos zu Ihrem nächstgelegenen Verein liefert der jeweilige Landesverband. Hier hilft:

Deutscher Imkerbund
„Haus des Imkers"
Villiper Hauptstraße 3
53343 Wachtberg-Villip
www.deutscherimkerbund.de

Österreichischer Imkerbund
Georg-Coch-Platz 3/11a
A-1010 Wien
www.imkerbund.at

Verein deutschschweizerischer und rätoromanischer Bienenfreunde
Oberbad 16
CH-9050 Appenzell
www.vdrb.ch

Empfehlenswerte Literatur

Zu den verschiedenen Themen dieses Ratgebers haben wir uns im Laufe der Jahre viele Bücher gekauft, um unser Wissen zu ergänzen und zu vertiefen. Hier sind einige von ihnen, die vielleicht auch etwas für Sie wären:

Die Vielfalt kehrt zurück
Alte Gemüsesorten nutzen und bewahren

Als Selbstversorger stehen wir auf alte Gemüsesorten – genau wie die 15 Beispiele, die Ina Sperl in ihrem Buch vorstellt. Liebevoll beschreibt sie, wie sich verschiedenste Menschen um alte Möhrensorten, Kartoffeln oder Kürbisse kümmern und wie man sie anbaut. Abgerundet werden die Kapitel durch leicht nachzukochende Rezepte. Ein feines Buch für lange Abende am Kamin!

Imkern – Monat für Monat

Jean Riondet nimmt uns mit zu seinen Bienen und führt uns durch ein komplettes Jahr. Dabei erklärt er anschaulich mithilfe von Zeichnungen und Fotos, was wann jeweils zu tun ist. Da er in Frankreich lebt, sind nicht alle beschriebenen Pflanzen oder Beutensysteme auf deutsche Verhältnisse übertragbar. Dennoch finden wir es erfrischend, einmal abseits von ausgetretenen Pfaden zu lesen, wie unsere Nachbarn imkern, und vieles passt auch für unsere Bienen.

Hühner halten

Unsere Hühner dienen der Eierproduktion – und der reinen Freude beim Zugucken. Möchten Sie jedoch intensiver mit den Tieren arbeiten, gar eigene Küken großziehen, dann ist dieses Buch von Beate und Leopold Peitz das richtige für Sie. Ausführlich wird von der Beschreibung der Biologie der Hühner über Anregungen zum Stallbau und der Fütterung bis hin zu Aufzucht und Verwertung alles beschrieben, was das Leben mit diesen Tieren erfolgreich macht.

Vorratshaltung: Frisch halten – einfrieren – konservieren

Wer noch tiefer in die Vorratshaltung einsteigen möchte, ist mit dem Buch von Gabriele Lehari gut bedient. Neben den gebräuchlichen Verfahren wie Einfrieren, Trocknen oder der Milchsäuregärung kommen auch das Einlegen in Alkohol oder Essig und das Kandieren nicht zu kurz. Gute Anleitungen werden durch Rezepte ergänzt, mit denen so beliebte Dinge wie Ketchup selbst produziert werden können.

Hausschlachten – Schlachten, Zerlegen, Wursten

Das Schlachten sollten Sie sich zeigen lassen. Doch weil man sich nie alles merken kann, ist es gut, einen Ratgeber zur Hand zu haben, in dem Details nachgelesen werden können. Zwar ist das Buch von Bernhard Gahm eher auf Schweine und Rinder ausgerichtet, doch Vorschriften, Techniken und Werkzeuge passen vielfach auch für kleinere Tiere. Das gilt ebenso für die Wurstrezepte, bei denen Sie Schwein und Rind gegen Kaninchen und Ziege austauschen können. Und weil das Wursten ein großes Thema mit vielen Rezepten ist, lohnt sich dafür ein eigenes Buch:

Würste, Sülzen, Pasteten selbst gemacht

Bernhard Gahm bietet in seinem Buch eine Fülle von Rezepten, bei denen die verschiedensten Fleischsorten eingesetzt werden. Auch Schaf, Kaninchen, Ziege und Geflügel kommen nicht zu kurz. Abgerundet werden die Ratschläge durch Tipps zur Ausrüstung, zur Fleischhygiene, zu Gewürzen und der Konservierung der Produkte. So kann sich Ihr Kellerregal mit leckeren Wurstdosen und -gläsern füllen.

Gerben – Leder und Felle

Ursula Reeb und Helmut Ottinger erklären in diesem Buch die Gerbung – und zwar so, dass dieser komplizierte Vorgang tatsächlich erfolgreich nachgemacht werden kann. Wenn Sie also alles am Schlachttier samt Haut und Haaren verwerten wollen (ganz so wie Naturvölker es tun), dann greifen Sie zu. Selbst wenn Ihr Experiment dann so endet wie die in diesem Ratgeber beschriebene Kaninchenfellmütze, die nach den Ratschlägen der beiden Autoren entstanden ist …

Schnell nachgeschlagen

A
Ableger (Bienen) 169
Ameisensäure 180
Apfel 94
Arbeiterinnen 161
Aussaat 49

B
Backhonig 175
Batterien 195
Bauvorschriften 186
Begleitpapiere 154
Beißprobe 65
Bestandsregister 153
Beute 159
Bügelzughacke 37
Bienen 158
Bienenflucht 173
Bienenkrankheiten 179
Bienenrassen 159
Biestmilch 139
Birne 95
Blattläuse 30
Bodenanalyse 21
Bodenpflege 20
Bohnen 78
Bolzenschussgerät 208
Brunnen 251
Buschbohnen 79

C
CAE 133

D
Dampfentsafter 227
Dicke Bohnen 58
Düngung 20
Drahtwurmbefall 55
Dreschen 66
Drohnen 161

E
Einachser 39
Einfrieren 234
Einfüttern (Bienen) 178
Einkochen 224
Elektrozaun 115, 193
Entsaften 227
Erdbeeren 85

F
Farbe 188
Felsenbirne 103
Flaschenlämmer 139
Flächenbedarf 14
Flächenplanung 34
Fleischbeschau 208, 213
Fleischkonservierung 235
Fleischwolf 236
Fräse 40
Fruchtfolge 20
Fundament 186
Futterlagerung 203
Futterzargen 178

G
Geflügelnetz 116
Gerben 215
Gerste 63
Getreide 61
Gojibeere 105
Grundnahrungsmittel 50
Gummistiefel 43
Gurken 71

H
Haarlinge 144
Hacke 37
Hackfleisch 235
Halbstamm 90
Handschuhe 41
Hausschlachtung 207
Hecke 263
Heterosis-Effekt 61
Heu 200
Hühner 110
Hühnerauslauf 114
Hühnerfutter 118
Hühnerkrankheiten 119
Hühnerrassen 110
Hühnerstall 112
Himbeeren 88
Hochstamm 90
Honigernte 172
Honiglehrgang 182
Honigpflege 174
Honigraum 163
Honigverkauf 181

J
Jakobskreuzkraut 199
Johannisbeeren 82
Jostabeeren 84

K
Kalk 24
Kaninchen 122
Kaninchenrassen 126
Kaninchenstall 122
Kartoffelhäufler 51
Kartoffeln 50
Kartoffelpflug 39
Kirschen 97
Kirschfruchtfliegen 97
Klauenpflege 143
Kleidung 40
Königin 161
Knoblauch 80
Kohlrabi 74
Kohlweißlinge 75
Kompost 21, 26
Kraftfutter 202
Krautfäule 52
Kürbisse 69
Kräuter 100
Käse 149
Kunststoffproblematik 256

L
Lagerkeller 218
Landkauf 13
Lippengrind 145

M

Mais 63
Mangold 76
Maschinen 36
Materialliste 185
Maulwurfshaufen 199
Mausefallen 29
Meerrettich 101
Melken 148
Messer 208
Mühle 68
Milch 146
Milchsäuregärung 221
Mist 21
Mittelwände 164
Motten 156
Mäuse 204

N

Nachbarrecht 16
Naturschutz 259
Neemöl 31
Nistkästen 259

O

Obstbäume 90
Obstwein 241
Ohrmarken 153
Oxalsäure 180

P

Pastinaken 55
Pawpaw 107
Pflanzung 92
Pflaume 96
Pflug 40
Puffbohnen 58
Puten 120

R

Rammler 125
Regentonne 249
Regenwasser 249
Rinder 184
Roggen 63
Rosen 102
Rote Bete 77
Rotkohl 74
Räuberei 179
Rupfen 213
Rutenkrankheit 88

S

Saatgut 47
Saatkartoffeln 51
Salat 74
Salz 202
Samenfestigkeit 48
Sauerkraut 221
Schafbock 152
Schafe 150
Schafrassen 151
Schinken 238
Schlachtabfälle 214
Schlachten 205
Schleuder 172
Schnecken 26
Schur 150
Schutzausrüstung 161
Schwarmzeit 167
Schwarze Bohnen-
läuse 59
Schweine 183
S-Haken 208
Sibirische Blaubeere 106
Smoker 166
Solaranlagen 254
Spalierobst 92
Spannungsmesser 195
Spatzen 119
Spinnen 156
Stallbau 185
Stangenbohnen 78
Steckwiebeln 80
Stockmeißel 166
Stroh 67
Strom 253

T

Tierseuchenkasse 152
Totholz 260
Trapezbleche 185
Trocknen 229

U

Unkraut 32
Urlaub 15

V

Varroamilbe 180
Vögel 31, 64, 97
Vorratshaltung 217

W

Walnüsse 98
Wasser 248
Weide 196
Weidepflege 197
Weidezaungerät 194
Weißkohl 74
Wein 241
Weiselzellen 167
Weizen 63
Werkzeuge 36
Wühlmäuse 28
Winterrettich 80
Wirsing 74
Wolle 155
Würmer 144
Wurst 238

Z

Zaun 190
Zaunpfähle 190
Zeitbedarf 14
Zerlegen 214
Ziegen 131
Ziegenbock 134
Ziegenfutter 138
Ziegenkrankheiten 142
Ziegenrassen 132
Ziegenstall 135
Zoonose 146
Zucchini 71
Zwiebeln 80

Hier können Sie weiterlesen:

Dieser Ratgeber steht Ihnen bei der erfolgreichen Bienenhaltung mit wertvollen Infos zu Rasse, Biologie und Bedürfnissen der Biene zur Seite. Darüber hinaus wird das Bienenjahr anschaulich dargestellt und Sie erhalten Tipps zu Gesunderhaltung der Biene und rechtliche Grundlagen der Haltung. Das Buch ist ideal für den optimalen Einstieg ist dieses faszinierende Gebiet.

Bienen halten. Franz Lampeitl. 7., akt. Auflage 2012. 224 Seiten, 83 Farbfotos, 66 Zeichnungen, geb. ISBN 978-3-8001-6707-4.

Ziegen sind hochintelligent und munter. In diesem Buch erfahren Sie alles über den richtigen Umgang mit diesen fröhlichen Tieren, dazu das wichtige Praxiswissen, um sie art- und wesensgerecht zu halten und zu pflegen.

Ziegen halten. Hans Späth, Otto Thume, Johann-Georg Wenzler. 7. Auflage 2012. 200 Seiten, 90 Farbfotos, 20 Zeichnungen, geb. ISBN 978-3-8001-7727-1.

Hühner halten. Beate und Leopold Peitz. 9. Auflage 2014. 176 S., 50 Farbfotos, 46 Zeichnungen, 19 Tabellen, kart. ISBN 978-3-8001-1265-4.

Ulmer Ganz nah dran.

Steigen Sie um auf Holz! Es ist kostengünstiger als Erdöl, Erdgas und Kohle und schont auch noch die Umwelt. Und das Allerbeste: Holz wächst direkt vor Ihrer Haustür. Ausgestattet mit dem nötigen Know-how und der richtigen Ausrüstung brauchen Sie quasi nur noch zugreifen. Fragen zum „Wie" beantwortet dieses Buch.

Mit Holz heizen. Vom Brennholz bis zum Ofen. Christa Klus-Neufanger. 2., aktualisierte Auflage 2013. 128 S., 75 Fotos, 20 Zeichnungen, Klappenbroschur. ISBN 978-3-8001-7967-1.

Traditionelles Arbeiten mit Pferden. Michael Koch. 4., überarbeitete Auflage 2012. 160 S., 65 Farbfotos, 24 Zeichnungen, geb. ISBN 978-3-8001-7726-4.

Der durchschnittliche Privatwaldbesitzer verfügt nur über einen Hektar Wald – scheinbar viel zu wenig, um sinnvoll zu wirtschaften. Dass dies dennoch möglich ist, wird in diesem Buch Schritt für Schritt erklärt. Ein besonderer Schwerpunkt liegt dabei auf der ökologischen Ausrichtung aller Tätigkeiten, da dies der Schlüssel für eine hohe Rendite, aber auch besonders zukunftssichere Wald-bestände ist. Neben den traditionellen Tätigkeiten wie Pflanzung, Pflege, Baumfällung und Holzverkauf gibt es jede Menge Tipps in Bezug auf Stürme, Borkenkäfer oder den Klimawandel. Selbst außergewöhnliche Einnahmequellen kommen nicht zu kurz.

Mein Wald. Nachhaltig, sanft, wirtschaftlich. Peter Wohlleben. 2013. 240 S., 236 Farbfotos, geb. ISBN 978-3-8001-7982-4.

www.ulmer.de

Bildquellen

Autorenporträt: Tobias Wohlleben

Titelbild: Miriam und Peter Wohlleben
Holzstrukturen: Picsfive/Shutterstock.com,
Eky Studio/Shutterstock.com

BasPhoto/Shutterstock.com: Seite 150
Baumeister, Werner: Seite 63
Catalin Petoela/Shutterstock.com: Seite 94
Igrosm8/Shutterstock.com: Seite 234
Kuhn, Regina: Seite 151, 121
Landpixel.de: Seite 110
mauritius images: Seite 59, 78, 92, 93, 99, 100, 104, 118, 208, 262
Mikael Damkier/Shutterstock.com: Seite 91
Springob, Friedrich: Seite 152, 183, 261
StockFood/Lebain, Frederic: Seite 237

Stockfood/PhotoCuisine: Seite 72
StockFood/Schardt, Wolfgang: Seite 242
Zhukov/Shutterstock.com: Seite 95
Zoonar/Scarlet: Seite 97 rechts
Shankz/Shutterstock.com: Seite 97 links
Sinisa Botas/Shutterstock.cSeite 230om: Seite 239
Quantem/Shutterstock:
Samwald, Hans-Joachim: Seite 231
Julius Images/Wolfgang Redeleit: Seite 221
Lorenz, Birgit: Seite 215
Volk, Fridhelm: Seite 213 links, Seite 209 rechts
Zoonar, Manfred Ruckszio: Seite 163

Alle anderen Fotos stammen, wenn nicht anders vermerkt, von den Autoren.

Impressum

Die in diesem Buch enthaltenen Empfehlungen und Angaben sind von den Autoren mit größter Sorgfalt zusammengestellt und geprüft worden. Eine Garantie für die Richtigkeit der Angaben kann aber nicht gegeben werden. Autoren und Verlag übernehmen keinerlei Haftung für Schäden und Unfälle.

Bibliografische Information der Deutschen Nationalbibliothek
Die Deutsche Nationalbibliothek verzeichnet diese Publikation in der Deutschen Nationalbibliografie; detaillierte bibliografische Daten sind im Internet über http://dnb.d-nb.de abrufbar.

Das Werk einschließlich aller seiner Teile ist urheberrechtlich geschützt. Jede Verwertung außerhalb der engen Grenzen des Urheberrechtsgesetzes ist ohne Zustimmung des Verlages unzulässig und strafbar. Das gilt insbesondere für Vervielfältigungen, Übersetzungen, Mikroverfilmungen und die Einspeicherung und Verarbeitung in elektronischen Systemen.

© 2015 Eugen Ulmer KG
Wollgrasweg 41, 70599 Stuttgart (Hohenheim)
E-Mail: info@ulmer.de
Internet: www.ulmer.de

Lektorat: Werner Baumeister
Umschlagentwurf, Innenlayout und DTP:
Antje Warnecke, nordendesign.de, Appen
Reproduktion: Timeray, Herrenberg
Druck und Bindung:
Firmengruppe APPL, aprinta druck, Wemding
Printed in Germany

ISBN 978-3-8001-8394-4